JN090641

杉本敏夫 監修
最新・はじめて学ぶ社会福祉

特別支援教育と
障害児の保育・福祉

切れ目や隙間のない支援と配慮

立花直樹・中村明美・松井剛太・井上和久・河﨑美香
編著

ミネルヴァ書房

シリーズ刊行によせて

　この度，新たに「最新・はじめて学ぶ社会福祉」のシリーズが刊行されることになった。このシリーズは，もともと1998年に，当時岡山県立大学の教授であった故大島侑先生が監修されて「シリーズ・はじめて学ぶ社会福祉」として始まったものであった。当時，現監修者の杉本も岡山県立大学に勤務しており，一部の執筆と編集を担当した。そのような縁があって，その後，杉本が監修を引き継ぎ，2015年に「新・はじめて学ぶ社会福祉」のシリーズを刊行していただいた。

　この度の新シリーズ刊行は，これまでの取り組みをベースに，ちょうど社会福祉士の新しく改正されたカリキュラムが始まることに対応して新しいシラバスにも配慮しつつ，これからの社会福祉について学べるように改訂し，内容の充実を図るものである。また，これまでのシリーズは社会福祉概論や老人福祉論といった社会福祉の中核に焦点を当てた構成をしていたが，今回のシリーズにおいては，いままで以上に社会福祉士の養成を意識して，社会学や心理学，社会福祉調査等の科目もシリーズに加えて充実を図っているのが特徴である。

　なお，これまでの本シリーズの特徴は，①初心者にもわかりやすく社会福祉を説明する，②社会福祉士，精神保健福祉士，介護福祉士，保育士等の養成テキストとして活用できる，③専門職養成の教科書にとどまらないで社会福祉の本質を追究する，ということであった。この新しいシリーズでも，これらの特徴を継続することを各編集者にはお願いをしているので，これから社会福祉を学ぼうとしている人びとや学生は，そのような視点で社会福祉を学べるものと思う。

　21世紀になり，社会福祉も「地域包括」や「自助，互助，共助，公助」と

いった考え方をベースにして展開が図られてきた。そのような流れの中で，社会福祉士や精神保健福祉士もソーシャルワーカーとしての働きを模索，展開してきたように思うし，ソーシャルワーカー養成も紆余曲折を経ながら今日に至ってきた。複雑多様化する生活問題の解決を，社会がソーシャルワーカーに期待する側面もますます強くなってきている。さらには，社会福祉の専門職である保育士や介護福祉士がソーシャルワークの視点をもって支援や援助を行い，社会福祉士や精神保健福祉士と連携や協働が必要な場面が増加している。それと同時に，社会福祉士や精神保健福祉士としての仕事を遂行するのに必要な知識や技術も複雑，高度化してきている。社会福祉士の養成教育の高度化が求められるのも当然である。

　このまえがきを執筆しているのは，2021年1月である。世の中は新型コロナが蔓延しているまっただ中にある。新型コロナは人びとの生活を直撃して，生活の困難が拡大している。生活の困難に対応する制度が社会福祉の制度であり，それを中心となって担うのが社会福祉の専門職である。各専門職がどのような役割を果たすのかが問われているように思う。

　新型コロナはいずれ終息するであろう。その時に，我々の社会や生活はどのような形になるのであろうか。人びとの意識はどのように変化しているのであろうか。また，そのような時代に社会福祉の専門職にはどのようなことが期待されるのであろうか。まだまだよくわからないのが本当であろうが，我々は社会福祉の立場でこれらをよく考えておくことも重要ではないかと思われる。

　2021年1月

監修者　杉本敏夫

目　　次

プロローグ

障害児の特別支援教育・保育・福祉の概観

ここでは「障害児等に対する支援（教育・保育・福祉）」を学ぶにあたって，「障害とは何か」「障害児・障害者とはどのような存在か」，そして，教育や保育の専門職にとって日常的に耳にする「特別支援教育」「障害児保育」「療育」「特別な配慮」を定義したうえで，「障害児に対する教育や保育の現状」を明らかにする。

また，障害に対する偏見や差別について考え，各章を俯瞰しながら，教育や保育の専門職として，障害児等に対する支援（教育・保育・福祉）に今後どのように取り組むのかを検討する。

（1）「障害」「障害者・障害児」の定義

「障害」とは，一体どのようなことを意味するのか。

障害とは，広義には「物事の成立や進行の邪魔をするもの。また，妨げること」と定義されており，また，狭義には「身体又は精神の機能低下・異常・喪失あるいは身体の一部の欠損など，心身レベルの概念」と定義されている。

つまり，障害とは，元来，否定的な意味を持ち合わせている言葉である。

1980年に WHO（世界保健機関）から「ICIDH（国際障害分類）」が発表され，「疾患（disease）・変調（disorder）」が引き起こす状況を「① 機能障害（impairment：生物の心身機能レベル）→②能力障害（disability：個人の活動レベル）→③社会的不利（handicap：社会生活レベル）」の３階層に分類しただけでなく，社会が引き起こす生活障害（問題）を広く世に知らしめた（第１章参照）。

2001年に WHO の第54回国際保健会議で「ICIDH」の改定版となる「ICF（国際生活機能分類）」が採択され，「能力障害」が「活動（activity）もしくは活動制限」へ，「社会的不利」が「参加（participation）もしくは参加制約」へと変更され，障害をプラス面（生活機能）とマイナス面（障害）の両側面から総合

的に捉える考え方へと再定義された[3]（第1・2章参照）。

　実際，障害の有無を認定する場合，WHO の基準を参照し各国において策定した基準に照らし合わせ，その数値や基準を超えていれば「障害」が認定されることになっている。もし心身が正常といえる状態ではなくても，わずかでも数値や基準を超えなければ「障害」とは認定されない。つまり，保健・医療・福祉において制度的に認定される障害は，「身体又は精神の機能低下・異常・喪失あるいは身体の一部の欠損などが原因で，活動制限や参加制約が生じており，定められた数値や基準を超えた状態」ということができる。

　「障害者」「障害児」とは，どのような人を意味するのであろうか。

　障害者の権利宣言（1975年）では「先天的か否かにかかわらず，身体的または精神的能力の欠如のために，普通の個人または社会生活に必要なことを，自分自身で完全，または部分的に行うことができない人のことを意味する」[4]と定義された。また，わが国では，障害者基本法（1970年）の第2条第1号において「身体障害，知的障害，精神障害（発達障害を含む。）その他の心身の機能の障害（中略）がある者であつて，障害及び社会的障壁により継続的に日常生活又は社会生活に相当な制限を受ける状態にあるものをいう」[5]と定義されており，障害を理由とする差別の解消の推進に関する法律（2013年）でもこの定義は支持されている（第4章参照）。

　児童福祉法第4条第2項では「障害児とは，身体に障害のある児童，知的障害のある児童，精神に障害のある児童（（中略）発達障害児を含む。）又は治療方法が確立していない疾病その他の特殊の疾病であつて障害者の日常生活及び社会生活を総合的に支援するための法律（中略）第4条第1項の政令で定めるものによる障害の程度が同項の厚生労働大臣が定める程度である児童をいう」[6]と定義されている。

　つまり，障害児・者とは「先天的か後天的かにかかわらず，身体または精神等に関する何らかの障害により日常生活または社会生活が制限されているため，何らか（医療・生活・教育・保育・福祉など）の援助が必要な人」を意味するといえる。その中でも，18歳未満の者を「障害児」と呼び，18歳以上の者を「障害者」と呼んでいる。

（2）「特別支援教育」「障害児保育」「療育」の定義

　「特別支援教育」とは，どのような教育を意味するのだろうか。

　1978年にイギリス議会に提出された「ウォーノック報告（障害児・者の教育調査委員会の報告書）」において「特別な教育的ニーズ（special needs on education）」という概念が世界で初めて使用された後，1994年にユネスコ（国際連合教育科学文化機関）が開催した「特別なニーズ教育に関する世界会議」において世界92か国が参加し採択された「サラマンカ声明（宣言）」の中で宣言され，世界各国へと波及し，日本においては「特別支援教育（special needs education）」として用いられることとなった（第11章参照）。特別支援教育については，2003（平成15）年の「今後の特別支援教育の在り方について（最終報告）」において初めて用いられ，それまでの特殊学校教育や養護学校教育の対象となっていた障害認定をされている障害児や病弱児等に加え，発達障害者支援法に規定される発達障害児も教育の対象とした。2006（平成18）年の学校教育法改正を受け，文部科学省は，「特別支援教育とは，それまでの特殊教育（障害児教育）の対象であった障害認定の対象となる器質的障害のある児童（視覚障害，聴覚障害，言語障害，肢体不自由，病弱・身体虚弱，知的障害，情緒障害等）に加え，障害認定の対象とはならない発達障害（知的な遅れのない自閉症，アスペルガー症候群，注意欠陥多動障害，学習障害等）を対象とし，さらには発達障害の対象レベルではないが，ある部分や特定の領域について援助や支援が必要な児童（children with special needs）も含んだ教育（共生社会の形成の基礎となるもの）」とされた（第9・16章参照）。現在，文部科学省では，特別支援教育を「障害のある幼児児童生徒の自立や社会参加に向けた主体的な取組を支援するという視点に立ち，幼児児童生徒一人一人の教育的ニーズを把握し，その持てる力を高め，生活や学習上の困難を改善又は克服するため，適切な指導及び必要な支援を行う教育」と定義している。

　「障害児保育」とは，どのような保育を意味するのだろうか。

　近年まで障害児は公の幼児教育や保育の対象から外され，篤志家による私立の児童施設を中心に福祉的支援と一体的に教育や保育を受けてきた。

　1960年代に入ると，高度経済成長期に必要な人的資源の育成や人的能力の開発を推進するために，早期教育（幼児教育）の重要性を示した能力主義的な教育政策の振興が図られたため，幼稚園や保育所での障害児の受け入れは非常に困難であった。高度経済成長期においても，一部の自治体では障害児保育を実施していたり，保護者が独自で障害児保育事業を行ったりしていた。実際に，全国の市町村にある多くの幼稚園や保育所において，「障害」を理由とした

「障害児の入所拒否・入園拒否」が横行していた。

　1973（昭和48）年に，中央児童福祉審議会が「障害児を健常児と共に保育すること（統合保育）」を提言し[15]，1974（昭和49）年に，厚生省（現在の厚生労働省）により「障害児保育事業実施要綱」が通知され，保育所が障害児を受け入れるために必要な経費を国と自治体が補助するとともに，私立幼稚園における障害児保育に対する助成金交付も開始された[16]。しかし，対象は4歳以上で軽度障害の幼児に限定されていたため，中度や重度の障害児は受け入れてもらうことができなかった。それは，長期間にわたり障害児排除の教育や保育を生み出してきた社会的な差別意識や文化による弊害であった。

　現在，重度の障害があり家庭で養育できない場合などは「障害児入所施設（入所施設）」で保育を受け，家庭での養育が可能な場合は「児童発達支援センター（通所施設）」にて保育を受け，障害があっても保育所や幼稚園・認定こども園等での受け入れが可能な場合は「統合保育」を受けている。つまり，障害児保育とは「障害児が入所施設や通所施設で，または障害児と健常児が共に保育所・幼稚園・認定こども園等で受ける教育・養護等の支援」と定義できる。

　「療育」とは，どのような意味の言葉なのだろうか。

　1861年にドイツのゲオルゲンス（J. D. Georgens）が著書『治療教育学』の中で，「ハイルパダゴギーク（Heilpädagogik：治療教育）」という言葉を用いて，「発達障害のある児童に対して，医学と教育との連携によって，その児童の教育の目的を達しようとするもの」と，知的障害児に対する治療教育の重要性を提唱した[17]。また1942（昭和17）年に日本でも，肢体不自由児の治療やリハビリテーションに尽力していた東京大学医学部・整形外科の教授であった高木憲次が，治療教育を短縮して「療育」とし，「現代の科学を総動員して不自由な肢体をできるだけ克服し，それによって幸いにも回復したる回復能力と残存せる能力と代償能力の三者の総和（これを復活能力と呼称）であるところの復活能力をできるだけ有効に活用させ，以て自活の途の立つように育成することである」[18]と定義した。さらには1987（昭和62）年に，北九州市立総合療育センターの所長であった高松鶴吉が「医学的治療から見放され，教育の世界からも受け入れられなかった障害児に対して『医療，訓練，教育，福祉などの現代の科学を総動員して障害を克服し，その児童が持つ発達能力をできるだけ有効に育て上げ，自立に向かって育成すること』」[19]を療育と定義している。そして現在，児童福祉法の第19条から第21条において障害児に対する「療育の保障」が明記

4

され，福祉と保育の提供の場として児童発達支援センターや児童発達支援事業所の役割が重視されている。つまり，療育とは，「心身に障害のある児童に対して，医学と教育・保育・福祉等の連携・支援により，その児童のよりよい回復・発達・成長を保障すること」を意味するといえる。

（3）「特別な配慮」の定義

「特別な配慮」とは，どのような意味だろうか。

長きにわたり日本の教育や保育の現場においては，「障害」や「問題行動」という言葉が頻繁に使用されてきた。これは，幼稚園や保育所において，障害児や集団行動になじまない児童がクラスにいると「通常の教育や保育の妨げ」になり，教師や保育者の視点から見れば集団を統制できない行動をとったり予想外の手間がかかったりする児童が問題要因であるという意味であった。

しかし，社会におけるノーマライゼーション理念の浸透の中で，セグリゲーション（segregation：隔離・分離）からインテグレーション（integration：統合）へと移行し，さらには近年インクルージョン（inclusion：包摂）へと教育や保育の方法が移り変わってきており，教育や保育施設に障害児が通えるだけでなく，健常児と障害児が同じ時間や空間の中で共に教育や保育を受けることが当然であるという流れになってきている（第1～3章参照）。

また，children's first（子どもの最善の利益）を鑑みて，教育や保育の現場で個別性に配慮した教育や保育が求められ，「特別支援」という言葉を使用するようになった。さらには，文部科学省における審議の過程で，「特別支援」に「量と質の確保が必要である」ことが明示された[20]。ただし，2006（平成18）年の学校教育法改正以降，「特別支援」とは主に障害認定や発達の遅れのある児童に対する教育・保育内容と捉えられてきた（第5章参照）。

しかし，教育や保育現場には「障害認定された子ども」もいるが，「障害認定されていない子ども」や「障害のある程度とは認められないがパステルゾーン（ボーダーライン）の子ども」[21]など様々な配慮の必要な児童もいる[22]。佐久間・田部・高橋が，全国1419の幼稚園（806の公立幼稚園と613の私立幼稚園）を対象に調査を実施したところ，「"公立幼稚園の85.6%""私立幼稚園の80.0%"に特別な配慮を要する児童が在籍しているが，その内で障害診断を受けているのは，"公立幼稚園の39.0%""私立幼稚園の56.5%"しかないこと」がわかった[23]。また文部科学省が，全国5万3882人の公立小・中学生（小学生3万5892人，中学

生1万7990人）を対象に調査を実施したところ，"学習面又は行動面で著しい困難を示す児童生徒の6.5%"の内，"校内委員会で特別な教育的支援が必要と判断されている児童生徒は18.4%"しかおらず，"支援が必要な児童生徒の38.6%が支援を全く受けた経験がない"ことが明らかとなった。近年では，特別な配慮を要する児童とは「障害診断を受けている児童」「教育委員会で認められた児童」にとどまらず，学習面または生活面（貧困，虐待，DV家庭など），医療面（アレルギー，てんかん発作，精神的疾患など），新たな課題（不登校，外国籍，日本語の理解不足，セクシュアリティなど）も含め，諸種の生きづらさにより多様な支援や配慮が必要な児童を含んでいるといえる。特に障害のある児童は，子ども虐待やいじめの被害者になる可能性が高いことは様々な研究で報告されており，そのことが原因で不登校となる場合もある。中でも発達障害や精神疾患，セクシュアリティの問題などは，十分に理解が進んでいないことも多く，家族を巻き込んで複層化した問題となるケースもある。重度障害の場合は，医療費の支出も多く，育成医療などの制度を利用できていないケースでは，家計が逼迫するケースもある。さらには，保護者が外国籍で十分に日本の制度やシステムを理解していない場合，障害に対する早期発見・早期対応ができなかったり，適切なサービスを利用できていなかったりする状況もある（第14～21章参照）。

　2017（平成29）年度に改訂された「保育所保育指針解説」「幼保連携型認定こども園教育・保育要領解説」「幼稚園教育要領解説」「小学校学習指導要領解説」「中学校学習指導要領解説」の総則・総説（全体にかかる共通の原則・事項）に，「特別な配慮」という言葉が使用されている。

　そこで本書では，「障害が診断されている児童だけでなく，障害や発達の遅れは診断されていないが学習面や行動面・生活面などに個別支援が必要な児童も含めた『量的かつ質的な教育や保育の内容や対応』」を「特別な配慮」と定義する。

（4）日本における障害児の教育・保育の現状

　厚生労働省「平成28年生活のしづらさなどに関する調査（全国在宅障害児・者等実態調査）」によると，現在の日本における障害児数は，身体障害児が7.1万人（18歳未満人口の0.34%），知的障害児が21.4万人（18歳未満人口の1.1%），発達障害児（知的障害を除く）が193.6万人（18歳未満人口の約10%），精神障害児が

表1　「特別支援学校に在籍する児童生徒数」の推移

（単位：人）

年　度	視覚障害	聴覚障害	肢体不自由	知的障害	病弱・虚弱	合　計
1957（昭和32）年度	9,864	20,044	484	690	527	31,609
1979（昭和54）年度	8,330	11,911	19,871	40,422	8,313	88,847
2007（平成19）年度	5,637	8,340	29,917	92,912	18,919	155,725
2017（平成29）年度	5,317	8,296	31,813	128,912	19,435	193,378
2020（令和2）年度	4,978	7,850	30,905	133,308	19,240	196,281

注：重複障害のある場合は，障害種別ごとに重複してカウントしている。
出所：文部科学省（2021）「特別支援教育資料（令和2年度）」より筆者作成。

26.9万人（20歳未満人口の1.23%）となっており，同年齢の国内人口の約12.67%（延べ）の児童に何らかの障害があると推計されている。

　特別支援学校に在籍する児童生徒数は，すべての障害種別に関する特別支援を行う学校（2007年3月以前の盲学校・聾学校・養護学校を含む）の児童生徒数の統計を取り始めた1957（昭和32）年度には3万1609人であったが，障害のある児童生徒の就学免除がなくなり義務教育化となった1979（昭和54）年度には8万8847人となり，特別支援学校として一本化された2007（平成19）年度には15万5725人となり，2020（令和2）年度には19万6281人となった。少子化が進み子どもの数が減少しているにもかかわらず，特別支援学校に在籍する児童生徒数が年々増加している（表1）。

　特別支援教育の対象は，身体障害（「視覚障害」「聴覚障害」「肢体不自由」「言語障害」）のある児童，知的障害のある児童，病弱・身体虚弱（「内部障害」「ヒト免疫不全ウイルス障害」）の児童となっている（第11～14章参照）。

　近年，発達障害のある幼児や児童生徒の増加により，幼稚園・小学校・中学校の特別支援学級の在籍者並びに"通級による指導"の対象となる幼児や児童生徒も増加しており，2019（令和元）年5月1日現在，幼稚園・小学校・中学校の特別支援学級の在籍者並びに通級による指導を受けている幼児や児童生徒は41.2万人となっている（第9・15章参照）。

　厚生労働省においては，障害のある児童の保育所での受け入れを促進するた

7

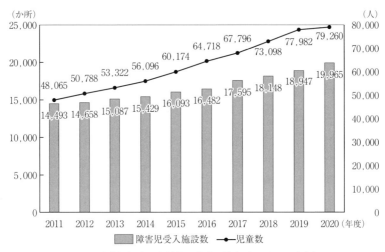

図1 障害児保育の実施状況推移（各年度3月31日時点）

出所：内閣府（2022）「障害児保育の実施状況推移」『令和4年版　障害者白書』勝美印刷。

め，1974（昭和49）年度より障害児保育事業において保育所に保育士を加配する事業を実施してきたが，障害児保育を実施している保育所も障害児数も年々増加し，2020（令和2）年3月31日には1万9965の保育所が7万9260人の障害児を受け入れている(30)（図1）。加えて，2018（平成30）年度からは，障害児保育に係る地方交付税措置額を約400億円から約800億円に拡充するとともに，障害児保育に係る市町村の財政需要を的確に反映するため，各市町村の保育所等における「実際の受入障害児数」に応じて地方交付税を算定することになった。(31)

　今後ますます，障害児に対する教育や保育が広がる可能性が高く，教育施設や保育施設において教師や保育者が知識や技術を高めるとともに，何よりも障害に対する理解を深めていく必要がある。

　もし，病気や事故で，担任する児童が「不可逆的な障害」のある状態となった場合，あなた自身に「特別支援教育」や「障害児保育」の知識や技術が乏しいからという理由で，特別支援学校への転校や特別支援学級への転籍を促すだろうか。それとも自らの知識や技術を高める努力に加え，クラスの他の児童が「障害」についての理解を深めるための時間やプログラムを開発するだろうか。もし，自らの知識や技術が乏しいことを理由に，障害児に対する教育や保育を放棄するのであれば，専門職とはいえない。教師（学校教諭）や保育者（幼稚園

教論や保育士など）である以上，一人ひとりの「ウェルビーイング（well-being：自己実現）」を目指すという使命を果たさなければならない（第1章参照）。

（5）「障害」の捉え方について

たとえば，けがや病気が原因で，あなたの心身に問題が起これば，どのように対応するだろうか。

多くの人は，医療機関に行き，治療して元の状態に戻そうとするだろう。

しかし，二度と元の状態に戻らない「不可逆的な状態」と診断されれば，どうするだろうか。

セカンドオピニオンやサードオピニオンを求めて，再受診や再検査をするかもしれない。それでも診断や判断が変わらなければ，少しでも「障害」を軽減するためにリハビリテーションを行ったり，心身の症状がそれ以上進行しないように予防的治療を行ったりする可能性があるだろう。このように，障害は診断や治療（医学モデル）を中心に考えられてきたが，同時に学校における教育支援（教育モデル）はもちろんのこと，家庭生活や職場生活等に関する適切な支援や援助（生活モデル）を受けなければ，社会生活は成立しない。

元来，医療・教育・保育・福祉は，一体的に実践されるものであった。イタリア初の女性医師であったモンテッソーリ（M. Montessori）は，精神科病院に入院していた複数の知的障害児へ感覚教育法を施し，健常児の平均よりも知的水準を上げるという効果を見せ世間を驚かせた。モンテッソーリの考える教育や保育は，「生命の援助」といわれ，「一方的に教え込むものではなく，環境を準備しあとは彼らの自発性にゆだねるもの」であり，「教師や保育士は教え指導する人でなく援助する人」であるという考えのもと，障害児や健常児の可能性や自発性を伸ばす教育や養護（社会的成長や健全な発達保障，情緒の安定を図る援助）や療育を展開した（第3章参照）。つまり，モンテッソーリが障害児や健常児に対して実践した援助は，保育・教育・療育を包括的に含んだものといえる。このことは，現代の障害児に対する教育・保育・療育・福祉を考える点で非常に重要なことである。

しかし，長年，医学モデルと教育モデルと生活モデルに関しては，医学・教育・保育・福祉の専門職が自らの立場を主張し主導権をめぐる争議を繰り返してきた。ようやく近年になって，「inclusive（包括的）」「cooperative（協調的）」「collaborative（協働的）」がキーワードとして取り上げられ，ライフステージ

表2 障害児・者のライフステージにおいて必要な各種支援の状況

支援の状況 ライフステージ	少ない	多い（中心）	少ない	適宜必要
乳幼児期	教育支援	**養護支援**	福祉支援	医療支援
児童生徒期	養護支援	**教育支援**	福祉支援	医療支援
成人期	養護支援	**福祉支援**	教育支援	医療支援

出所：筆者作成。

ごとに支援が引き継がれていくように「切れ目のない支援[37]」が重視され，ライフステージごとの「支援や配慮の内容」が次のステージへうまく移行・接続していくように，障害児・者を支援・援助する機関・施設・事業所等が相互連携を図ることが求められている（第2・7章参照）。さらには，医療・教育・保育・福祉などの領域ごとの縦割り（sectionalism）ではなく，「隙間のない支援[38]」として専門職が相互連携を推進して，「支援や配慮の共通認識」を高めるために，サービス担当者会議（care conference）を定期的に開催したり，共通書式を用いて計画書を作成したりしている。2023（令和5）年4月に設置されたこども家庭庁では，障害のある乳幼児や児童生徒に対する支援も一元化され，より包括的で総合的な観点から「切れ目のない支援や配慮」「隙間のない支援や配慮」が推進されるものと期待されている（第6～10章参照）。

　特に乳幼児期においては「養護支援」が中心となり，児童生徒期においては「教育支援」の要素が大きくなり，成人期には「福祉支援」の要素が大きくなるが，障害児・者にとって保育や介護（ケアワーク：ADL〔Activities of Daily Living／日常生活動作：食事・更衣・移動・排泄・睡眠・整容・入浴など，健康な生活を営むうえで不可欠な動作や活動〕の支援）は生涯必要な支援である（表2）。

（6）障害児等に対する支援や配慮を推進するために

　1950年代後半にイラク北部に位置するシャニダール洞窟で，ネアンデルタール人（旧石器時代）の遺骨が発見された。その中で，ナンディと名づけられた高齢の男性は，先天的な奇形が右腕にあり，後天的に片目を失明していたが，食料を調理する炉跡（ろあと）の傍で発見された。このことにより，自ら獲物を獲得しなければ生きることが難しい狩猟時代に，重度の障害があるナンディが仲間から大切にされて高齢まで生存できたことが明らかとなった[39]。しかし，その後の新

石器時代（農耕時代）以降に発見された遺跡では，重度の障害者の遺骨は住居遺跡から発見されていない。つまり，領地の奪い合いによる戦争が頻繁に発生した新石器時代から近世までは，兵力にならない障害者は軽視されたと考えられる。これが，障害者の立場や人権を軽視することや，偏見や差別につながってきたと考えられる。日本においては，「士農工商（市民階級）＋穢多・非人（市民として認められない階級）」という身分制度の意識が江戸時代に構築されたが，明治時代以降の近代革命により経済生産性主義が横行し，「学歴保持者（市民階級）＋障害者」といった学歴至上主義が新たな身分制度としてすり替えられてきた。身分制度により武士よりも低く位置づけられてきた「農民・職人・商人」の場合は穢多・非人が存在することで，また，学歴社会で最下層の「中学卒業者」の場合は公教育や一般就労から除外されてきた障害者が存在することで，一定以上のステータスを実感することができた。

　しかし現在の日本においては，雇用主に障害者の法定雇用率が設定されており，雇用主に障害者を雇用する義務が生じている（エピローグ参照）。2018（平成30）年4月以降は，民間企業（常勤従業員45.5人以上の規模）で全従業員の2.2%以上，国・地方公共団体で全職員の2.5%以上，都道府県等の教育委員会で全職員の2.4%以上の障害者を雇用する義務があり，基準未満の雇用率の民間企業は「障害者雇用納付金（5万円×不足障害者数）」を毎月支払う義務がある[40]。

　厚生労働省によると，2017（平成29）年6月時点の法定雇用率未達成企業の割合は50.0%であり，半数の企業が，障害者を基準雇用しておらず違法状態である[41]。しかしながら，2018（平成30）年に「障害者雇用の水増し問題」が発覚し，国の28機関で3700人，全国の地方自治体で3809人の架空の水増し報告をしていたことが明らかとなった。そのため，国や地方自治体が違法な状態であるのに，「民間企業にのみ法律を遵守しろというのは納得できない」という声が噴出した[42]。日本の社会や文化の中に，障害者の人権を擁護し，平等に雇用する意識が醸成されていない状況が露呈されたのである。このような大人の社会を見て育つ子どもたちの中で，いじめや障害者蔑視がなくなるはずがない。つまり，身分制度の温存は，障害児・者が生きづらい社会を放置していることに他ならない（第19章参照）。

　また，国民の差別や偏見の意識形成には，メディア等が加担している現状がうかがえる。少年（男子・女子）が加害者である犯罪が起こると，コメンテー

ターは無責任に"精神鑑定"や"障害の有無"を連発する。実際に，加害児童に精神障害や発達障害があるケースもあるが，そのような障害がなくても，視聴者の中では精神障害や発達障害に対するマイナスイメージのステレオタイプが増幅されていく。精神障害や発達障害等のある児童が事件を起こす原因は，適切なケアや対応がなされぬまま孤立して悩んでいることが多い。幼少期から適切な支援や療育や心理的支援（カウンセリングや心理療法など）を保護者や保育者・教育者から受けていれば，育ちが大きく変わった可能性がある（第8・17・20章参照）。

　また，「NIPT コンソーシアム」によると，2013（平成25）年4月から2018（平成30）年9月までに約6万5265人が「出生前診断（NIPT）[43]」を受け，胎児に病気や障害の可能性が高いと判断された妊婦のうち95％が人工妊娠中絶を選んだことが明らかとなり，他国よりも，高い確率で中絶を選択している日本の現状がわかった[44]（第10章参照）。

　このように，障害に対する偏見や障害児・者への蔑視が横行する欺瞞的な社会で生活する障害児にとっては，成長の過程でスティグマ（汚辱的な被差別の意識）が植え付けられ，社会の中で生きるための自尊心が育つことが難しい状況にある。

　一方で，ノーマライゼーションやインクルージョンの理念が広がりを見せる中，障害に対する差別や偏見を防止するために必要なものは，社会全体の意識変革ではないだろうか。

　アメリカ・インディアンのラコタ族に伝わる伝承に次のような話がある[45]。

勇者の石

　人は生まれてくる時に，自分の人生を懸けて運ぶ石を，自ら決めて生まれてくるという。

　小さい「亀の子の石（幼子の石）」を選んで生まれてきた人は，容姿やお金・幸運にも恵まれた苦労のない人生を送る。それは，その人の魂が「幼子レベル」のため，小さく軽い石（苦労や悲しみのない状態）しか運べないためである。

　中くらいの「アライグマの石（若者の石）」を選んで生まれてきた人は，喜びもあるが悲しみもあり，幸運もあれば不運もある人生を送る。それは，その人の魂が「若者レベル」のため，中くらいの石（成功や失敗のある状態）を運べるのである。

　大きな「赤鹿の石（大人の石）」を選んで生まれてきた人は，家族離散や事業失敗を経験したり，大災害に遭遇したりする等，大きな問題や困難を抱えて人生を送る。それは，その人の魂が「熟年レベル」のため，大きな石（不幸や挫折のある状

態）を運べるのである。

　巨大な「バッファローの石（勇者の石）」を選んで生まれてきた人は，他の人なら投げ出してしまうような重度障害や難病を抱えて人生を送る。それは，その人の魂が神様に認められた「勇者レベル」のため，巨大な石（不治の病や重い障害のある状態）を運べるのである。

　　＊　北米の先住民であったアメリカインディアンは，アメリカバイソンをバッファローと呼んでいた。

　日本人の中には障害児・者を「可哀想な人」「不幸な人」と捉え，その存在を軽んじている人も少なくない。しかし，アメリカン・インディアンの文化や思想の中では，障害を「神から与えられたもの」として捉え，障害児・者を「勇者の魂を持った存在」「尊敬に値する存在」として大切にしているのである。そもそもの発想や視点が異なるのである。

　いくら制度や仕組みを形だけ整えても，実質的な意識や文化が育たなければ，制度や仕組みは形骸化してしまうことになる。それは，障害児の教育・保育・福祉においても同様である。障害のある児童が差別されたり蔑視されたりすることのない"子どもたちの意識や文化"を醸成するためには，家庭における保護者や地域社会を構成する市民はもちろんのこと，障害児教育を担う小学校・中学校の教員，障害児保育を推進する幼稚園教諭・保育士等がその役割を果たすことが必要である。

　特別支援教育や障害児保育を推進するということは，軽度障害のある乳幼児や児童生徒だけを対象とするものではない。2021（令和３）年９月18日から医療的ケア児支援法が施行され，これまでほとんど受け入れが進まなかった最重度の障害児（医療的ケア児）の受け入れについて，自治体，保育所，認定こども園，家庭的保育事業等（家庭的保育事業，小規模保育事業，事業所内保育事業）や放課後児童健全育成事業，学校（幼稚園，小学校，中学校，義務教育学校，高等学校，中等教育学校及び特別支援学校）が支援体制を拡充する責務を負うことになった（第４・15章参照）。

　そのため，重度の障害や医療的ケアが必要な児童をも受け入れる設備や態勢を整え，教師や保育者が対応し得る知識や技術を高めていくことが求められる（第15章参照）。さらに，障害のある幼児や児童生徒が共に成長・発達する環境を整えるためには，構造化や視覚化を双方向で実現可能な ICT（大型ディスプレイや PC タブレット，遠隔モニター等の支援機器・教材）の活用が推奨され，障害

のない子どもたちもより理解を深め、[46] 人権や民主主義についての視点を養う機会を得ることになると考えられる。さらに、特別支援教育や障害児保育・福祉の肯定的側面にも焦点を当て、教育者や保育者が実践（practice）と実証（corroborative evidence）を積み重ねていくことが非常に重要である。

そのような中、2017（平成29）年12月に、文部科学省と厚生労働省が協働で、障害のある子どもたちへの「切れ目ない総合的支援」を目指し、「トライアングル」プロジェクトを立ち上げた。「トライアングル」プロジェクトでは、家庭・教育・福祉の連携と情報共有システムを構築し、保護者支援を強化することが方策の柱となっており、インクルーシブな教育・保育・地域生活システムを構築するために、ようやく国も本腰を入れて動き出したのである[47]（第6〜17章参照）。

最後に、法律や制度は毎年のように改正され、精神障害や発達障害の診断基準となる DSM（Diagnostic and Statistical Manual of Mental Disorders）（米国精神医学会が作成する「精神障害の診断と統計マニュアル」で、2013年に第5版が発刊された）も定期的に改訂され、最新の日本版は2015（平成27）年に「DSM-5 病名・用語翻訳ガイドライン（初版）」[48]として公表され、疾病や障害の分類等の基準となる ICD（International Statistical Classification of Diseases and Related Health Problems）（WHO が発行する「疾病及び関連保健問題の国際統計分類」で2018年に第11版が公表された）も定期的に改訂され、2022（令和4）年1月に「ICD-11」が発行された。[49]それらに伴い、障害に対する捉え方や考え方も少しずつ変化している（第15・16章参照）。障害に対する偏見や差別を払拭し、ノーマライゼーションやインクルージョンの共生社会が一日も早く実現できるように、教師や保育者には、5年先や10年先を見据えた教育や保育を実践することが求められている。それは、進学や就職、親元を離れての地域生活等も検討しながら、一人ひとりの乳幼児や児童生徒に対して教育や保育や療育を提供し、保護者支援を行う中で、人権意識を高めていくことが喫緊の課題である。

注
(1) 松村明編（1989）『大辞林』三省堂、1168頁。
(2) 中央法規出版部編（2001）『介護福祉用語辞典』中央法規出版、166頁。
(3) 上田敏（2002）「国際障害分類初版（ICIDH）から国際生活機能分類（ICF）へ

――改定の経過・趣旨・内容・特徴」『月刊ノーマライゼーション』22(251), 12〜13頁。

⑷　「障害者の権利宣言」(1975年12月9日国連総会決議3447)。邦訳は永井憲一監修。国際教育法研究会編(1987)『教育条約集』三省堂。

⑸　「障害者基本法」(昭和45年法律第84号)。

⑹　「児童福祉法」(平成29年法律第71号)。

⑺　Department for Education and Science (1978) *Special Educational Needs: Report of the Committee of Inquiry into the Education of Handicapped Children and Young People*, HMSO.

⑻　UNESCO (1995) *Final Report, World Conference on Special Needs Education: Access and Quality.*

⑼　島治伸(2004)「特別支援教育とは」『月刊ノーマライゼーション』24(279), 10頁。

⑽　文部科学省初等中等教育局長(2007)「特別支援教育の推進について(通知)」。

⑾　文部科学省(2018)「特別支援教育について」(http://www.mext.go.jp/a_menu/shotou/tokubetu/main.htm　2022年10月10日閲覧)。

⑿　大泉溥(1976)「戦後日本の障害児保育問題の展開」『障害者問題研究』6, 78〜79頁。

⒀　石毛鍈子(1979)「保育行政にみる障害児差別」『福祉労働』4, 163〜164頁。

⒁　末次有加(2011)「戦後日本における障害児保育の展開――1950年代から1970年代を中心に」『大阪大学教育学年報』16, 178頁。

⒂　厚生省中央児童福祉審議会(1973)「当面推進すべき児童福祉対策について(中間答申)」『社会福祉関係施策資料集』厚生省, 343〜344頁。

⒃　水野友有(2015)「障害児保育の歴史的変遷」児童育成協会監修『障害児保育』中央法規出版, 15頁。

⒄　岡田英己子(1993)『ドイツ治療教育学の歴史的研究』勁草書房, 7頁。

⒅　高木憲次(1951)「療育の基本概念」『療育』1(11), 252頁。

⒆　高松鶴吉(1987)「療育と教育の接点を考える」『月刊ノーマライゼーション』7(55), 18頁。

⒇　⑽と同じ。

(21)　パステルゾーンとは, 障害が認定される状況ではないが, 障害に近い要素があり, 「配慮が必要な状況」を指す。これまでのグレーゾーンという言葉は暗くてネガティブな印象を与えるため, 明るく温かくポジティブなイメージを持つ「パステル」という言葉を使用することで, カラフルな個性や未来を示すことから近年広がりつつある(名護療育園の泉川良範氏が提唱)。

(22)　立花直樹・波田埜英治(2018)「特別支援と特別な配慮が必要な児童に対する教

　育・保育の現状と課題」『障害児保育』3，35頁。

⑵⑶　佐久間庸子・田部絢子・高橋智（2011）「幼稚園における特別支援教育の現状
　　──全国公立幼稚園調査からみた特別な配慮を要する幼児の実態と支援の課題」
　　『東京学芸大学紀要（総合教育科学系）』62(2)，153〜173頁。

⑵⑷　文部科学省初等中等教育局特別支援教育課（2012）「通常の学級に在籍する発達
　　障害の可能性のある特別な教育的支援を必要とする児童生徒に関する調査結果につ
　　いて」2〜14頁。

⑵⑸　厚生労働省社会・援護局障害保健福祉部（2018）「平成28年生活のしづらさなど
　　に関する調査（全国在宅障害児・者等実態調査）」（https://www.mhlw.go.jp/
　　toukei/list/seikatsu_chousa_b_h28.html　2022年10月10日閲覧）。

⑵⑹　文部科学省（2021）「特別支援教育資料（令和2年度）」（https://www.mext.go.
　　jp/a_menu/shotou/tokubetu/material/1406456_00009.htm　2022年10月10日閲覧）。

⑵⑺　「学校教育法施行令」（昭和28年政令第340号）。

⑵⑻　「通級による指導」とは，小学校・中学校・中等教育学校の通常学級に在籍する
　　軽度障害のある児童生徒が必要に応じて特別支援学級への通級により指導を受ける
　　制度を意味する。

⑵⑼　内閣府（2018）「社会参加に向けた自立の基盤づくり」『平成30年版　障害者白
　　書』勝美印刷，55頁。

⑶⑽　内閣府（2022）「障害児保育の実施状況推移」『令和4年版　障害者白書』勝美印
　　刷，58頁。

⑶⑾　文部科学省（2018）「特別支援教育資料（平成29年度）」（http://www.mext.go.
　　jp/a_menu/shotou/tokubetu/material/1406456.htm　2022年10月10日閲覧）。

⑶⑿　セカンドオピニオン（second opinion）。患者自身が納得のいく治療法を選択す
　　ることができるように，治療の進行状況，次の段階の治療選択などについて，現在
　　治療を受けている主治医の了承を得て，別の医療機関の専門医に「第二の意見」を
　　求めることやその意見を意味する。

⑶⒀　サードオピニオン（third opinion）。セカンドオピニオンと同様，主治医やセカ
　　ンドオピニオン医とは別の医療機関の専門医に「第三の意見」を求めることやその
　　意見を意味する。

⑶⒁　細川匡美（2017）「ジャック＝ダルクローズの教育観の発展に関する研究（博士
　　論文32685甲C第33号）」明星大学，53頁。

⑶⒂　永野泉（2006）「保育研究における環境論の比較」『淑徳短期大学研究紀要』45，
　　82頁。

⑶⒃　中田尚美（2008）「モンテッソーリの教育思想における“ケア”について──
　　“子どもの家”における実践を中心に」『神戸海星女子学院大学研究紀要』47，68
　　頁。

⑶ 「切れ目のない支援」とは，地域で暮らす障害児・者の年齢や成長・発達を理解し，関係機関や施設・事業所などの密接な連携により，ライフステージを通して行われる適切な支援や対応を意味する。

⑻ 「隙間のない支援」とは，地域で暮らす障害児・者の特性を理解したうえで，領域ごとの縦割り（sectionalism）や制度の狭間による問題が生じないよう，保健・医療・教育・保育・福祉などの関係機関や施設・事業所などが密接な連携を基本として行う適切な支援や対応を意味する。

⑶ 高谷清（1997）「障害者と共に生きた人々──ネアンデルタール人の心」『はだかのいのち』大月書店，179～180頁。

⑽ 厚生労働省（2018）「障害者雇用率制度」（https://www.mhlw.go.jp/stf/seisaku nitsuite/bunya/koyou_roudou/koyou/shougaisha/04.html　2022年10月10日閲覧）。

⑷ 厚生労働省職業安定局（2017）「平成29年障害者雇用状況の集計結果（平成29年12月20日）」（https://www.mhlw.go.jp/stf/houdou/0000187661.html　2022年10月10日閲覧）。

⑷ 村上晃一・千葉卓朗（2018）「障害者雇用，自治体は3809.5人水増し　政府発表」朝日新聞デジタル，2018年10月22日付（https://www.asahi.com/articles/ASLBN5 D4MLBNULFA00L.html　2022年10月10日閲覧）。

⑷ 非侵襲性出生前遺伝学的検査（Non-Invasive Prenatal genetic Testing）。2011年にアメリカで開発され，日本では2013（平成25）年4月から導入された新型出生前診断である。妊婦からの採血だけで，母体の血液中を流れる「胎児の DNA（遺伝子）」の断片を解析し，胎児の染色体異常等について，従来よりも精度の高い診断（99％）を行うことができる検査である。

⑷ 大岩ゆり（2018）「『命の選別』なのか　新型出生前診断，開始から5年」朝日新聞デジタル，2018年3月19日付（https://www.asahi.com/articles/ASL3D5453L3 DULBJ00P.html　2022年10月10日閲覧）。

⑷ AKIRA（2014）「生まれてきた意味，そして使命──ステージⅢの胃がんからの這い上がり」『Messenger』44，10～11頁。

⑷ 内閣府（2018）「社会参加に向けた自立の基盤づくり」『平成30年版　障害者白書』勝美印刷，63頁。

⑷ 内閣府（2018）「TOPICS 家庭と教育と福祉の連携"トライアングル"プロジェクト報告」『平成30年版　障害者白書』勝美印刷，63頁。

⑷ 小山顕（2021）「DSM-5」中坪史典・山下文一・松井剛太・伊藤嘉余子・立花直樹編集委員『保育・幼児教育・子ども家庭福祉辞典』ミネルヴァ書房，522頁。

⑷ 厚生労働省政策統括官付参事官付国際分類情報管理室（2022）「ICD-11 の国内の公的統計への適用について」2～4頁。

参考文献

中坪史典・山下文一・松井剛太・伊藤嘉余子・立花直樹編集委員（2021）『保育・幼児教育・子ども家庭福祉辞典』ミネルヴァ書房。

松井剛太（2018）『特別な配慮を必要とする子どもが輝くクラス運営——教える保育からともに学ぶ保育へ』中央法規出版。

第Ⅰ部

障害児支援の意義と役割,
制度と体系

第1章

障害児支援の定義と理念

　障害児支援を行うために，どのような理念を理解しておく必要があるだろうか。
　本章では，まず「障害とは何か」について，国際生活機能分類や障害者基本法をもとに，国内外の定義や理念を考える。そして，小学校学習指導要領や幼稚園教育要領の文言，および，障害者権利条約に伴う法整備における障害者観の変化を押さえつつ，教育・保育・福祉における障害児支援の実際を考えるうえで重要な価値観を理解する。最後に，障害児支援の基本的な理念として，「ノーマライゼーション」「インクルージョン」を理解したうえで，実際の保育現場での実例を通して，「統合教育」と「インクルーシブ教育」の違いについて学ぶ。

1　「障害をもつ」のか，「障害がある」のか

　障害児のことが話題になるとき，「障害をもつ子ども」「障害のある子ども」を無意識のうちに使用している場合がある。しかし，両者には微妙なニュアンスの違いがあり，当事者である障害児や障害児を育てている家族が心に引っかかりを覚えることもある。ここでは，「障害」とは「もつ」ものなのか「ある」ものなのかを考えることを通じて，実際に子どもが生活する中での「障害」というものを理解しよう。

（1）国際生活機能分類
　図1-1は，WHO（世界保健機関）が2001年に発表した ICF と呼ばれるもので，障害を理解するうえで，国際的に使用されている概念である。
　ICF では，「障害」を「生活機能」（心身機能・構造，活動，参加）が何らかの理由で制限されている状態としている。そして，その「生活機能」に影響を及

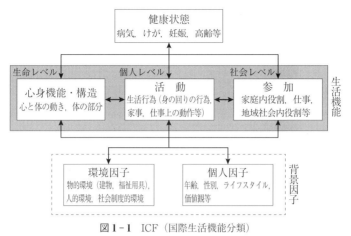

図1-1　ICF（国際生活機能分類）

出所：ICF をもとに筆者作成。

ぼす背景因子として，環境因子と個人因子の2つがある。環境因子とは，その人を取り巻く物的環境，人的環境，社会制度的環境のことである。個人因子とは，その人自身の年齢，性別，ライフスタイル，価値観などである。つまり，「障害」とは，この2つの因子が複合的に関連し合って，その人の「生活機能」が制限されるか否かを考えるものである。

（2）法律等にみる「障害」

　障害者基本法第2条には，下記のように明示されている。

> 　この法律において，次の各号に掲げる用語の意義は，それぞれ当該各号に定めるところによる。
> 　一　障害者　身体障害，知的障害，精神障害（発達障害を含む。）その他の心身の機能の障害（以下「障害」と総称する。）がある者であつて，障害及び社会的障壁により継続的に日常生活又は社会生活に相当な制限を受ける状態にあるものをいう。
> 　二　社会的障壁　障害がある者にとつて日常生活又は社会生活を営む上で障壁となるような社会における事物，制度，慣行，観念その他一切のものをいう。

　日本の障害者基本法の定義においても，障害は，「日常生活又は社会生活に相当な制限を受ける状態」を指しており，そこには，社会的に障壁となる「事

物，制度，慣行，観念その他一切のもの」が存在することを示している。つまり，環境因子である社会的障壁の改善により，障害そのものも変化することが含まれている。

　このように，環境因子も含めて，その人の生活しづらさを考慮した障害の考え方を社会モデル（障害者が味わう社会的不利は社会の問題だとする考え方）という。一方，医学的な診断はその人個人に付けられるということから，障害者が味わう社会的不利はその人個人の問題だとする考え方を医学モデルという。

　社会モデルの考え方に立った場合，改善すべきは様々な社会環境ということになる。一方，医学モデルに立った場合，改善すべきは障害児本人が有する問題ということになる。実際の生活を考えれば，人はあらゆる社会環境の影響を受けていることがわかる。教育・保育の現場においても，障害児は施設の物的環境や人的環境，家庭環境，地域の社会的環境の中で，それぞれに固有の生活を営んでいる。そういった意味でも，障害者の生活に根づいた支援を考えるうえでは，社会モデルに基づく考え方が欠かせないといえるだろう。

（3）教育・保育・福祉における障害児への配慮

　上述した社会モデルに基づく考え方は，小学校などの学習指導要領や幼稚園教育要領にも反映されている。たとえば，小学校の学習指導要領解説（国語編）には「障害のある児童への配慮についての事項」の中で，下記の文言が記されている（傍線部，波線部は筆者）。

> 　文章を目で追いながら音読することが困難な場合には，自分がどこを読むのかが分かるように教科書の文を指等で押さえながら読むよう促すこと，行間を空けるために拡大コピーをしたものを用意すること，語のまとまりや区切りが分かるように分かち書きされたものを用意すること，読む部分だけが見える自助具（スリット等）を活用することなどの配慮をする。

　同様に，幼稚園教育要領解説にも，「特別な配慮を必要とする幼児への指導」の中で，次の文言がある（傍線部，波線部は筆者）。

> 　集団の中でざわざわした声などを不快に感じ，集団活動に参加することが難しい場合，集団での活動に慣れるよう，最初から全ての時間に参加させるのではなく，短い時間から始め，徐々に時間を延ばして参加させたり，イヤーマフなどで音を遮断して活動に参加させたりするなどの配慮をする。

　先述した生活機能分類でいえば，傍線部が個人因子で，波線部が環境因子を改善するための工夫である。つまり，その人が生活のしづらさを感じる個人因子を有していたとしても，環境因子を変えることで生活のしづらさを改善することができる。

　「障害をもつ子ども」という表現は，その子どもの個人因子にのみ目を向けていることを示唆する表現である。個人因子にのみに目を向けると，その障害の改善には「その子どもの個人的な頑張り」を促すという発想しか生まれない。

　一方，「障害のある子ども」とは，その子どもを取り巻く環境因子を含めた表現である。ここで今一度，先述の学習指導要領解説，幼稚園教育要領解説の波線部の最後を見てもらいたい。どちらも「など」で締めくくられているのがわかるだろう。これは，環境因子を変えるための工夫は，教師の発想次第で無数にあり得ることを指している。大切なのは，その子どもの生活に寄り添い，その子どもの生活実態に応じた配慮を考えることである。

　「障害」は，子どもが「もつ」ものではなく，子どもの周りに「ある」ものである。

2　障害児を有能な学び手と見るために

　障害児の支援においては，教師が有している子ども観が問われる。ここでは，日本の教育・保育現場における障害児支援の価値観を理解するとともに，有能な学び手としての子ども観について，考えを深めたい。

（1）障害者の権利に関する条約における障害者観

　2014（平成26）年1月20日，日本は障害者の権利に関する条約（障害者権利条約）を批准した。この批准に際して，次のように，障害者支援の理念に関する制度改革がなされた。

- 2011年　障害者基本法の内容の改正
　障害があってもなくても，すべての人に人権があり，一人ひとりを大切にする共生社会を目指すことを明記。
- 2012年　障害者総合支援法の制定（2013年施行）
　障害者自立支援法からの改正。「自立した日常生活又は社会生活を営む」の代わりに，「基本的人権を享有する個人としての尊厳にふさわしい日常生活又は社会生

活を営む」と文言を変更。
- 2013年　障害を理由とする差別の解消の推進に関する法律（障害者差別解消法）の制定（2016年施行）

　障害のある人もない人も，互いに，その人らしさを認め合いながら共に生きる社会を実現することを目指し，障害のある人に「**合理的配慮**」を行うことを明記。

　この障害者権利条約は，先述した社会モデルの障害観を前提としている。そのため，障害の有無にかかわらず，一人ひとりが人権を尊重され，その人らしさを互いに認め合うこと，そして，そのための配慮が行われるべきであることが示されたのである。さらに「私たちのことを，私たち抜きに決めないで（Nothing about us without us）」という考え方のもと，障害者が自身に関わる問題に主体的に関与することを大切にしている。

　同様に，障害児についても，支援を受ける対象としての受動的な存在ではなく，主体的に自らの生活を良くする力がある有能な学び手として見ることが重要である。1970年代以降，乳児は生まれつきとても有能な存在であり，「ものごとの因果関係がよくわかっている」「人の性格を読み取っている[1]」ことなどが確認されている。また，乳児にはそれぞれ生まれ持った気質があることも知られ，首がすわり，寝返りに挑戦し，姿勢を保持するような姿にも，一人ひとりの個性があることがわかっている。

　当然，障害児も例外でなく，一人ひとりの気質があって，それぞれに育ちの個性がある。障害児の発達を「他の子どもと比べると発達が遅い」「月齢や年齢の発達の目安で見ると遅れている」とする見方は，「能力を身につけた結果」を比べるもので，育ちのプロセスの違いを読み解くものではない。日常の生活の中で，障害児を有能な学び手として捉え，育ちのプロセスを理解する態度をもちたい。

（2）資質・能力をつなげる

　こういった有能な学び手としての子ども観に基づき，子どもの学びを読み取り，乳幼児期から就労に至るまでをつなげる視点として，文部科学省教育課程部会幼児教育部会により「資質・能力[2]」という概念が示された。たとえば，幼児期においては，次のように明記されている。

- 知識や技能の基礎（遊びや生活の中で，豊かな体験を通じて，何を感じたり，何に気付いたり，何が分かったり，何ができるようになるのか）
- 思考力・判断力・表現力等の基礎（遊びや生活の中で，気付いたこと，できるようになったことなども使いながら，どう考えたり，試したり，工夫したり，表現したりするか）
- 学びに向かう力，人間性等（心情，意欲，態度が育つ中で，いかによりよい生活を営むか）

　資質・能力の３つの柱である，①知識・技能，②思考力・判断力・表現力等，③学びに向かう力，人間性等は，乳幼児期のみならず，その後の教育においても育むべきものである。このように，障害児一人ひとりが，遊びや生活の中で，「何を感じ，何に気付き，何が分かり，何ができるようになったのか」「気付いたこと，できるようになったことなども使いながら，どう考えたり，試したり，工夫したり，表現したりしたのか」「どういう気持ちで遊びや生活の時間を過ごしていたのか」を読み取ることで，その子どもの育ちのプロセスや学びの個性を理解することができる。

　障害児を有能な学び手と見て，どのような行動を示しても，「必ず何かを学んでいる」と感じられるかどうか，教師の資質・能力も問われている。

（３）特定分野に特異な才能のある児童生徒

　2021（令和３）年１月に文部科学省中央教育審議会により，「『令和の日本型学校教育』の構築を目指して――全ての子供たちの可能性を引き出す，個別最適な学びと，協働的な学びの実現」の答申が出された。そこでは，これからの教育のあり方として，次の内容が明記されている[3]（傍線部は筆者）。

　　我が国の学校教育には，一人一人の児童生徒が，自分のよさや可能性を認識するとともに，あらゆる他者を価値のある存在として尊重し，多様な人々と協働しながら様々な社会的変化を乗り越え，豊かな人生を切り拓き，持続可能な社会の創り手となることができるよう，その資質・能力を育成することが求められている。

　このように，すべての子どもが，自分と他者の存在に価値を認め，社会の創り手となるための教育がデザインされることが求められている。その一例として，文部科学省において，「特定分野に特異な才能のある児童生徒」の指導・支援のあり方が議論されている。2021（令和３）年12月に出された特定分野に

特異な才能のある児童生徒に対する学校における指導・支援の在り方等に関する有識者会議の論点整理では，次のような例が示されている。[4]

> 例えば，単純な課題は苦手だが複雑で高度な活動が得意な児童生徒や，対人関係は上手ではないが想像力が豊かな児童生徒，読み書きに困難を抱えているが芸術的な表現が得意な児童生徒など，多様な特徴のある児童生徒が一定割合存在する。

こういった児童生徒は，特定分野に特異な才能があるにもかかわらず，認知や発達の特性に偏りがあるため，学校生活への適応に困難を抱える場合もある。有能な学び手としての側面に目を向けることで，あらゆる児童生徒を価値のある存在として理解する姿勢をもつことが求められる。

3　障害児支援の基本的な理念と方法

障害児を学びの主体として考えるために，どのような支援を行うべきか。ここでは，障害児を支援する際の基本的な理念である「ノーマライゼーション」「インクルージョン」に基づき，実際の子どもの生活を想像しながら，支援のあり方を考えよう。

（1）ノーマライゼーションから統合教育へ

ノーマライゼーション（normalization）とは，1960年代に北欧諸国から始まった理念で，「障害者が他の市民と同様に社会の一員として種々の分野の活動に参加することができ，すべての人がノーマルな生活を送ることができる社会にしていこうとする」考え方である。

この理念では，障害のある人の「生活のしづらさ」は，障害のない人と同じように社会的な活動に参加できないことに起因していると捉える。そこで，障害のある人も障害のない人と同じように生活できるような社会にすることを目指している。

教育・保育の分野においては，ノーマライゼーションを実体化するための方法として，統合教育（インテグレーション）が行われた。統合教育は，それまで異なる場で教育を受けていた障害児を定型発達児と共に受け入れることで，互いに肯定的な影響を及ぼすという効果がみられた。一方で，障害児への配慮がなされないままに，定型発達児を中心にした教育の中に障害児を入れるだけの

EQUALITY
（平等）

EQUITY
（公平）

図 1 - 2　平等と公平の違い

教育（ダンピング：放り投げ）も見られた。そのため，障害児が既存の定型発達児を中心とした教育に無理に適応させられるということも課題であった。

　統合教育は，同じ場にいて同じことをするという意味での平等観に基づく教育であったといえる。平等（equality）とは差別や偏りをなくし，一様に扱うという意味で価値があるが，一つの基準を定め，その基準をおしなべて適用することで，部分的に不利益が生じる場合がある。統合保育は，差別をなくすという意味では一定の成果があったが，子どもの違いに配慮しないまま，一つの教育方法に障害児が無理に参加させられる側面を生んだことも否めない。

　ここで，平等ではなく，個々の違いに応じて適切な扱いをすることで，相対的に同じ効果を与えられるようにする公平（equity）の価値観による教育のあり方を考えることが大切である。

（2）インクルージョンからインクルーシブ教育へ

　インクルージョンとは，包含するという意味をもつ言葉で，「障害者と定型発達者が区別なく，共に学ぶ機会をつくっていくこと」を指す。統合教育は，障害者と定型発達者が別々に区別されたものを合わせる統合という意味があったが，インクルージョンははじめから障害者と定型発達者を区別せずに一人ひとりの思いを大切に行われる教育である。そのため，インテグレーションに比べると，子どもを主体として考える理念であるといえるだろう。「全ての人々を孤独や孤立，排除や摩擦から援護し，健康で文化的な生活の実現につなげる

よう，社会の構成員として包み支え合う⁽⁵⁾」というソーシャル・インクルージョンの理念は，障害児の保育・福祉・教育において，現在の中心的な理念である。

　2012（平成24）年 7 月，文部科学省中央教育審議会によって，「共生社会の形成に向けたインクルーシブ教育システムの構築のための特別支援教育の推進（報告）」が出された。その中で，共生社会は「誰もが相互に人格と個性を尊重し支え合い，人々の多様な在り方を相互に認め合える全員参加型の社会」とされており，まさにソーシャル・インクルージョンの実現を目指しているものといえる。さらにインクルーシブ教育の方針として，次の文言が示された（傍線部，波線部は筆者）。

> 　基本的な方向性としては，障害のある子どもと障害のない子どもが，できるだけ同じ場で共に学ぶことを目指すべきである。その場合には，それぞれの子どもが，授業内容が分かり学習活動に参加している実感・達成感を持ちながら，充実した時間を過ごしつつ，生きる力を身に付けていけるかどうか，これが最も本質的な視点であり，そのための環境整備が必要である。

　上記のように，「できるだけ同じ場で共に学ぶことを目指すべき」とある部分は，以前の統合教育と変わらない。しかし，続けて示されている「それぞれの子どもが，授業内容が分かり学習活動に参加している実感・達成感を持ちながら，充実した時間を過ごしつつ，生きる力を身に付けていけるかどうか」という部分は，インクルーシブ教育の本質であるといえる。

　つまり，インクルーシブ教育の理念は，一人ひとりの子どもが，同じ意識で同じ充実感を得られるという意味で公平の価値観に基づく教育であるといえる。そこには，単純に障害児と定型発達児が同じ場にいればいいということは当てはまらず，それぞれの違いを認めたうえで，同じ教育的効果が得られるようにすることが念頭に置かれている。

（3）子どもの視点に見る「統合教育」と「インクルーシブ教育」

　ここまで，統合教育とインクルーシブ教育の違いについて述べてきた。浜谷⁽⁶⁾は，これらの理念の本質を踏まえて，子どもの立場から支援のあり方を考察している。

　表 1 - 1 の中で，まず「統合」の枠組みに該当する A の「参加」と C の「放り投げ」に着目してもらいたい。統合教育として理想的な状態は，「参加」で

表1-1　障害児の立場からの参加の分類

	統合（integration） 子どもが場を共有して共に行動する。子どもの間のコミュニケーション手段が確保されている。障害児と他の子どもの行動は相互に影響を及ぼす。		分離（segregation） 障害児と他の子どもが別の場で生活する。
包含（inclusion） 障害児も他の子どもたちも対等，平等に意見が尊重されて，子どもたちの生活のあり方が決定される。	A　参加（participation）		B　共存・独立 （coexistence） 障害児と他の子どもたちは，別の場で生活することを選択し，それぞれに意欲的に活動している。 お互いに関心をもつと同時に，お互いの行動に肯定的な影響を与える。
	A1　共同 （corporation） 障害児を含めたすべての子どもが共に生活できるように生活のあり方を創造し，どの子どもも意欲的に活動している。	A2　共生 （symbiosis） 障害児を含めたすべての子どもが自然に生活を営み，相互に関心をもち肯定的な影響を与えている。	
排除（exclusion） 特定の子どもの意見や立場だけが尊重されて子どもたちの生活のあり方が決定される。障害児の意見は尊重されない。	C　放り投げ（dumping） 障害児は，他の子どもが選択した生活の場にいる。		D　隔離・孤立 （isolation） 障害児と他の子どもたちは，それぞれ別の場で生活する。 お互いに無関心であり，ときには，意図せずに，お互いの行動が相互に害を及ぼす。
	C1　適応・同化 （adaptation） 障害児は，他の子どもたちの活動と同様な行動を強制させられる。	C2　放置・放任 （neglect） 障害児の行動は他の子どもから関心をもたれない。	

出所：浜谷直人（2005）「統合保育における障害児の参加状態のアセスメント」『東京都立大学人文学報』359，17～30頁。

ある。これは，障害の有無にかかわらず，すべての子どもが意欲的に生活を営み，互いに肯定的な関心をもち，影響し合っている状態である。一方，「放り投げ」は先述したように，定型発達児を中心とした生活の中に障害児が無理に一緒にいるだけであり，定型発達児から関心をもたれることはなく，子どもたち同士が影響し合うこともない状態である。

　次に，「包含（インクルージョン）」の枠組みに該当するAの「参加」とBの「共存・独立」に注目する。「参加」は先に述べた通りであり，統合教育の理想的な状態とも重なっている。一方，Bの「共存・独立」は，障害児と定型発達児が別の場で生活することを選択し，それぞれに意欲的に生活していることを指す。ただし，お互いに関心をもち，肯定的な影響を与え合うことも条件に含まれている。

　ここで，Bは統合教育には該当しないものの，インクルーシブ教育には該当することに留意する必要がある。理想的な状態が，Aであることは間違いない。ただ，Aを目指すがあまり，無理に障害児を参加させようとして，Cの状態になっては，インクルーシブ教育の理念に反する。Bのように，見かけ上は別々の場にいるとしても，一人ひとりの子どもが自ら生活の場を選択して，お互いに関心を持ち合って肯定的な影響を与え合う状態は，先述した「学習活動に参加している実感・達成感を持ちながら，充実した時間を過ごし」と一致する。もちろん，できるだけ同じ場で共に学ぶことを目指すべきではあるが，「一人ひとりの学びが保障されていることに加え，お互いに関心を寄せて肯定的な影響を与え合う状態」であれば，学びの場は別々であってもインクルーシブ教育なのである。

（4）別々の場にいるインクルーシブ教育の実例

　ここでは，先述の「B　共存・独立」に当てはまるインクルーシブ教育の実例（運動会に向けた練習）を挙げて，理解を深める。対象児であるRくんは母，祖父，祖母の4人家族である。言語の遅れを母親が心配し，3歳半頃からST（言語聴覚士）訓練に月1回通っている。新しい環境や初めて経験することに対しては慎重で，慣れるまでに時間を要することがある。4歳児の12月からSTの勧めでOT（作業療法士）訓練にも月1回通うようになり，軽度発達障害と診断された。

運動会に向けて取り組む中で（Rくん，4歳児）

　運動会の全体練習が始まると帽子を取りにロッカーへ行くものの，そこで立ち止まってしまう。担任が「Rくん，行こう」と声をかけると「どうしようか，今考えよる」と言う。少し時間を置き「どうするか決めた？」と言うと，「まだ考えよる」と平行線であった。担任は先に行くことを伝え，後は加配職員に任せることにした。階段の降り口まで来たとき，運動場の様子が見える窓の前で，Rくんは足を止め，窓越しにみんなが運動会に向けて取り組んでいる様子を見ていたと加配職員から聞いた。

　こういったRくんの様子に対して，どのような支援を行うべきであろうか。
　統合教育の理念に則るならば，何とかRくんをみんなと同じ練習の場に連れていくことを優先した支援を行うことになるだろう。しかし，Rくんは，みんなと同じ場に行くことについて「まだ考えよる」と教師に伝えている。これが

Rくんの意思だとすれば，みんなと同じ練習の場に無理に連れていったとしても，Rくんは充実した学びの実感を得られないと思われる。そこで，教師は次のような支援を行った。

> **運動会に向けて取り組む中で：続き**
>
> 　「みんながしていることを見ること」をRくんなりの活動への参加とみなし，落ち着いて見られるようにいすを置き，そこに座って見ることを約束とした。クラスの友達や全職員にもそのことを伝え，みんなで様子を見守っていった。Rくんは，友達がしていることは気になるようで，いすに座り活動の様子を見ていた。Rくんが状況を理解できたであろう後日，その日の活動の流れを書いたものをホワイトボードに掲示し，声をかけることで一緒に活動に参加できるようになってきた。

　教師は，Rくんの選択した学びの場を尊重し，落ち着いて練習の様子が見られるように椅子を置いた。さらに，クラスの友達やすべての職員が，Rくんの様子に関心をもてるよう，そのことを伝えて，肯定的に見守っている。結果的に，Rくんの学びの場は，全体の練習の場に移行し，他の子どもたちと一緒に練習に参加できるようになった。これは，表1-1でいえば，Bの「共存・独立」から，Aの「参加」へと移行した実例である。

　障害児を支援するとは，教師の願いや教育の場のルールを押し付けるものではない。最優先すべきは，子どもの思いであり，多様な子どもたちを価値ある存在として尊重することである。

注

(1)　ゴプニック，A.／青木玲訳（2010）『哲学する赤ちゃん』亜紀書房。

(2)　文部科学省教育課程部会幼児教育部会（2016）「幼児教育部会における審議の取りまとめ」。

(3)　文部科学省中央教育審議会（2021）「『令和の日本型学校教育』の構築を目指して──全ての子供たちの可能性を引き出す，個別最適な学びと，協働的な学びの実現（答申）」。

(4)　文部科学省調査研究協力者会議等（2021）「特定分野に特異な才能のある児童生徒に対する学校における指導・支援の在り方等に関する有識者会議　論点整理」。

(5)　厚生省（2000）「社会的な援護を要する人々に対する社会福祉のあり方に関する検討会」報告書。

(6)　浜谷直人（2005）「統合保育における障害児の参加状態のアセスメント」『東京都

立大学人文学報』359，17〜30頁。

参考文献

奈須正裕（2017）『「資質・能力」と学びのメカニズム』東洋館出版社。
宮田広善（2001）『子育てを支える療育——〈医療モデル〉から〈生活モデル〉への転換を』ぶどう社。

学習課題

① 「ふつうってなんだろう？」（https://www.nhk.or.jp/school/tokushi/ui/origin/anime/）を視聴して，多様な感じ方について想像してみよう。
② 統合教育とインクルーシブ教育の違いについて，実例を考えてみよう。

キーワード一覧表

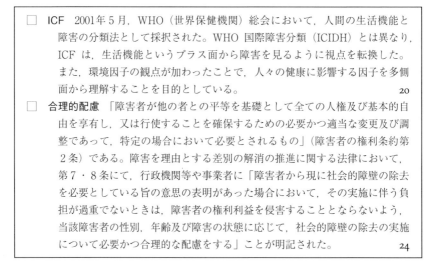

□　ICF　2001年5月，WHO（世界保健機関）総会において，人間の生活機能と障害の分類法として採択された。WHO 国際障害分類（ICIDH）とは異なり，ICF は，生活機能というプラス面から障害を見るように視点を転換した。また，環境因子の観点が加わったことで，人々の健康に影響する因子を多側面から理解することを目的としている。　　　　　　　　　　　　20

□　合理的配慮　「障害者が他の者との平等を基礎として全ての人権及び基本的自由を享有し，又は行使することを確保するための必要かつ適当な変更及び調整であって，特定の場合において必要とされるもの」（障害者の権利条約第2条）である。障害を理由とする差別の解消の推進に関する法律において，第7・8条にて，行政機関等や事業者に「障害者から現に社会的障壁の除去を必要としている旨の意思の表明があった場合において，その実施に伴う負担が過重でないときは，障害者の権利利益を侵害することとならないよう，当該障害者の性別，年齢及び障害の状態に応じて，社会的障壁の除去の実施について必要かつ合理的な配慮をする」ことが明記された。　　　　　　　24

第2章

インクルーシブな教育・保育・福祉システムの実現

　ノーマライゼーション理念が示されたことにより，障害者との共生社会の実現への光が見え始めた。本章ではまず，ICF（国際生活機能分類）に基づく障害の定義や概念を解説する。次に，現代の障害者福祉観の歴史的変遷について概観する。そのうえで，障害者を取り巻く障壁について知り，現代社会において，すべての人がよりよく生きるために，どのようにしたらインクルーシブな教育・保育・福祉システムを実現していくことができるのかについて考える。

1　新たな障害観の潮流

　「障害」とは何か。考え方によって，「障害」「障がい」「障碍」「しょうがい」と表記が異なってくる。また「障害」をどのように捉えるかによって，障害児・者への見方も変わってくる。世界的に見るとかつては，障害者は「迷惑な存在」「不幸」等，劣る人と否定的に捉えられ，法律上でも様々な機会を奪われていた時代があった。しかし，今日では障害のあるなしにかかわらず，かけがえのない一人の人間として，その人らしく生き生きと生活できることが望ましく，障害は個性の一つであると肯定的に捉えられている。国際的な視点から「障害」の捉え方の変容について見ていく。

（1）「国際障害分類」から「国際生活機能分類」へ

　1980年，WHO（世界保健機関）はあらゆる障害を包括する国際的な障害の概念として，**国際障害分類（ICIDH）**（図2-1）を発表した。これは，疾病／変調（例：交通事故により脊椎損傷）が原因となり，機能障害（例：下半身不随となり車いす生活）が起こり，それから能力障害（例：歩行・走行困難）が生じ，社会的不利（例：外出しての買い物が困難）を起こすというものである。このモデルは

図2-1　国際障害分類（ICIDH）（1980年）

出所：ICIDH をもとに筆者作成。

障害を機能障害，能力障害，社会的不利の３つのレベルに分けて捉えるという「障害の階層性」を示した点で画期的であった。この考え方は，不利益・困難の原因は個人の心身機能が原因であるとし，障害を解消するためには，立って歩けるようになるためのリハビリなど個人の努力や訓練が必要であり，それらは医療・福祉の領域の問題であると捉えるものである。

　一方，障害のある人が「買い物の困難さ」に直面する原因には，その人の抱える障害だけではなく，店舗にエレベーターがないことや，途中で手を貸してくれる人がいないことなど，いろいろな要因が存在するわけであり，障害が直接的に社会的不利を生み出すという誤った認識がなされてしまう等の問題点が指摘された。

　また，ICIDH は障害というマイナス面を中心に見ているが，障害者は障害というマイナス面しかもたない存在ではなく，その他の機能や個性の点でプラスの側面を有する。社会的不利だけでなく社会的有利性も兼ね備えている存在なのである。

　そこで，2001年，WHO が ICIDH を改訂し，新たに発表したのが，**国際生活機能分類（ICF）**（ICF の図解は第１章を参照）である。ICF においても，障害を３つのレベルで把握する点は同様であるが，障害者がもつプラス面に着目しようという考えから，中立的な名称が採用された。機能障害は「心身機能・構造」，能力障害は「活動」，社会的不利は「参加」という用語が用いられた。これらが障害された状態は「機能・構造障害」「活動制限」「参加制約」である。また，ICIDH で「疾患／変調」であったものは，ICF では「健康状態」と表記された。これは，疾患だけでなく，妊娠，高齢，ストレス状態，先天異常，遺伝的素因など広い範囲のものを含むようになっている。さらに，健康状態と生活機能の３つのレベルとの関係は，すべて両方向の矢印でつないだ相互作用モデルとなった。また，重要な変化として環境因子と個人因子を「背景因子」

として，生活機能と障害に影響する因子として取り上げ，新たに「環境因子」分類が加えられたのである。その人の生活機能を，障害だけではなく環境を含めた広い視点からポジティブな視点も含めて捉えることが目指されている。このように，ICIDH から ICF への転換は，障害を個人の問題から社会の問題として捉えるという障害観の大きな転換であった。

（2）新たな法制度の立案

　このような国際的な障害観の変化は，法制度にも影響を与えた。2006年，障害者の権利に関する条約（障害者権利条約）が国際連合（国連）総会において採択された。特別委員会の条約交渉過程の終わりに，NGO の代表キキ・ノルドストローム氏（全盲・前世界盲人連合会会長）が語ったスピーチ「私たちのことを，私たち抜きに決めないで（Nothing about us without us）」は多くの人々の心をとらえた。この言葉は，障害者権利条約を考えるうえで，今日でも重要なフレーズとなっている。日本は，この条約の140番目の締結国となったが，当時の日本の国内法は，条約の精神とはほど遠いものであったため，障害者団体からこの締結に異議申し立てがあった。その後，障害者基本法の改正，障害者の日常生活及び社会生活を総合的に支援するための法律（障害者総合支援法）の制定，障害者の雇用の促進等に関する法律（障害者雇用促進法）の改正，そして障害を理由とする差別の解消の推進に関する法律（障害者差別解消法）の成立といったように国内法が次々整備されたことにより，2014（平成26）年，初めて条約の批准に至ったのである。

2　障害者福祉観の歴史的変遷

　ノーマライゼーションは，障害福祉における理念の一つであり，1950年代以降，北欧，アメリカで発祥した概念である。障害者は他の一般市民と同様の生活条件で社会生活を営む権利を有する。そのような生活が可能な社会が「ノーマル」な社会であり，障害者を健常者中心の社会に適応させるのではなく，社会の方を障害者にとって適応可能なものに変えていくべきとする考え方である。この理念がその後の障害者福祉や障害児教育に与えた影響について見ていく。

（1）ノーマライゼーションの理念の波及

　ノーマライゼーションは，1946年のスウェーデン社会庁報告書に初めて記載がある。やがて，その理念はデンマーク，アメリカ，カナダへと受け継がれ，1975年の国連総会で採択された障害者の権利宣言や，1981年の国際障害者年のテーマ「完全参加と平等」に反映され，障害者福祉の基本理念として世界に浸透した。

　ノーマライゼーションは，障害者と健常者における生活上の差異の存在を指摘し，それをノーマルな状態に修正するように努めることで，社会からの差別や排除をなくしていこうとする試みを指す。

　わが国においては，1971（昭和46）年，心身障害者対策に関する国などの責務を明記し，心身障害者の福祉に関する施策の基本となる事項を定めた「心身障害者対策基本法」が施行された。このような中で，日本でもようやく，障害者を隔離することをやめ，できるだけ住み慣れた環境の中で仕事や学校，娯楽を含めた普通の生活ができるようにすることが好ましいというノーマライゼーションの理念が広がり始めた。それまでの日本の心身障害者対策は国際的にかなり遅れたレベルにあった。1964（昭和39）年開催の東京パラリンピックが，その顕著な例である。日本からの選手はほとんど療養所や養護施設から参加したのに対し，外国の選手は社会復帰をして家庭ももち，体力，気力で日本を圧倒した。当時，日本では，在宅生活を送る重度障害児は，十分な公的支援が受けられない状況が続いていた。自宅での障害児の療育の負担に耐え切れず，親子心中や障害児殺しなど1971（昭和46）年の1年間で30件近くの事件が起き，障害者の家庭生活での問題が浮き彫りにされた。

　また，同年には，高崎市で「国立心身障害者コロニー」が開所された。コロニーとは障害者が安心して生活できる地域社会のような共同施設である。高崎市のコロニー開所を皮切りに地方公共団体もコロニーの設置に力を入れ始め，全国的に広がりを見せた。1970（昭和45）年に計画された「社会福祉施設緊急5カ年計画」には，施設の大規模な増設と職員の夜勤手当，宿日直手当等の待遇改善が盛り込まれた。しかしながら，これらの動きに対して，人里離れた施設で障害者に集団で生活を強いるのは健常者中心の考え方であり，地域社会からの隔離ではないかという批判的意見もあった。

　そして1981年には国際障害者年を迎え，世界的な規模で心身障害者に対する施策の見直しが提案された。これは，障害者も普通の生活ができるようにする

こと，つまり，障害者が社会に完全に参加し，融和する権利と機会を享受することを目指すものである。

1982年には「国連・障害者の十年」の国内行動計画として，「障害者対策に関する長期計画」が策定された。障害者福祉の考え方は施設中心型福祉から地域福祉型へと変わり，「ノーマライゼーション」の思想が世界的に共有されることになった。このような流れの中，障害者コロニー（村）といった大規模施設は解体され，障害者ケアは地域でのサポートに移行（地域移行支援）していったのである。しかし，現実には，グループホームなど障害者関連施設の建設反対運動等，施設コンフリクトの実態も明らかになっている。

（2）ノーマライゼーションからインクルージョンへ

1994年，ユネスコのサラマンカ宣言によって，「特別な教育的ニーズ」という言葉が用いられ，インクルージョン，インクルーシブ教育が世界的に目指されるようになった。インクルージョンとは，障害に限定せず，すべての人を排除せず受け入れるという意味である。すべての人を包み込むことで多様性を受容する保育，教育，社会の実現を目指す。インクルージョンの根底にはノーマライゼーションの理念があり，今日提唱されている SDGs の目標4「すべての人々への包摂的かつ公正な質の高い教育を提供し，生涯学習の機会を促進する」を構成する10個のターゲットには，「完全参加と平等」の考え方が反映されている。

3　インクルージョンの誕生と変遷

前述の障害者福祉観の歴史的変遷でも触れた通り，インクルージョンという言葉は，ユネスコのサラマンカ宣言において初めて明記され，今や国際的にも定着しているが，基本的な考え方は浸透しているとはいえない。ここでは，インクルージョンの誕生から現在までの変遷について見ていくことにする。

（1）サラマンカ宣言とインクルージョン

ノーマライゼーション理念の発祥の地である北欧では，社会や学校におけるインテグレーション（統合）を推進した。従来，障害教育は通常教育とは別の制度で運営され，障害児はセグリゲーション（隔離・分離）される存在であっ

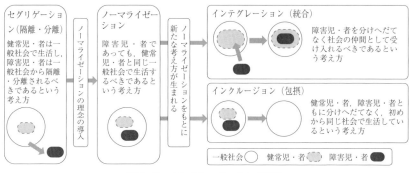

図2-2　インクルージョンへの流れ

出所：堀智晴・橋本好市・直島正樹編著（2014）『ソーシャルインクルージョンのための障害児保育』ミ
　　　ネルヴァ書房を参考に筆者作成。

た。インテグレーションは，あらゆる場面で障害のある人とない人が共にいる
ことを目指すが，特に学校教育においては，障害のある人とない人が共に学ぶ
場面を統合教育と表すことが多い。そして，インテグレーションは，インク
ルーシブ教育を国際的に初めて明示したサラマンカ宣言を機に，インクルー
ジョン（包摂）へと転換されていくのである（図2-2）。
　ここでセグリゲーション，インテグレーション，インクルージョンの概念の
違いを詳しく見ていこう（図2-3）。セグリゲーション（segregation：隔離・分
離）は，障害児・者のための枠取りが別になっている。健常児・者と障害児・
者の枠取りは離れており，健常児・者，障害児・者は互いの世界を見ることが
できない状況となっている。インテグレーション（integration：統合）では，今
まで隔離・分離されていた障害児・者が健常児・者の枠取りの中に入り，場を
共有している。だが，ここでも障害児・者は限定された枠取りの中に集められ
ている。障害児・者であっても，健常児・者と同じことをできるという条件な
ら，彼らの枠取りに入れるという設定である。一方，インクルージョン
（inclusion：包摂）は排除を意味するエクスクルージョン（exclusion）の反対語
である。エクスクルージョンは，枠取りの中に健常な男女が整然と並んでおり，
車いすや白杖を持つ人などは枠取りの外に追いやられている。障害児・者は保
護の対象であり，通常教育は不可能とされており，学校教育にアクセスできな
い状況となっている。それに対して，インクルージョンは，一つの枠取りの中
にすべての人が入り，さらに健常児・者，障害児・者が混じり合い，それぞれ
の意思に沿った方向を向いている。ユネスコはインクルージョンをインクルー

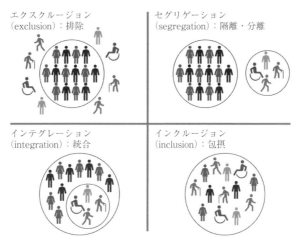

エクスクルージョン
(exclusion)：排除

セグリゲーション
(segregation)：隔離・分離

インテグレーション
(integration)：統合

インクルージョン
(inclusion)：包摂

図2-3　エクスクルージョン，セグリゲーション，インテグ
レーション，インクルージョンの概念

出所：UNESCO, Inclusive education for persons with disabilities: Are
we making progress?（https://unesdoc.unesco.org/ark:/48223/pf00
00370386　2023年1月25日閲覧）などを参考に筆者作成。

シブな状態を求める過程そのものであると定義するため，すべての人が同じ枠
取りの中に入り，よりよい教育を施行し続ける過程が重要であるといえる。

（2）学校制度の運用そのものを問い直すインクルージョン

　サラマンカ宣言は「このインクルーシブ志向をもつ通常の学校こそ，差別的
態度と戦い，すべての人を喜んで受け入れる地域社会をつくり上げ，インク
ルーシブ社会を築き上げ，万人のための教育を達成する最も効果的な手段であ
り，さらにそれらは，大多数の子どもたちに効果的な教育を提供し，全教育シ
ステムの効率を高め，ついには費用対効果の高いものとする」と明示している。
サラマンカ宣言は，普通の学校制度を改革し，インクルーシブ教育システムを
実現することを目指しているのである。眞城は「教育におけるインクルージョ
ンの考え方の重要性は，既存の教育制度を前提にするのではなく，つねに現在
の学校制度を問い直しながら子どもの教育的ニーズの多様性を包摂する方策を
模索し続けることにこそある。通常学校にいかに適応させるかという発想も，
通常学校でいかに配慮を提供してもらうかという発想も，いずれも根本的な学
校制度のあり方への問いではなく，教育課程への同化主義や運用上の便宜供与

にかかわる問題に過ぎない⁽²⁾」と記している。このようにインクルーシブ教育とは，学校制度の運用にまで踏み込んだ通常教育の変革を推進していくものなのである。

　2022年9月9日，国連の権利委員会は日本政府へ初の勧告を出した。そして，日本の障害者権利条約の取り組みに対し，「長く続く特別支援教育により，障害児は分離され，通常の教育を受けにくくなっている」とし，障害児を分離している現状の特別支援教育をやめるよう日本政府に強く要請した。今，日本は国際水準から教育制度を見直す必要に迫られている。

4　すべての人がよりよく生きていくための社会

　ICF の目標としているところは，障害をもつ人が，社会生活において不利益を被ることなく，自然な状態で生活することが可能になる社会の実現である。そのためには，障害児・者の生活のしづらさの要因を，個人の原因に帰するのではなく，周囲の環境にも要因があるということを社会全体が理解することが必要である。具体的には，教育制度において，すべての人を対象に「学び」と「参加」への障壁を取り除き，学習環境を柔軟に変化させ，多様性を受け入れるというインクルーシブ教育の普及が必要であると考える。

　この考え方は，バリアフリーやユニバーサルデザイン等を導入して，障害者が生活しやすい環境整備を推進するきっかけとなった。その流れを見ていくことにする。

（1）障害者を取り巻く4つの障壁
　政府は1993（平成5）年に「完全参加と平等」の実現に向けて「障害者対策に関する新長期計画——全員参加の社会づくりをめざして」を策定し，その中で，障害のある人を取り巻く**4つの障壁**を指摘した（表2-1）。これらを除去し，バリアフリー社会の実現を目標として掲げている⁽³⁾。

（2）バリアフリー
　障害のある人が障害のない人々と同じように自立し，社会活動に参加するには様々な障壁が存在する。この障壁（バリア）を除去するという考え方がバリアフリーである。現在では，障害のある人だけでなく，全ての人の社会参加を

表2-1　障害者を取り巻く4つの障壁

物理的な障壁	歩道の段差，車いす使用者の通行を妨げる障害物，乗降口や出入口の段差等
制度的な障壁	障害があることを理由に資格・免許等の付与を制限する等
文化・情報面での障壁	音声案内，点字，手話通訳，字幕放送，わかりやすい表示の欠如等
意識上の障壁	心ない言葉や視線，障害者を庇護されるべき存在として捉える等

出所：総理府（2001）「官報資料版　障害者白書のあらまし――バリアフリー社会を実現するもの作り」（https://www.kantei.go.jp/jp/kanpo-shiryo/2001/0228/siry0228.htm　2022年9月1日閲覧）をもとに筆者作成。

困難にしている物理的，社会的，制度的，心理的な全ての障壁の除去という意味で用いられている。[4]1974年，国連の障害者生活環境専門家会議が『バリアフリー・デザイン』報告書をまとめたことで，バリアフリーという概念が世界中に知られるようになった。日本では1994（平成6）年に高齢者，身体障害者等が円滑に利用できる特定建築物の建築の促進に対する法律（ハートビル法）が施行され，公共的性格の強い建築物を高齢者や障害者が円滑に利用できるように建築物の質の向上が図られた。そして，2000（平成12）年に高齢者，身体障害者等の公共交通機関を利用した移動の円滑化の促進に関する法律（交通バリアフリー法）が施行され，高齢者，身体障害者等の公共交通機関を利用した移動の利便性，安全性の向上の促進が図られた。さらに，2006（平成18）年にはハートビル法と交通バリアフリー法が一本化され，高齢者，障害者等の移動等の円滑化の促進に関する法律（バリアフリー法）が施行され，エレベーター，スロープ，通路，手すり，点字ブロック等の整備に関する数値基準等が示された。そして2021（令和3）年の第32回オリンピック・パラリンピックの東京大会を契機として共生社会の実現に向け，公共施設や公共交通機関のバリアフリー化が急ピッチで進められた。

（3）ユニバーサルデザイン

　バリアフリーの理念による取り組みは，かつては既存のものを改良する取り組みに目が向けられる傾向にあった。また，障害者の態様は多岐にわたるため，特定の障壁を除去することが，別の障壁を生じさせる原因となる場合がある。たとえば，視覚障害者のための誘導ブロックの設置が，車いす使用者の通行の妨げとなるケースが挙げられる。

表2-2　ロン・メイスによる「ユニバーサルデザインの7原則」

1	公平性	誰でも同じように利用できる	センサー付き自動ドア
2	自由度	使い方を選べる	多機能トイレ
3	単純性	使い方が簡単で直感的にわかる	電気のスイッチ
4	明確さ	ほしい情報がすぐわかる	音声案内・点字・文字表示
5	安全性	ミスや危険につながらない	使用中に電子レンジ開放で停止
6	効率性	体への負担なく使用できる	水道レバー
7	空間性	使いやすい広さや大きさ	優先駐車スペース

出所：ミライロ「ユニバーサルデザインとは？──7原則と実現のヒント」(https://www.mirairo.co.jp/blog/post-2021011502　2022年9月1日閲覧) をもとに筆者作成。

　近年，設計段階からすべての人々が共通して利用することを想定して，物や環境を構想する「**ユニバーサルデザイン**」という考え方が提唱されている。障害のある人々を含め，すべての人々が利用可能な物や環境の設計により，障害のある人々は特別扱いを受けずに，自然に社会に溶け込んで生活することが可能になる。「ユニバーサルデザイン」の考え方に基づいた製品や環境が広まることで，ノーマライゼーション社会の実現を図ることができる。表2-2に，アメリカの設計者であるロン・メイスによる「ユニバーサルデザインの7原則」を紹介する。

（4）アクセシビリティ

　「**アクセシビリティ**」とは，年齢や障害，病気などにより運動・視聴覚機能に制約がある人でも，不自由なく利用することができるかどうかを評価する概念である。具体的には「利用しやすいこと」「近づきやすいこと」「便利であること」「アクセスがしやすいこと」を意味する。この「アクセシビリティ」は主に2つの場面において使い分けて用いられる。1つめは，物理的な移動の場面である。施設へのアクセスのしやすさや移動の円滑さを判断する場面で用いられる。2つめはIT分野における情報取得や利用の場面である。ウェブサービスの利用において障壁の有無を判断する場面で用いられる。表2-3に一例を示す。

　以上，バリアフリーやユニバーサルデザイン，アクセシビリティを用いた環境整備は，ノーマライゼーションを具現化するための方法といえる。また，教

表 2-3　アクセシビリティの例

	場所や施設のアクセシビリティ	IT 分野におけるアクセシビリティ
視覚障害者 高齢者	• 点字ブロックの設置 • 音声案内の設置	• 文字の読み上げ機能 • 文字の拡大機能
聴覚障害者	• 視認性ある案内板の設置	• 点滅など光による通知機能
四肢障害者 高齢者	• スロープやエレベーターの設置 • 多目的トイレの設置	• ハンズフリーでの文字の入力機能 • ハンズフリーでの通話機能

出所：東京都オリンピック・パラリンピック調整部「アクセシビリティ・ワークショップ（第8回）」
（https://www.2020games.metro.tokyo.lg.jp/taikaijyunbi/torikumi/facility/accessibility-workshop/8_
1/index.html　2022年9月5日閲覧）をもとに筆者作成。

育におけるインクルージョンは，子どもの多様な教育的ニーズを包摂できるように学習環境を変革していくことである。学習環境から様々な障壁を除去し，すべての子どもにとってわかりやすく，子どもの意思のもと活動の参加を保障していけるようにすること，子どもたちが安心して過ごすことのできる居場所がある学校とすること，それがひいては，すべての人がよりよく生きていくための社会へとつながっていくのである。

注
⑴　UNESCO, Inclusive education for persons with disabilities : Are we making progress?（https://unesdoc.unesco.org/ark:/48223/pf0000370386　2023年1月25日閲覧）など。
⑵　石田祥代・是永かな子・眞城知己編著（2021）『インクルーシブな学校をつくる──北欧の研究と実践に学びながら』ミネルヴァ書房，29頁。
⑶　総理府（2001）「官報資料版　障害者白書のあらまし──バリアフリー社会を実現するもの作り」（https://www.kantei.go.jp/jp/kanpo-shiryo/2001/0228/siry0228.htm　2022年9月1日閲覧）。
⑷　⑶と同じ。

参考文献
上田敏（2005）『ICF（国際生活機能分類）の理解と活用──人が「生きること」「生きることの困難（障害）」をどうとらえるか』きょうされん。
清水貞夫（2010）『インクルーシブな社会をめざして──ノーマリゼーション・インクルージョン・障害者権利条約』クリエイツかもがわ。
茂木俊彦編者代表（1997）『障害児教育大事典』旬報社。

茂木俊彦編者代表（2010）『特別支援教育大事典』旬報社。
ユネスコ／中野善達訳編（1990）『障害児教育用語辞典——英・仏・西・露・（独）—
　日』地方・小出版流通センター。

学習課題
① 　ノーマライゼーションからインクルージョンへの流れを自分で調べてみよう。
② 　これからインクルーシブ社会を実現していくために，支援者として，どのような
　実践を行っていきたいか，あなたの考えを書いてみよう。

キーワード一覧表

☐ **国際障害分類（ICIDH）** 　疾患をみるだけでは不十分で「疾患の諸帰結」とし
ての障害をみる必要があるという意識の高まりから，国際疾病分類である
ICD の補完として，1980年に国際障害分類（ICIDH）が作成された。　　33

☐ **国際生活機能分類（ICF）** 　ICIDH を改訂し，2001年に採択されたのが国際生
活機能分類（ICF）である。　　34

☐ **segregation（隔離・分離）** 　特定人種や障害者の分離。日本では障害者を特殊
学校や施設に入れたりする「分離政策」を指す。　　38

☐ **integration（統合）** 　個々の障害をもつ児童を普通級に，あるいは障害をもつ
児童の集団を普通学校に組み入れる方法のこと。　　38

☐ **inclusion（包摂）** 　通常教育と障害児教育を統一した一つのものとして学校シ
ステムを構想し，そのシステムの中で「特別な教育的ニーズ」をもつ障害児
などに対応する。　　38

☐ **4つの障壁** 　物理的な障壁，制度的な障壁，文化，情報面の障壁，意識上の障
壁。　　40

☐ **バリアフリー** 　障害者や高齢者らが暮らしやすいように，あらゆる障壁（バリ
ア）を取り除く（フリー）こと。　　40

☐ **ユニバーサルデザイン** 　年齢，性別，身体的状況，国籍，言語，知識，経験な
どの違いに関係なく，すべての人が使いこなすことのできる製品や環境など
のデザインを目指す概念。　　42

☐ **アクセシビリティ** 　年齢的，身体的条件にかかわらず，支障なくサービス，情
報，建物などが利用できること。　　42

第3章

障害児への教育・保育・福祉の歴史

　本章では障害児にまつわる歴史を，教育・福祉・保育の3つの視点から説明する。歴史を紐解くと，障害児に関わる様々な先人たちが，現代にも通じる理念を掲げ，熱意をもって活動していたことがわかる。そして現代から見れば倫理的・人権的に間違っているような制度・システムであっても，それがその時代の社会の常識であり，制度・システムの限界であったということも見えてくる。歴史を学ぶことは，今の社会情勢を改めて確認し，今この時代において必要なものは何か，確認する契機になるであろう。

1　障害児と教育

（1）戦前の障害児教育

　わが国の障害児教育の歴史を紐解くと，江戸時代の寺子屋には盲（視覚障害）児や聾唖（聴覚障害，言語障害）児，肢体不自由児，知的障害児がかなり在籍していたという記録が残っているが，近代的な障害児保育・障害児教育施設としては，聴覚障害児や言語障害児に対するものが比較的早期から実施されていたようである。1890（明治23）年には盲（視覚障害）と聾（聴覚障害）は，学校教育の対象とされていた。長野県においては1890年代に，いくつかの尋常小学校に学業不振児等を対象とした特別な学級が設置された。これに続き，知的障害や学習不振の子どもたち，肢体不自由児や病弱児への教育も戦前から行われていた記録も散見されるが，これらの多くが民間のものであり，一般的なものではなかった。

　1900（明治33）年，京都の小学校の訓導（教諭）であった脇田良吉は，自分が担任をしている一人の学業不振の子どもと起居を共にし，特別教育を試みはじめた。数年後には学内外の学業不振や素行不良の子どもたちを集めて，補習

授業を行う教員グループ「春風倶楽部」を組織するなど，知的障害児の教育や研究に尽力した。これらの実践を経て，1909（明治42）年に京都府教育会が「白川学園」を設立した際に，脇田は当初は主任教員として，数年後には経営者として，園の運営に携わった。

　戦争中は，「産めよ増やせよ」のスローガンのもと，幼児保育や母子保健衛生が重要な国策課題とされていた。これに伴い，保育困難児や障害幼児の問題はわが国の総力戦体制を支えるためには不可欠なものとして考えられていた。しかし，わが国にはまだ障害児に対応した教育や関わりのノウハウがなく，専門的な支援がなされていたとは言い難い状態であった。

　1938（昭和13）年，恩賜財団愛育会に「愛育研究所」が開所し，この実験保育室として日本で初めての知的障害児教育・保育の実践的な研究機関である「異常児保育室」が開設された。この研究室の主任は，長年教育困難児・障害児保育の研究に取り組んできた三木安正であった。この異常児保育室はやがて1949（昭和24）年に私立養護学校「愛育養護学校」となり，現在に至っている。三木は1950（昭和25）年にも旭出学園という知的障害のある子どものための教育施設を設立したり，障害児の親の会である「手をつなぐ親の会」の結成にも力を注いだりするなど，戦前から戦後にかけて精力的な活動を展開した。

（2）戦後の障害児教育

　1947（昭和22）年，戦後の教育の基本的な事項を定める教育基本法および学校教育法が公布された。これにより，盲学校・聾学校への就学の義務化がなされ，障害児教育は特殊教育と呼ばれるようになった。しかしこの際，重度の障害児に対しては就学免除・就学猶予の措置がとられた。また，学校教育法の附則に「この法律は，昭和22年4月1日から，これを施行する。盲学校，聾学校及び養護学校における就学義務並びにこれらの学校の設置義務に関する部分の施行期日は，勅令（のちに「政令」と改正）で，これを定める」（（　）内は筆者補足）となっていたため，戦後の混乱の中ではまず一般の小中学校の整備が優先され，戦前からあった視覚障害・聴覚障害の子どもを対象とした学校以外の障害児のための学校は，1956（昭和31）年に公立養護学校整備特別措置法（現在は廃止）が制定されるまでは，なかなか設置されなかった。

　1950年代から60年代にかけては，子どもたちを取り巻く専門家や親たちの活動により，養護学校等の就学義務化が関係者から強く要求されており，これに

よって障害児たちの学習権の獲得が目指されていた。続く1970年代初頭には，今度は障害がある当事者たち自身，あるいはその声に共感した人々による社会活動が盛んになってきた。養護学校の就学義務化に対し，障害児とそうでない子どもの教育の場を分け，障害児を隔離してしまうような，いわゆる分離教育になってしまうことを問題と考え，障害児の普通学校就学を求める活動として，当事者を中心に活動が行われたのである。様々な意見が交わされ，多くの社会運動が行われた。その結果，1979（昭和54）年には養護学校教育が実際に義務化された。これにより，重度障害がある子どもも含めたすべての子どもに学習権が保障されたとはいえる。しかしその後も，普通学校への就学を求める活動は地道なものとして全国で展開されていった。

（3）サラマンカ声明

　1994年，スペインのサラマンカにおいて，ユネスコとスペイン政府教育科学者の共催で「特別な教育ニーズの利用と質に関する世界会議」が開催され，「特別なニーズ教育に関する原則，政策，実践に関する**サラマンカ声明**（The Salamanca Statement Principles, Policy and Practice in Special Needs Education）」が採択された。サラマンカ声明では従来の特殊教育や障害児教育とは違った枠組みが提示された。心身に何らかの障害がある，戦争や紛争などのため社会情勢的に落ち着いていない，虐待や貧困など家庭の問題のため生活が不安定であるといった，様々な事情で教育が十分に受けられていない子どもたちの教育に関するニーズを指して「特別な教育的ニーズ」とした。このニーズに対応するためには，学校は，対象を限定しない，あらゆる事情を抱えた子どもたちを対象にした，開かれた場所になる必要がある。これに対応するために，いわゆるインクルージョン（多様性を重んじ，一人ひとりの価値観を重んじる）の概念も提示された。教育におけるインクルージョンは，すでに地域にある学校に，特別な教育的ニーズのある子どもたちを受け入れることであり，可能な限りあらゆる子どもが共に学習することを旨とし，そのために整えた教育環境こそが特別な教育的ニーズに対応する，いわゆる**インクルーシブ教育**に最もふさわしいものであり，それが今後推進されていくべき学校形態であるとした。とはいえ，特別な教育的ニーズがある子どもたちのための特別な教育や学校を否定するものではない。子ども一人ひとりの教育的ニーズに応じた教育ができることを大切なこととする考え方である。この声明は，わが国をはじめ，世界のあらゆる国

の教育のあり方に大きな影響を与えた。

（4）特別支援教育のはじまり

　2001（平成13）年，文部科学省はそれまでの「特殊教育」という言葉に代わって「**特別支援教育**」という言葉を使用しはじめた。2002（平成14）年，文部科学省が行った「通常の学級に在籍する特別な教育的支援を必要とする児童生徒に関する全国実態調査」では，知的発達に遅れはないものの，学習面や行動面で著しい困難をもっていると担任教師が回答した児童生徒の割合は6.3％に達した。これを受けて，2003（平成15）年に「今後の特別支援教育の在り方について（最終報告）」が公表された。この報告書では，特別支援教育は「LD，ADHD，高機能自閉症を含めて障害のある児童生徒の自立や社会参加に向けて，その一人一人の教育的ニーズを把握して，その持てる力を高め，生活や学習上の困難を改善又は克服するために，適切な教育や指導を通じて必要な支援を行うもの」だとされている。

　2007（平成19）年，学校教育法の改正により，「特殊教育」が「特別支援教育」へ，「盲学校，聾学校，養護学校」が「特別支援学校」へ，「特殊学級」が「特別支援学級」へと名称が変わった。これにより，LD（（限局性）学習症），ADHD（注意欠如／多動症），高機能自閉症等の発達障害児が特別支援教育の対象に入ったり，通常学級での教育も特別支援教育とされたり，個別の指導計画や個別の教育支援計画の策定がうたわれたりといった変革がなされ，子ども一人ひとりの特別な教育的ニーズに即した教育がなされることとなったのである。

2　障害児と保育

（1）戦前の障害児保育

　日本で初めての障害児保育は1878（明治11）年に設立された京都盲啞院だといわれている。やがて1923（大正12）年には盲学校及び聾啞学校令が公布され，1926（大正15）年には京都聾口話幼稚園が創立された。

　終戦を迎えた1945（昭和20）年の秋に脇田良吉が白川学園の敷地内で始めた託児所は，やがて鷹ヶ峰保育園と名づけられ，1951（昭和26）年には知的障害児の受け入れを開始，1954（昭和29）年には，発達に遅れのある子どもたちの特別保育級を全国で初めて設置した。

（2）戦後の障害児保育

　1960年代から70年代の障害者運動の隆盛は，障害児保育の分野にも大きな影響を及ぼし，幼稚園や保育園が障害児を受け入れることも少しずつ増えてきた。やがて1974（昭和49）年には障害児保育事業実施要綱が出され，障害児保育が制度化された。この事業は2003（平成15）年からは一般財源化し，すべての保育所で障害児を受け入れやすくするための補助が行われている。

　また，1990（平成2）年の保育所保育指針の改定の際，障害児保育について記載され，保育所における障害児の支援のあり方が明確になった。

　2020（令和2）年度の文部科学省による調査では，特別支援学校1149校中，幼稚部があるのは167校と約14.5％であり，就学前の子どもたちの居場所は，どちらかといえば保育所をはじめとした児童福祉施設になっている。具体的には，2020（令和2）年現在で，障害児保育を実施している施設数は1万9965か所，人数にして7万9260人となっている。また近年では特に全国の保育所で医療的ケア児の受け入れも推進されつつあり，これについても2015（平成27）年の受け入れ保育所数は全国で260か所303人であったが，2020（令和2）年では526か所，645人と5年で倍に増えている。

3　障害児と福祉

（1）戦前の障害児の福祉

　1891（明治24）年に起こった濃尾地震は，日本史上最大の直下型地震といわれており，多くの被災者が発生した。この時に孤児になった子どものうち，特に女児たちは人身売買の危機にさらされることを知った石井 亮一は，孤児になった女児を集め，孤女学園をつくった。この学園生の一人に知的障害があったことから知的障害児のケアに興味を持った石井は，アメリカに留学し，そこで出会ったエドゥアール・セガンの理論に基づいた少人数教育に大きな影響を受けた。この経験をもとに日本初の知的障害児施設「滝乃川学園」を設立し，発達を観察研究するとともに，子どもたちの可能性を引き出すための実践に努めた。やがて全国から見学者が訪れ，日本の様々な地域に知的障害児のための施設がつくられはじめた。先に挙げた脇田良吉の白川学園もその一つである。このような功績から石井はわが国の知的障害児教育・福祉の父と呼ばれている。

（2）戦後の障害児の福祉

　1947（昭和22）年，児童福祉法が制定され，肢体不自由児施設や精神薄弱児施設が法的に位置づけられ，全国に急速に施設が設立されていった。1957（昭和32）年には6歳以上を対象とした精神薄弱児通園施設が新設され，就学免除・就学猶予で公教育の対象外とされていた知的障害児たちの受け皿となった。しかし，様々な障害を併せ持った重症心身障害児たちは，これらの児童福祉施設からも利用を断られることが多く，ケアができる場所がなかった。このような子どもたちのための施設として，1958（昭和33）年，草野熊吉が秋津療育園を設立した。児童福祉施設としては認められず，病院としてのスタートであった。

　この時代に活躍した人物に糸賀一雄がいる。糸賀は1946（昭和21）年，戦災孤児や知的障害児のための施設「近江学園」を設立した。その後，戦災孤児が少なくなるにつれて，この施設は知的障害児のための施設になっていく。その中でも，特に重度な障害のために医療的なケアが必要な子どもたちのグループ「杉の子組」をつくり，これがやがて発展し，1963（昭和38）年に重症心身障害児施設「びわこ学園」となった。

　糸賀は「この子らを世の光に」という有名な言葉を残している。この子らに世の中の光を与えてやってほしいと考えるのではなく，重症心身障害児の子どもたちの「真実な生き方が世の光となるのであって，それを助ける私たち自身や世の中の人々が，かえって人間の生命の真実に目ざめ救われていく」[3]とし，重度障害児こそ世の中の光になる，と考えた言葉である。

　整形外科医である高木憲次はドイツ留学の際に見学した身体障害児のための施設クリュッペルハイムを参考に，1947（昭和17）年，日本初の肢体不自由児の療育のための施設である整肢療護園を創設した。高木は現在でも使われる「療育」や「肢体不自由」という言葉をつくった人物で，日本の肢体不自由児の父と呼ばれている。

（3）様々な社会運動

　1963（昭和38）年，障害児の親でもある作家の水上勉が「拝啓池田総理大臣殿」という文章を雑誌に掲載し，重度障害児の施策の現状と子どものありようを訴えた。これに対して時の官房長官が回答したことで，この問題に世間の目が集まり，障害児の親を中心に様々な社会運動が起こった。やがて1967（昭和

42）年には児童福祉法に重症心身障害児施設が定められた。

　またこの時代，心身障害者を終生保護する大規模施設である**コロニー**（共同生活の村）の建設を要望する声が大きくなった。コロニーとは，心身障害者が終生そこで日常生活を送ることができる，村のような広大な区域をもつ共同体である。世の中にコロニーを求める声が大きくなった背景には，心身障害者を支えるシステムが不十分な社会において，医療の発展により障害者たちが高齢化する時代になったこと，障害児の親たちが，自分たちが亡くなった後の子どもの生活に不安を感じたことなどの課題がある。当時欧米では，すでにコロニーは地域からの隔離にすぎないとして否定的に考えられ，また国内でもそのような批判の声はあったのだが，必要性を訴える声に突き動かされ，1960年代後半から70年代にかけて，各地にコロニーが設置されていった。

　1970（昭和45）年，横浜で，脳性麻痺のある2歳の娘の首を母親がエプロンの紐で絞めて殺害するという事件が起きた。この母親に対し，介護に疲れた末の犯行として，減刑を嘆願する運動が起きた。この動きを強く批判したのが，脳性麻痺の当事者団体である青い芝の会である。この会はもともと，就学や就労の機会がない人たちの親睦の場として1957（昭和32）年につくられた団体であるが，この事件に対する社会運動をきっかけに，養護学校義務化反対運動や，車いす利用者の単独でのバス乗車を拒否したバス会社に対する抗議活動，優生保護法改正反対運動など，様々な活動を行うようになる。

　1980年代は青い芝の会などの活動を受けて，障害者による社会運動がなお盛んになった時代である。おりしも，1981年は国連が定めた国際障害者年であり，「完全参加と平等」というスローガンのもと，わが国でも様々な取り組みが行われた。このときにノーマライゼーションの考え方が日本に大きく紹介され，日本の障害者分野は医学モデル（障害は心身の部位が病気なのだから，訓練や施術によって治療していかなければならない＝変わるべきは当事者，という考え方）から，社会モデル（何が障害なのかは社会のあり方によって変化するのだから，社会の様々なシステムを見直す必要がある＝変わるべきは社会，という考え方）に変化していった。これに伴い，前述したコロニー政策も下火となり，障害児・者政策は次第に地域生活を目指すものになっていった。

　2000年代になると，今度は**共生社会**という言葉が頻繁に使われるようになった。文部科学省によると，共生社会とは「これまで必ずしも十分に社会参加できるような環境になかった障害者等が，積極的に参加・貢献していくことがで

きる社会」であり，「誰もが相互に人格と個性を尊重し支え合い，人々の多様な在り方を相互に認め合える全員参加型の社会」のことである。[4]

　その後，現在に至るまで，様々に法律ができ，制度が整備され，障害児の福祉を取り巻く状況は少しずつ変化をしているものの，社会全体を見ると医学モデルの考え方も根強く残っている。2016（平成28）年には，神奈川県の障害者施設で元職員による凄惨な殺人事件が起こり，障害者の存在や生命についての議論があちこちで巻き起こった。障害者の福祉についてどのように取り組んでいくのか，当事者と関係者だけでなく，社会に生きる一人ひとりが，共に考える必要がある。

4　近年の障害児に関する動向

（1）障害者の権利条約
　2006年，「私たちのことを，私たち抜きに決めないで（Nothing about us without us）」を合言葉に，国連で障害者の権利に関する条約が採択された。わが国は2007（平成19）年にこの条約に署名し，2014（平成26）年に批准した。この条例に批准するために，2007（平成19）年以降，障害者にまつわる国内の法制度には大きな動きがあった。たとえば2011（平成23）年には障害者基本法が改正され，障害児とそうでない子どもが可能な限り共に教育を受けられるよう配慮することなどが新たに規定された。また，2013（平成25）年には障害を理由とする差別の解消の推進に関する法律（障害者差別解消法）が成立し，この中の重要な概念である「合理的配慮」等の言葉の理解が広まった。
　この条約は教育，福祉，保育に限らずあらゆる分野にわたる障害児・者に関わる権利について書かれたものである。

（2）感染症対策
　2019年末に発見された新型コロナウイルス感染症（COVID-19）は，翌年にはわが国にも上陸し，2022（令和4）年9月現在でも感染状況は落ち着いていない。世間では様々な感染症対策が行われ，「新しい生活様式」をとるようになっている。これにより障害がある子どもの生きる環境にも大きく影響が出た。たとえば，感染症対策としてあらゆる場面でマスクの着用が求められているが，感覚過敏等の特性によりマスクができないケースや，家族や支援者がマスクを

することで表情が読めず不安を感じてしまい，パニックを起こしてしまうケース等がある。曖昧な情報を理解することが難しい特性をもつ子どもは「適当な距離（ソーシャルディスタンス）」の「適当」がどの程度かわからず，社会生活において混乱してしまうということもある。

　このような子どもへの対応を含め，配慮すべき点は多い。厚生労働省は，「障害福祉サービス施設・事業所職員のための感染対策マニュアル」や「障害福祉サービス事業所等における新型コロナウイルス感染症発生時の業務継続ガイドライン」を作成し，インターネット上で公開している。これらを参考に各事業所が一人ひとりのニーズに合った工夫を凝らし，対応している。

注
(1)　文部科学省（2003）「今後の特別支援教育のあり方について（最終報告）」。
(2)　文部科学省（2021）「特別支援教育資料（令和 2 年度）」。
(3)　糸賀一雄（2003）『復刊　この子らを世の光に――近江学園二十年の願い』日本放送出版協会。
(4)　文部科学省（2012）「共生社会の形成に向けたインクルーシブ教育システム構築のための特別支援教育の推進」。

参考文献
相澤譲治（2015）「大規模障害者収容施設コロニー成立の歴史的背景」『神戸学院総合リハビリテーション研究』10(2)，15〜23頁。
尾崎康子・小林真・水内豊和・阿部美穂子編（2018）『よくわかる障害児保育（第 2版）』ミネルヴァ書房。
河合隆平・高橋智（2005）「戦前の恩賜財団愛育会愛育研究所『異常児保育室』と知的障害児保育実践の展開」『東京学芸大学紀要　第 1 部門　教育科学』56，179〜199頁。
厚生労働省「各自治体の多様な保育（延長保育，病児保育，一時預かり，夜間保育）及び障害児保育（医療的ケア児保育を含む）の実施状況について」。
厚生労働省（2020）「障害福祉サービス施設・事業所職員のための感染対策マニュアル」。
厚生労働省（2020）「障害福祉サービス事業所等における新型コロナウイルス感染症発生時の業務継続ガイドライン」。
白川学園「ひなどり学園沿革小史」（https://shirakawa-gakuen.jp/hinadori/enkaku.

html　2022年8月1日閲覧)。

陽光福祉会「障害児保育の歴史」(https://sunshine.ed.jp/%e9%9a%9c%e5%ae%b3%
e5%85%90%e4%bf%9d%e8%82%b2%e3%81%ae%e6%ad%b4%e5%8f%b2/　2022年
8月1日閲覧)。

末岡尚文 (2021)「障害児の普通学校就学運動における子どもたちの声の聴き取りの
意義——止揚学園の『教育権運動』における障害児・健常児の記録に焦点を当て
て」『教育学研究』88(4)，634〜645頁。

中坪史典・山下文一・松井剛太・伊藤嘉余子・立花直樹編集委員 (2021)『保育・幼
児教育・子ども家庭福祉辞典』ミネルヴァ書房。

中村満紀男編著 (2018)『日本障害児教育史 (戦前編)』明石書店。

中村満紀男編著 (2019)『日本障害児教育史 (戦後編)』明石書店。

藤永保監修 (2018)『障害児保育——子どもとともに成長する保育者を目指して (第
3版)』萌文書林。

文部科学省編 (1981)『学制百年史』帝国地方行政学会。

湯浅恭正編 (2018)『よくわかる特別支援教育 (第2版)』ミネルヴァ書房。

学習課題

① 「糸賀一雄」または「石井亮一」をインターネットで検索し，その思想や人生に
触れてみよう。

② 実習先やボランティア先で，あなたが出会った障害児を思い浮かべてほしい。明
治時代であれば，その子どもはどのような生活をしていただろうか。また，1960年
代であれば，どのような生活をしていただろうか。歴史を踏まえて，想像したうえ
で，皆と話し合ってみよう。

キーワード一覧表

☐ **サラマンカ声明**　1994年，スペインのサラマンカにおいて採択された，特別な
ニーズ教育に関する原則，政策，実践に関する声明。子ども一人ひとりがも
つ特別な教育的ニーズに対応する教育を重視した。　　　　　　　　　47

☐ **インクルーシブ教育**　様々な人の多様性を重んじるインクルージョンの考え方
に基づいて行われる教育。すべての子どもにそれぞれ違いがあり，障害もま
たその違いの一つであるという考え方のもとで行われる教育。　　　47

☐ **特別支援教育**　それまでの特殊教育に代わり，2007年から始まった教育の方法。
一人ひとりの特別な教育的ニーズに対応することや，新たに発達障害児を対
象に含むこと，個別の指導計画や支援計画を立てることなどが盛り込まれた。
　　　　　　　　　　　　　　　　　　　　　　　　　　　　　　　48

☐ **石井亮一**　日本で初めて知的障害児のための施設「滝乃川学園」を創設した。

日本の障害児教育の父と呼ばれている。　　　　　　　　　　49

☐ **糸賀一雄**　「この子らを世の光に」という言葉が有名。重度の障害がある子どもたちの福祉の充実に尽力した。近江学園，びわこ学園などを創設した。50

☐ **コロニー**　1960年代〜70年代にかけて，日本全国につくられた，障害者が終生そこで日常生活を送ることができる大規模な施設。隔離政策との批判を受け，80年代頃から徐々に衰退していった。　　　　　　　　　　51

☐ **ノーマライゼーション**　障害のあるなしにかかわらず，どのような人でも当たり前のように生活し，当たり前のように人生を歩むことができる社会こそがノーマルな社会であるという考え方，及びそのための施策や運動。　　51

☐ **共生社会**　障害のある人もない人も，互いにその人らしさを認め合い，その人格と個性を尊重し，人々の多様なあり方を相互に認め合い，相互に支え合える全員参加型の社会。　　　　　　　　　　51

☐ **障害者の権利に関する条約**　2006年の国連で採択された国際条約。障害者の人権及び基本的自由の享有を確保し，障害者の固有の尊厳の尊重を促進することを目的として，障害者の権利の実現のための措置等について定めた条約。52

第4章

障害児への教育・保育・福祉の法律と制度

　本章では，障害児への教育・保育・福祉の法律と制度について最新の動向を中心に学習していく。これまで日本では障害者に対する様々な取り組みが講じられてきたが，2006（平成18）年の国連総会において障害者の権利に関する条約（障害者権利条約）が採択されたことを契機に，日本の障害児・者法制は大きな転換を迫られることになった。本章では，まず障害者権利条約の理念と意義，そしてこの条約が国内の障害児・者法制にもたらしたインパクトを確認する。そのうえで，障害児に関係する各個別領域（福祉・教育・保育の各分野）における法律と制度について学ぶことを通して，障害児法制の動向や概要を理解するとともに，これからの障害児支援の方向性や課題について考えてもらいたい。

1　障害者権利条約の理念と意義

（1）障害者権利条約の採択から批准に至るまでの経緯

　2006年12月，国連総会において**障害者の権利に関する条約（障害者権利条約）**（Convention on the Rights of Persons with Disabilities）が採択された。これまで国連では，1948年12月に採択された「世界人権宣言」をはじめ，様々な国際的な人権法が採択されてきた。しかしながら，障害児・者に関する法的拘束力を有する文書はこれまで存在しておらず，障害児・者を差別・排除する問題が絶えなかった。そうした中，本条約は，「**私たちのことを，私たち抜きに決めないで（Nothing about us without us）**」を合言葉に世界中の障害のある人たちが参画しながら，障害児を含めた障害のある人々すべての人権と基本的自由を保障し，インクルーシブな社会を実現していくことを目指して策定・採択された。本条約は，障害者に関する初めての国際法であることから，世界中の障害者施策の改善・充実を図っていくうえで大きな推進力になることが期待されている。

　障害者権利条約が国連で採択されると，日本は翌2007（平成19）年 9 月に署名した。そして，本条約を実効あるものにするために国内の障害児・者に関わる全般的な法制度の整備・拡充が行われた。その後，2014（平成26）年 1 月20日，日本は障害者権利条約の批准国（141番目の締約国）となった。つまり，本条約は国内法としての法的拘束力を有することとなったのである（日本国憲法第98条，条約及び国際法規の遵守についての規定による）。

（2）障害者権利条約の目的と意義

　障害者権利条約は，その目的を締約国が「全ての障害者によるあらゆる人権及び基本的自由の完全かつ平等な享有を促進し，保護し，及び確保すること並びに障害者の固有の尊厳の尊重を促進すること」（第 1 条）としている。そしてまた，本条約全体を貫いているテーマが，「障害のない人との平等を実現すること」，そして「差別や偏見を取り除いていくこと」である。すなわち，「インクルージョン（inclusion）」（包摂する，包み込むの意）ないしは「インクルーシブな社会（inclusive society）」を基本的な理念としている。

　本章に関わって，特に重要なのは次の 3 点である。①本条約の第 2 条で「**合理的配慮**」概念が導入されていること，②本条約の第 7 条で「**障害児**」が明確化されていること，そして，③本条約の第24条で「あらゆる段階におけるインクルーシブな教育制度」（原則インクルーシブ教育）の確保を定めている点である。これらは国内の法制度とどう関連するのだろうか。詳しく見ておこう。

　まず，①について，国内では，本条約第 2 条において「合理的配慮」概念が導入されたことを受けて，障害を理由とする差別の解消の推進に関する法律（障害者差別解消法）（2013年制定，2016年年 4 月 1 日より施行）において，「不当な差別的取扱いの禁止」と「合理的配慮の提供」を法制化した（2021年 5 月に改正障害者差別解消法が成立し，今後 3 年以内に合理的配慮の提供が法的に義務づけられる見通しである）。次に②については，1989（平成元）年に採択された**児童の権利に関する条約**（**子どもの権利条約**）にすでに明文化されており（第 2 条，第23条，第28条），日本は1994（平成 6 ）年に同条約に批准している。それにもかかわらず，国内外において障害児の権利が十分に保障されていない状況があった。そうした状況を踏まえて，子どもの権利条約を前提に，障害者権利条約（第 7 条）において「障害のある児童」に対する権利保障の必要性について改めて明記されたことは意義深い。さらに，③障害者権利条約（第24条）が，締約国に対し

て，障害のある子どもが可能な限り，他の子どもと同じ環境において教育を受けられるよう個別のニーズに応じた合理的配慮を提供することによって「あらゆる段階におけるインクルーシブな教育制度」（原則インクルーシブ教育）の保障を求めている点も重要である。

　以上，障害者権利条約の目的や意義，国内の障害児者施策へのインパクトについて概要を示してきた。こうした国際的な動向を踏まえたうえで，以下では，現在国内において，障害児支援に関してどのような法律と制度が組み立てられているかを各分野（福祉・教育・保育）ごとに確認していこう。

2　障害児施策に関する法律と制度

　本節では，最初に，日本の障害者施策の中核に位置づけられている法律について押さえておきたい。それは，障害者基本法（1995年制定）である。この法律は障害児・者施策に関する基本理念を示すもので，第 1 条にはその目的が次のように定められている。

第 1 条　この法律は，全ての国民が，障害の有無にかかわらず，等しく基本的人権を享有するかけがえのない個人として尊重されるものであるとの理念にのつとり，全ての国民が，障害の有無によつて分け隔てられることなく，相互に人格と個性を尊重し合いながら共生する社会を実現するため，障害者の自立及び社会参加の支援等のための施策に関し，基本原則を定め，及び国，地方公共団体等の責務を明らかにするとともに，障害者の自立及び社会参加の支援等のための施策の基本となる事項を定めること等により，障害者の自立及び社会参加の支援等のための施策を総合的かつ計画的に推進することを目的とする。

　そのうえで，同法第 2 条では，障害者の定義について「身体障害，知的障害，精神障害（発達障害を含む。）その他の心身の機能の障害（中略）がある者であつて，障害及び社会的障壁により継続的に日常生活又は社会生活に相当な制限を受ける状態にあるもの」としている。この 4 つの障害分類は，日本の障害児・者福祉の基本的な枠組みとなっており，障害者の日常生活及び社会生活を総合的に支援するための法律（障害者総合支援法）（第 4 条）と児童福祉法（第 4 条第 2 項）にも明記されている。なお，「その他の心身の機能の障害」については，障害者総合支援法と児童福祉法では「治療方法が確立していない疾病その他の特殊の疾病であつて障害者の日常生活及び社会生活を総合的に支援するための

法律第４条第１項の政令で定めるものによる障害の程度が同項の厚生労働大臣が定める程度である児童」として，難病や**医療的ケアを必要とする子ども（医療的ケア児）**等も含まれる。

　ここで特筆すべきは，医療的ケア児についてである。医療的ケア児とは，人工呼吸器を装着している障害児や喀痰吸引を必要とする児童，その他の日常生活を営むために恒常的に医療的ケアを受けることが不可欠な児童のことである。2021（令和３）年６月に医療的ケア児及びその家族に対する支援に関する法律（医療的ケア児支援法）が成立し，同年９月に施行された。それにより国や地方公共団体等は，医療的ケア児への支援が「責務」となった。保育所や学校は医療的ケア児を受け入れるための支援体制の拡充が求められている。

　さらに，障害者基本法第11条においては，国・都道府県・市町村のそれぞれに対して，障害者基本法の理念に則り，障害者基本計画等を基本にして，障害児・者施策に取り組むよう求めている。

　このように障害者基本法は，障害者施策に関わる基本的な事項や理念，基本計画の策定についての規定が定められている。しかしながら，具体的な支援・サービスの種類や内容については記されていない。それらは以下の通り，各分野ごとに編成されている法律と制度に規定や具体的な給付内容が示されている。

（１）福祉領域——専門施策としての障害児支援

　福祉分野における障害児に対する固有の支援やサービスは，身近な地域で支援を受けられるようにする等のため，2012（平成24）年４月から児童福祉法に一元化され，実施されている（一部のサービスのみ，成人の障害者と同様の支援・サービスであることから障害者総合支援法に根拠規定が置かれている）。障害児が利用可能な支援・サービスについては表4-1，表4-2の通りである。

（２）教育領域——インクルーシブ教育への到達に向けて

　教育の分野では，従来の特別支援教育を発展させることを通じて**インクルーシブ教育**の実現が目指されている。

　インクルーシブ教育という言葉が聞かれるようになったのは，1994年，ユネスコとスペイン政府の共催によって開かれた「特別なニーズ教育に関する世界大会——アクセスと質」で表明された「**サラマンカ宣言**」においてである。サラマンカ宣言では，「万人のための教育（Educational for All）」に向けたさらな

表4-1　障害児支援サービス（訪問・通所・入所・相談・用具給付貸与）

		サービス	内　容
訪問系	介護給付	居宅介護（ホームヘルプ）	自宅で，入浴，排せつ，食事の介護等を行う
		同行援護	視覚障害により，移動に著しい困難を有する者が外出するとき，必要な情報提供や介護を行う
		行動援護	自己判断力が制限されている者が行動するときに，危険を回避するために必要な支援，外出支援を行う
		重度障害者等包括支援	介護の必要性がとても高い者に，居宅介護等複数のサービスを包括的に行う
一時入所系		短期入所（ショートステイ）	自宅で介護する者が病気の場合などに，短期間，夜間も含め，施設で，入浴，排せつ，食事の介護等を行う
障害児通所系	障害児に係る給付	児童発達支援	日常生活における基本的な動作の指導，知識技能の付与，集団生活への適応訓練などの支援を行う
		医療型児童発達支援	日常生活における基本的な動作の指導，知識技能の付与，集団生活への適応訓練などの支援および治療を行う
		放課後等デイサービス	授業の終了後または休校日に，児童発達支援センター等の施設に通わせ，生活能力向上のための必要な訓練，社会との交流促進などの支援を行う
障害児訪問系		居宅介護型児童発達支援	重度の障害等により外出が著しく困難な障害児の居宅を訪問して発達支援を行う（2018年新規）
		保育所等訪問支援	保育所，乳児院・児童養護施設等を訪問し，障害児に対して，障害児以外の児童との集団生活への適応のための専門的な支援などを行う
障害児入所系		福祉型障害児入所施設	施設に入所している障害児に対して，保護，日常生活の指導および知識技能の付与を行う
		医療型障害児入所施設	施設に入所または指定医療機関に入院している障害児に対して，保護，日常生活の指導および知識技能の付与並びに治療を行う
相談支援系	相談支援に係る給付	計画相談支援	【サービス利用支援】 • サービス申請に係る支給決定前にサービス等利用計画案を作成 • 支給決定後，事業者等と連絡調整，必要に応じて新たな支給決定等に係る申請の勧奨
		障害児相談支援	【障害児利用援助】 • 障害児通所支援の申請に係る給付決定の前に利用計画案を作成 • 給付決定後，事業者等と連絡調整等を行うとともに，利用計画を作成 【継続障害児支援利用援助】
その他	用具の給付・貸与	日常生活用具給付等事業	障害者等の日常生活上の便宜を図るための用具の給付または貸与を行う（例：電気式たん吸引器等の「在宅療養等支援用具」や特殊寝台等の「介護・訓練支援用具」等） ※　具体的な対象用具は，告示で定める「用具の要件」をすべて満たし，「用具の用途および形状」のいずれかに該当するものについて，市町村が定める。

出所：医療的ケア児の地域支援体制構築に係る担当者会議（2018）「医療的ケア児とその家族への支援制度について」（https://www.mhlw.go.jp/content/12200000/000365180.pdf　2022年10月29日閲覧）。障害児が利用対象となっているサービスのみを抜粋。

表 4 - 2　障害児手帳・手当に関する制度

サービス	内　容	対象者
身体障害者手帳	身体障害者福祉法に定める身体上の障害がある者に対して，都道府県知事，指定都市市長，中核市市長が交付する	身体障害者福祉法別表に掲げる身体上の障害がある者
療育手帳	知的障害児・者への一貫した指導・相談を行うとともに，これらの者に対して各種の援助措置を受けやすくするため，児童相談所または知的障害者更生相談所において知的障害と判定された者に対して，都道府県知事または指定都市市長が交付する	児童相談所または知的障害者更生相談所において知的障害であると判定された者
障害者総合支援法の対象疾病（難病等）	対象疾病に該当する者は，障害福祉サービス等の対象となり，障害者手帳を持っていなくても，必要と認められた支援が受けられる	治療方法が確立していない疾病その他の特殊の疾病であって政令で定めるものによる障害の程度が厚生労働大臣が定める程度である者
特別児童扶養手当	精神または身体に障害を有する児童について手当を支給することにより，これらの児童の福祉の増進を図ることを目的にする	20歳未満で精神または身体に障害を有する児童を家庭で監護，養育している父母等
障害児福祉手当	重度障害児に対して，その障害のため必要となる精神的，物質的な特別の負担の軽減の一助として手当を支給することにより，特別障害児の福祉の向上を図ることを目的とする	精神または身体に重度の障害を有するため，日常生活において常時の介護を必要とする状態にある在宅の20歳未満の者
障害者扶養共済制度	障害のある者を育てている保護者が毎月掛金を納めることで，保護者が亡くなったときなどに，障害のある者に対し，一定額の年金を一生涯支給するもの	障害のある人を扶養している保護者

出所：表 4 - 1 と同じ。

る活動の必要が示された。

　元来，インクルーシブ教育とは，ピーター・ミットラーによれば，「すべての子どもが，学校が提供するあらゆる範囲の教育的社会的機会に参加できることを保障するという目標のもとに，学校を全体として改革し作り直す過程に開かれている」。つまり，「学校が用意するあらゆる機会に，学校すべての子どもたちがアクセスでき，参加できることを保障し，分離と隔離を避けること」が目指されているのである。

　文部科学省は，サラマンカ宣言におけるインクルーシブ教育の理念を反映させるために，2006（平成18）年，教育基本法と学校教育法を改正し，2007（平

成19）年4月から特別支援教育を開始した。そして，国連で採択された障害者権利条約（第24条）を踏まえて，2012（平成24）年7月，中央教育審議会初等中等教育分科会・特別支援教育のあり方に関する特別委員会「共生社会の形成に向けたインクルーシブ教育システムの構築のための特別支援教育の推進（報告）」において日本が今後インクルーシブ教育へと向かうことを初めて提言した。その中で，「障害のある子どもとない子どもができるだけ同じ場で共に学ぶことを追求するとともに，個別の教育的ニーズのある子どもに対して，その時点で教育的ニーズに最も的確に応える指導を提供できる，多様で柔軟なしくみを整備することが重要である」として，小中学校における通常の学級，通級による指導，特別支援学級，特別支援学校といった，連続性のある「多様な学びの場」を用意することを求めた（傍点は筆者）。

　それらを実行していくための具体的な取り組みとして，「障害のある児童生徒の就学先を決定するしくみの改正」や「個別の教育支援計画」及び「個別の指導計画の作成」の義務化，「合理的配慮とそのための基礎的環境整備の取り組み」，「特別支援教育における教育課程の充実」などを行った。以下，それぞれについて解説する（「個別の教育支援計画」「個別の指導計画の作成」の義務化については別章に譲る）。

　①　障害のある児童生徒の就学先を決定するしくみとその改正

　従来，障害の程度（学校教育法施行令第22条の3）に該当する障害のある児童生徒は，原則として特別支援学校に就学することとされていた。その際，市町村の教育委員会に設置される「就学指導委員会」において，専門家の意見を踏まえて判断・決定が下されていた。しかし，2002（平成14）年の学校教育法施行令の改正により，「認定就学者」制度が創設された。この制度は，特別支援学校へ就学すべき障害のある児童生徒でも，小・中学校の施設・設備が整っているなど適切な教育を受けることができるなど特別の事情があると認められた場合には，特別支援学校ではなく，通常の小中学校へ就学することが可能となる制度である。

　その後，インクルーシブ教育の実現に向けて，2013（平成25）年に学校教育法施行令が一部改正され，「認定就学者」制度が廃止された。その代わりに「認定特別支援学校就学者」が規定されることになった。これは，「学校教育法施行令第22条の3に規定する障害のある児童生徒のうち，市町村教育委員会が総合的な観点から判断し，特別支援学校に就学させることが適当であると認め

る者」である。また、それを判断する際、「市町村教育委員会が、本人・保護者に対し十分な情報提供をしつつ、本人・保護者の意見を最大限尊重し、本人・保護者と市町村教育委員会、学校等が教育的ニーズと必要な支援について合意形成を行うことを原則とし、最終的には市町村教育委員会が決定することが適当である」(傍点は筆者)として、本人・保護者の意向を最大限尊重することが新たに義務づけられた。⁽³⁾

②　合理的配慮とそのための基礎的環境整備の取り組み

文部科学省は、障害者権利条約(第2条、第24条)に照らし、学校教育における「合理的配慮」について、「障害のある子どもが、他の子どもと平等に『教育を受ける権利』を享有・行使することを確保するために、学校の設置者及び学校が必要かつ適当な変更・調整を行うことであり、障害のある子どもに対し、その状況に応じて、学校教育を受ける場合に個別に必要とされるもの」であり、「学校の設置者及び学校に対して、体制面、財政面において、均衡を失した又は過度の負担を課さないもの」と定義している。⁽⁴⁾

また、障害者権利条約において「合理的配慮」の否定は、障害を理由とする差別に含まれる。そこで中教審は、「合理的配慮」の基礎となる環境整備として「基礎的環境整備」という考え方を提示し、国、都道府県、市町村に対して、必要な財源を確保し、「合理的配慮」の基礎となる環境整備を図っていくこと、つまり、障害のある子どもたちが学びやすい環境を、各学校の状況に応じて整備しておくことを求めている。「基礎的環境整備」の基本的枠組みとして、「ネットワークの形成・連続性のある多様な学びの場の活用」「専門性のある指導体制の確保」「個別の教育支援計画や個別の指導計画の作成等による指導」「教材の確保」「施設・設備の整備」「専門性のある教員、支援員等の人的配置」「個に応じた指導や学びの場の設定等による指導」「交流及び共同学習」などがある。

③　特別支援教育における教育課程

各学校(幼稚園、小学校、中学校、高等学校、特別支援学校等)においては、教育基本法や学校教育法、その他の法令、「学習指導要領」などに示すところに基づいて、児童生徒の障害の状態や特性、心身の発達段階や、学校・地域の実態を十分に考慮して、適切な教育課程を編成し、各学校の教育目標を達成するよう教育を行うことが求められている。⁽⁵⁾

　(a) 特別支援学校における教育課程

　特別支援学校の教育課程は，幼稚園に準ずる領域，小学校，中学校および高等学校に準ずる各教育，特別の教科である道徳，特別活動，総合的な学習の時間，外国語活動のほか，障害による学習上または生活上の困難の改善・克服を目的とした領域である「自立活動」で編成されている（学校教育法第72条）。なお，知的障害のある児童生徒に対する教育を行う特別支援学校の教育課程（各教科の種類と内容の示し方など）については，障害の特徴や学習上の特性等を踏まえ，独自の各教科等の目標と内容等が示されている（学校教育法施行規則第126条第2項，第127条第2項，第128条第2項）。また，障害の重度・重複化に対応し，個に応じた指導ができるように学校教育法施行規則（第130条）や特別支援学校の「学習指導要領」には，障害の状態などを考慮した教育課程の取り扱い（「重複障害者等に関する教育課程の取扱い」）が示されており，弾力的な編成ができるようになっている。

　(b) 通常学校における教育課程

　2017・2018（平成29・30）年に改訂された各学校の「学習指導要領」（「幼稚園教育要領」「小学校学習指導要領」「中学校学習指導要領」「高等学校学習指導要領」）は，特別支援教育に関する記述が充実したものとなっている。

　ⅰ．特別支援学級における教育課程（小中学校）

　小中学校における特別支援学級の教育課程は，基本的には，小学校・中学校の「学習指導要領」に基づいて編成される。特に必要がある場合には，特別支援学校小学部・中学部の「学習指導要領」を参考として学校の実態や子どもの障害の程度等を考慮のうえ，「特別の教育課程」を編成する必要がある（学校教育法施行規則第138条）。また，この場合，学校教育法に定める小学校の目的及び目標を達成するものでなければならないと定められている。

　ⅱ．通級による指導における教育課程（小中学校）

　通級による指導は，小中学校の通常学級に在籍している障害のある児童生徒が，通常の学級で各教科等の指導を受けながら，障害の状態に応じた特別の指導（自立活動の指導等）を特別の指導の場（通級指導教室）で受けることとなるため，小中学校（通常の学級）の教育課程に加え，またはその一部に替えた特別の教育課程を編成することができる。通級による指導において，特別の指導（自立活動の指導等）を行う場合は，特別支援学校小学部・中学部の「学習指導要領」を参考として実施することとされている（学校教育法施行規則第140条，第141条）。

　ⅲ．通常の学級における障害児のための教育課程（幼稚園・小中学校・高等学校）

　通常の学級に在籍する障害のある児童生徒については，その実態に応じた指導内容や指導方法を工夫することとされ，基本的には「幼稚園教育要領」，小学校・中学校・高等学校の「学習指導要領」に基づいた教育課程の編成を行うよ

う定められている。ただし，通級による指導の対象とならない児童生徒に対して，個別に特別の教育課程を編成することはできないことから，児童生徒の障害の状態等に応じて，適切な配慮のもとに指導を行うことが求められている。

（3）保育領域――一般施策における障害児保育の拡充

　保育所等における障害児保育は，1974（昭和49）年に制度化されて以降，全国で実施されている。それとともにこれまで様々な制度改正を経ながら，2003（平成15）年度より一般財源化され，2007（平成19）年度より地方交付税の算定対象を特別児童扶養手当の対象児童から軽度の障害児に広げる等の拡充が図ら

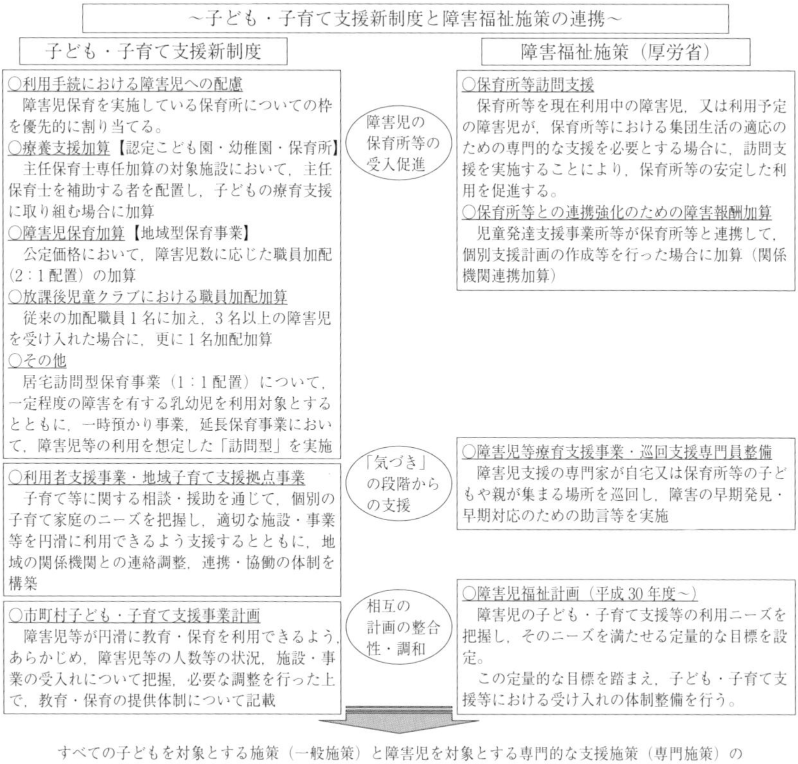

　～子ども・子育て支援新制度と障害福祉施策の連携～

子ども・子育て支援新制度／障害福祉施策（厚労省）

○利用手続における障害児への配慮
　障害児保育を実施している保育所についての枠を優先的に割り当てる。
○療養支援加算【認定こども園・幼稚園・保育所】
　主任保育士専任加算の対象施設において，主任保育士を補助する者を配置し，子どもの療養支援に取り組む場合に加算
○障害児保育加算【地域型保育事業】
　公定価格において，障害児数に応じた職員加配（2：1配置）の加算
○放課後児童クラブにおける職員加配加算
　従来の加配職員1名に加え，3名以上の障害児を受け入れた場合に，更に1名加配加算
○その他
　居宅訪問型保育事業（1：1配置）について，一定程度の障害を有する乳幼児を利用対象とするとともに，一時預かり事業，延長保育事業において，障害児等の利用を想定した「訪問型」を実施

○利用者支援事業・地域子育て支援拠点事業
　子育て等に関する相談・援助を通じて，個別の子育て家庭のニーズを把握し，適切な施設・事業等を円滑に利用できるよう支援するとともに，地域の関係機関との連絡調整，連携・協働の体制を構築

○市町村子ども・子育て支援事業計画
　障害児等が円滑に教育・保育を利用できるよう，あらかじめ，障害児等の人数等の状況，施設・事業の受入れについて把握，必要な調整を行った上で，教育・保育の提供体制について記載

【障害児の保育所等の受入促進】
○保育所等訪問支援
　保育所等を現在利用中の障害児，又は利用予定の障害児が，保育所等における集団生活の適応のための専門的な支援を必要とする場合に，訪問支援を実施することにより，保育所等の安定した利用を促進する。
○保育所等との連携強化のための障害報酬加算
　児童発達支援事業所等が保育所等と連携して，個別支援計画の作成等を行った場合に加算（関係機関連携加算）

【「気づき」の段階からの支援】
○障害児等療育支援事業・巡回支援専門員整備
　障害児支援の専門家が自宅又は保育所等の子どもや親が集まる場所を巡回し，障害の早期発見・早期対応のための助言等を実施

【相互の計画の整合性・調和】
○障害児福祉計画（平成30年度～）
　障害児の子ども・子育て支援等の利用ニーズを把握し，そのニーズを満たせる定量的な目標を設定。
　この定量的な目標を踏まえ，子ども・子育て支援等における受け入れの体制整備を行う。

すべての子どもを対象とする施策（一般施策）と障害児を対象とする専門的な支援施策（専門施策）の相互の連携強化を図る。

図4-1　障害児支援の体系

出所：厚生労働省雇用均等・児童家庭局総務課，厚生労働省・援護局障害保健福祉部障害福祉課，内閣府子ども・子育て本部「障害児支援における子ども・子育て支援新制度と障害福祉施策の連携について」。

れた。

　2022（令和4）年現在，保育所等での障害児保育は，2015（平成27）年に施行された「子ども・子育て支援新制度」（一般施策）の枠内で行われている（図4-1左側）。とりわけ保育所等での障害児保育（統合保育・インクルーシブ保育）の受け入れにあたっては，各自治体が策定している「障害児保育実施要綱」に基づいて行われること，また，具体的な保育計画の立案やカリキュラムの作成，保育活動の実施においては，「保育所保育指針」「幼稚園教育要領」「認定こども園保育・教育要領」に準拠して行うことが定められている。

　さらに，「子ども・子育て支援新制度」における障害児保育（一般施策）（図4-1左側）と「障害児を対象とする専門施策」（図4-1右側）の相互の連携強化を図りながら進めていくよう示されてもいる。

　その他，2017（平成29）年度より「保育士等キャリアアップ研修」に「障害児保育」の研修分野が盛り込まれ，保育現場におけるリーダー的職員の育成とともに障害児保育を担当する職員の専門性の向上を図ったり（研修修了後，リーダー的職位に就いた者に対してはその取り組みに応じた人件費の加算を実施），障害児の受け入れにあたり，バリアフリーの改修を行うなど様々な取り組みが行われている[6]。

　ただし，インクルーシブ教育や保育の実現のためには，校内や園内で解決しようとせず，地域の関係機関・施設・事業所等の専門職と密な連携を図り，「隙間のない支援」を実現しなければならない。さらには，生涯にわたる「切れ目のない支援」の実現に向け，乳幼児期には学童期を，学童期には生徒期（思春期）を，生徒期（思春期）には青年期（高等教育機関への進学や就労）を見据えるなど，将来を見越した支援を保育者や教育者が実践する必要がある。

注
(1) サラマンカ宣言では，「すべての子ども」として障害児や英才児，ストリート・チルドレンや労働している子どもたち，僻地に住む子どもたちや遊牧民の子どもたち，言語的・民族的・文化的マイノリティの子どもたち，他の恵まれていないもしくは辺境で生活している子どもたちなどをも想定する。一方，日本（文部科学省）は，インクルーシブ教育の推進を表明しつつも，その対象を障害児に限定してしまっている。つまりインクルーシブ教育を特別支援教育として置き換えてしまっている。この点にサラマンカ宣言や障害者権利条約が示すインクルーシブ教育に向け

て大きな壁と課題があることを指摘しておきたい。

(2) Mittler, P. (2000) *Working Towards Inclusive Education : Social Contexts*, David Fulton Publishers. (= 2002, 山口薫訳『インクルージョン教育への道』東京大学出版会.)

(3) 文部科学省中央教育審議会初等中等教育分科会 (2012)「共生社会の形成に向けたインクルーシブ教育システム構築のための特別支援教育の推進（報告)」.

(4) (3)と同じ。

(5) 文部科学省 (2018)「特別支援学校幼稚部教育要領　小学部・中学部学習指導要領」61頁。

(6) 内閣府 (2018)『平成30年版　障害者白書』69頁。

学習課題

① 「合理的配慮」の意味について調べてみよう。あわせて，福祉・保育・教育の場面における「合理的配慮」の事例について調べてみよう。

② 「サラマンカ宣言」や「障害者権利条約」で表明されている「インクルーシブ教育」の理念や目標を参照しながら，それらと，国内の障害児に関わる支援や保育・教育の実態に，どれくらいのずれや乖離があり，どのような課題があるかを考えてみよう。

キーワード一覧表

☐ **障害者の権利に関する条約（障害者権利条約）**　障害者の権利に関する条約は，あらゆる障害者の人権や基本的自由の享有を確保し，障害者の固有の尊厳の尊重を促進することを目的として，障害者の権利を実現するための措置等について規定している条約である。障害者への差別の禁止，平等の保障，社会的包摂，政治的権利，教育・健康・労働・雇用に関する権利，社会的な保障，文化的な生活・スポーツへの参加，国際協力，締約国による報告等について盛り込まれている。　　　　　　　　　　　　　　　　　　　　　　56

☐ **私たちのことを，私たち抜きに決めないで（Nothing about us without us)**　障害者権利条約を策定する議論の中で共有されたスローガンである。障害者の権利を守る国際的な条約の策定においては，「障害のある人自身が参画するべきである」といったメッセージが込められている。2006年8月に行われた特別委員会で，キキ・ノルドストローム氏（全盲・前世界盲人連合会会長）がスピーチで語った言葉。　　　　　　　　　　　　　　　　　56

☐ **合理的配慮**　個々の場面における障害児・者個人のニーズに応じて，過重な負担を伴わない範囲で，社会的障壁を除去すること。障害のある子どもに対す

第5章

障害児に対する権利擁護

　法務省によると，人権とは「すべての人々が生命と自由を確保し，それぞれの幸福を追求する権利」あるいは「人間が人間らしく生きる権利で，生まれながらに持つ権利」[1]とされる。しかし人は無意識のうちに人権を尊重することを忘れてしまったり，相手を傷つける行動をとってしまったりする。そのため子どもの人権は身近な大人が意識的に守っていく必要があり，保育者や教師は，その最も身近な担い手である。そして近年は，子どもの生活環境や教育的ニーズは多様化し，障害児をはじめ個々に応じた支援を必要とする子どもが増えてきた。

　本章では，子どもの人権について，とりわけ障害や特別な教育的ニーズのある子どもの**権利擁護**に焦点を当てて考えていきたい。

1　人権とは何か

　20世紀には世界中を巻き込む大きな戦争が二度も起こり，特に第二次世界大戦では，特定の民族の迫害や大量虐殺など，人の生きる権利を奪い取るような出来事が横行した。その後，人権問題は世界各国で重要な課題となり，人権の保障が世界の平和の源であると考えられるようになってきた。

（1）世界人権宣言
　1948年12月に国連第3回総会において採択された「世界人権宣言」は，基本的人権尊重の原則を定め，人権保障の目的や基準を国際的にうたった画期的なものであった。法的拘束力はないものの，初めての国際的宣言という点で革命的な歴史的出来事だといえる。すべての国の人々の様々な権利について，各国の憲法や法律が取り入れられたり，国際会議の決議にも用いられたりするなど，

世界中の人権への意識に強い影響を及ぼしたのである。第１条には生まれながらの自由と平等，第２条には差別を受けない権利について示され，すべての人が自由で尊い存在であることや権利を有していることが，具体的にわかりやすく宣言されている。

（２）日本国憲法

　日本では終戦後の1946（昭和21）年11月に日本国憲法が公布された。戦争によって尊い命が奪われ，国民の人権が保障されなかった時代を経て公布されたこの憲法の前文には，「政府の行為によつてふたたび戦争の惨禍が起ることのないやうにすることを決意し，ここに主権が国民に存することを宣言」すると述べられている。また第３章の「国民の権利及び義務」では，第11条の基本的人権の享有をはじめ，すべての国民の人権や権利の保障を法的に定めている。
　しかし，すべての人々の人権は守られているのか。日本では今もなお，あらゆる人権問題が課題となっている。部落差別や女性差別の問題は古くからの代表的な人権問題であるが，この章では，「子ども」と「障害児」の人権について詳しく取り上げる。
　内閣府は2017（平成29）年に「人権擁護に関する世論調査」を実施した。主な人権課題に関する国民の意識について，全国の18歳以上の日本国籍を有する者3000人に対して行われたこの調査では，「現在，どのような人権問題が起きていると思うか」という問いに対し，子どもに関しては「いじめを受けること」が66.9％，「虐待を受けること」が62.6％，「いじめ，体罰や虐待を見て見ぬふりをすること」が52.6％の順の高い割合での回答であった。多くの国民がいじめや体罰，虐待の問題を子どもに関する人権課題として意識しているのである。また，同じ問いに対し，障害者に関しては「就職・職場で不利な扱いを受けること」が49.9％，「差別的な行動をされること」が48.7％と高い回答率を占める中，「職場，学校等で嫌がらせやいじめを受けること」も45.6％と高く，障害のある子どもにも大いに関連する内容であった。これは子どもに関する項目の中の「いじめや体罰，虐待」の問題とあわせると，障害児にとってはより一層深刻な人権課題であるといえる。
　子どもの人権を擁護することは，身近な大人の重要な課題であり，特に保育者や教師はすべての子どもの人権を意識しつつ，関わりの姿勢を考え人権感覚を高めていく必要がある。

2　子どもの権利

（1）児童福祉法

　日本国憲法の公布後，子どもに関する法令もいくつか制定された。その一つが児童福祉法である。児童福祉法が制定されたのは，日本国憲法公布の翌年の1947（昭和22）年であった。当時日本では，戦争で親族を亡くし住む家も失い，路上生活を余儀なくされた子どもたちが大勢いた。その歴史的・社会的事情の犠牲となった子どもたちに，健康な最低限度の生活を保障するべく制定された法律であった。したがって，児童福祉を保障するためにすべての子どもがもつべき権利や支援が定められている。現在，制定から75年が経過しているが，これまで社会的背景に基づいて幾度となく改正が行われてきた。

　2022（令和4）年6月に成立した「児童福祉法等の一部を改正する法律」では，昨今社会問題となっている児童虐待等，子育てに困難を抱える世代が顕在化してきている現状を踏まえ，子育て世帯への包括的な支援のための体制が強化された趣旨となっている。具体的な改正の概要は，児童相談所等への一時保護等の際，児童の意見や意向を勘案して措置を行うために児童の意見聴取等の措置を講じることや，それに伴う都道府県による児童の意見・意向表明や権利擁護に向けた環境整備の実施などである。将来の人格形成に影響を及ぼす虐待は，子どもにとって重大な権利侵害であり，次世代に引き継がれるおそれもある。子どもの権利擁護が法律等で定義されながらも虐待問題が増加の一途をたどっている現状から，このような改正が行われるものと捉えられる。そのほか，子育て支援や障害児の福祉に関するサービスについても，児童福祉法によって定義されているものが多く，保育や発達支援に携わる支援者には身近な法律である。

（2）児童憲章と児童の権利に関する条約

　児童憲章は1951（昭和26）年に制定された。児童福祉に関する国民の意識啓発のために宣言されたこの憲章は冒頭に，「児童は，人として尊ばれる」「児童は，社会の一員として重んぜられる」「児童は，よい環境のなかで育てられる」と，児童の基本的人権の尊重と幸福を図るために大人が守るべき児童三原則が掲げられており，これは保育や教育を志す者はしっかり押さえておきたい。

表5-1　すべての子どもに保障された権利

第3条（子どもの最善の利益）
1　児童に関するすべての措置をとるに当たっては，公的若しくは私的な社会福祉施設，裁判所，行政当局又は立法機関のいずれによって行われるものであっても，児童の最善の利益が主として考慮されるものとする。
2　締約国は，児童の父母，法定保護者又は児童について法的に責任を有する他の者の権利及び義務を考慮に入れて，児童の福祉に必要な保護及び養護を確保することを約束し，このため，すべての適当な立法上及び行政上の措置をとる。
3　締約国は，児童の擁護又は保護のための施設，役務の提供及び設備が，特に安全及び健康の分野に関し並びにこれらの職員の数及び適格性並びに適正な監督に関し権限のある当局の設定した基準に適合することを確保する。
第23条（障害児の権利）
1　締約国は，精神的又は身体的な障害を有する児童が，その尊厳を確保し，自立を促進し及び社会への積極的な参加を容易にする条件の下で十分かつ相応な生活を享受すべきであることを認める。
2　締約国は，障害を有する児童が特別の養護についての権利を有することを認めるものとし，利用可能な手段の下で，申込みに応じた，かつ，当該児童の状況及び父母又は当該児童を養護している他の者の事情に適した援助を，これを受ける資格を有する児童及びこのような児童の養護について責任を有する者に与えることを奨励し，かつ，確保する。
3　障害を有する児童の特別な必要を認めて，2の規定に従って与えられる援助は，父母又は当該児童を養護している他の者の資質を考慮して可能な限り無償で与えられるものとし，かつ，障害を有する児童が可能な限り社会への統合及び個人の発達（文化的及び精神的な発達を含む。）を達成することに資する方法で当該児童が教育，訓練，保健サービス，リハビリテーション・サービス，雇用のための準備及びレクリエーションの機会を実質的に利用し及び享受することができるように行われるものとする。

出所：外務省ウェブサイト掲載「児童の権利に関する条約」第3条，23条より一部抜粋。

　一方，1989年には**児童の権利に関する条約**（子どもの権利条約）が国連総会で採択され，日本は1994（平成6）年に批准した。この条約は，子どもも一人の人間としての人権をもち，成長・発達していく過程で子どもならではの擁護や配慮が必要であると，子どもの権利の保障について定めたものである。香﨑はこの条約が，「生きる権利」「守られる権利」「育つ権利」「参加する権利」の4つの視点から人権保障を啓発していることを取り上げ，「健康に対して国や社会が特段の配慮をしなければならない」ことや，子どもが虐待や低賃金労働の犠牲になっていた歴史の振り返りから「子どもを守ることが明確化」されたと述べている。また，子どもの健全な成長には教育が不可欠であることから「いかなる社会環境においても平等な質の高い教育の提供」が求められることや，子どもの自己実現のために「自由に社会参加する環境づくりに配慮しなければならない」こと，さらには「障害などにより十分に自分の思いを表現できない子どもに対しては，合理的配慮を払わなければならない」と保障すべき具体的内容について述べている。4つの視点からの人権保障は，周囲の身近な大人が

子どもに関わる際，常に意識していかねばならない特別の支援なのである。自ら権利をつかみとることの困難な子どもであるからこそ，大人による支援が必要であり，権利を守るための配慮が求められる。

　子どもの権利条約の中で，子どもの最善の権利や障害児の権利について記された第3条および第23条について表5-1に示す。

　ここまで，子どもの権利全般に関する日本および国際的な法律等について概観してきた。日本では世界人権宣言が国連総会で採択されるより前に，日本国憲法に示された法の下の平等に基づき子どもに関する法律や憲章も制定され，法的には子どもの権利は十分に保障されているようにうかがえた。しかし，現在の子ども・子育て支援の課題をみると，待機児童，虐待，貧困等，子どもの権利に関する問題は多岐にわたっている。どの問題を取り上げてみてもその要因となるのは，社会的背景や大人の都合によるものである。子どもの人権保障は身近な大人が意識せねばならない課題であり，子どもは自ら権利をつかみとることが困難であるがゆえに，大人による適切な配慮が必要なのである。

3　障害のある子どもの権利

（1）障害児の定義

　子どもは自らの権利を自力でつかみとることが困難であるなら，**障害のある子どもはなおのこと配慮が必要である**ことはいうまでもない。内閣府の「人権擁護に関する世論調査」においても，障害者に関する人権調査の項目で「学校等における嫌がらせやいじめ」が高い割合で意識されており，障害児にとって人権擁護に関する課題はさらに深刻である。

　ところで，障害児とはどのような子どもをいうのか。児童福祉法第4条第2項には，「この法律で，障害児とは，身体に障害のある児童，知的障害のある児童，精神に障害のある児童又は治療方法が確立していない疾病その他の特殊の疾病であつて障害者の日常生活及び社会生活を総合的に支援するための法律第4条第1項の政令で定めるものによる障害の程度が同項の厚生労働大臣が定める程度である児童をいう」とある。この条文だけでも，身体的・精神的な困難，疾病による困難等，あらゆる面から支援の必要な状態にある子どものことだといえる。一方，年々増加の傾向があるとされる発達障害については発達障害者支援法第2条第1項で，「この法律において『発達障害』とは，自閉症，

アスペルガー症候群その他の広汎性発達障害，学習障害，注意欠陥多動性障害その他これに類する脳機能の障害であってその症状が通常低年齢において発現するものとして政令で定めるものをいう」と定義されている。発達障害は，外見からはわかりにくく，症状や特性が様々であるため，その子どもが「わがまま」や「自分勝手」などと捉えられてしまうことも多い。

（2）日本における障害児教育の歴史からみる障害児の権利

　2007（平成19）年に文部科学省が**特別支援教育**への転換を図るまで，障害児の教育は「特殊教育」と呼ばれた。そして障害児への教育は，時代や社会の動向により様々に変化してきた。最初の特殊教育の学校は19世紀後半に視覚障害児を対象にしたものであった。その後文部省直轄学校となりつつも当時は特殊教育を障害者事業団体へ依存する傾向が強く，慈善事業に委ねている状態であった。のちに特殊教育学校の法制化の動きも徐々に高まったが，障害児に対する就学義務の免除や猶予の規定により，障害児への教育保障のあり方という新しい課題を提起することにもなった。このように特殊教育の学校が創設されても，実際には障害児が教育を受ける権利が保障されたわけではなかったのである。

　第二次世界大戦後，新しい憲法のもと，教育改革の法制化が具体的に示され，「教育を受ける権利」が国民の権利として明確に規定された。それに伴い，障害のある子どもの教育を受ける機会の保障や取り組みも進められたかにみえたが，現在の特別支援学校にあたる養護学校教育の義務化が実施されたのは1979（昭和54）年であり，戦後の教育改革から30年以上経過したのちであった。その間，障害のある子どもの発達や学習が保障されていたとは言い難い（図5-1）。

　平成に入ると障害児の教育をめぐる諸情勢が次第に変化した。通常学級の中にも学習や生活の面で特別な教育的支援を必要とする児童生徒が在籍していることが指摘されたことに伴い，発達障害児への適切な指導法の開発の課題など，情勢の変化を踏まえた今後の適切な教育的対応を考えていくことが求められるようになった。子どもを障害の有無で分け，障害のある子どもに対して行ってきたこれまでの特殊教育では限界が生じ，一人ひとりの教育的ニーズの違いに応じた対応を迫られるようになったのである。これらの状況から，文部科学省はそれまでの特殊教育から「障害のある児童生徒一人一人の教育的ニーズに応じて適切な教育的支援」を行う特別支援教育へと転換を図ったのである。し

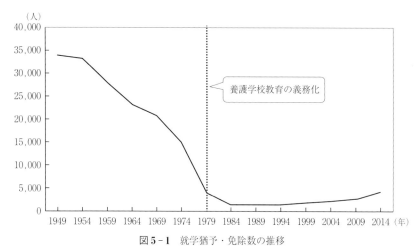

図 5-1　就学猶予・免除数の推移

出所：文部科学省「特別支援教育資料（平成26年度）」より筆者作成。

かし，この特別支援教育の定義を，教育的ニーズに応じた適切な教育的支援を「すべての児童生徒」ではなく，「障害のある児童生徒」の自立や社会参加に向けた主体的な取り組みを支援するという視点に立って行う，と示した。このことは，「障害者等が積極的に参加・貢献していくことができる共生社会を目指すことがインクルーシブ教育システムの構築」とする日本の**インクルーシブ教育**の考え方の特徴にもなっている。

（3）障害児の学習保障

すべての国民の教育を受ける権利に加え，「教育基本法」の第4条第2項には，障害者の教育保障のための支援の必要性について明示されている。

文部科学省は，2012（平成24）年の「共生社会の形成に向けたインクルーシブ教育システム構築のための特別支援教育の推進について（報告）」の中で，障害のある子どもが十分に教育を受けられるための**合理的配慮**およびその基礎となる環境整備について述べている。これは，2006年に国連総会で採択された**障害者の権利に関する条約**（障害者権利条約）第24条第2項で，教育についての障害者の権利を実現するために定義された「個人に必要とされる合理的配慮が提供されること」に照らし合わせて示された。ここでは，障害児が教育を受ける権利を享有・行使するために，合理的配慮について「学校の設置者及び学校

表5-2　子どもの権利に関する各法令

日本国憲法
第14条（平等原則）
すべて国民は，法の下に平等であつて，人種，信条，性別，社会的身分又は門地により，政治的，経済的又は社会的関係において，差別されない。
第26条（教育を受ける権利と受けさせる義務）
すべて国民は，法律の定めるところにより，その能力に応じて，ひとしく教育を受ける権利を有する。
2　すべて国民は，法律の定めるところにより，その保護する子女に普通教育を受けさせる義務を負ふ。義務教育は，これを無償とする。
教育基本法
第4条（教育の機会均等）
すべて国民は，ひとしく，その能力に応じた教育を受ける機会を与えられなければならず，人種，信条，性別，社会的身分，経済的地位又は門地によって，教育上差別されない。
2　国及び地方公共団体は，障害のある者が，その障害の状態に応じ，十分な教育を受けられるよう，教育上必要な支援を講じなければならない。
3　国及び地方公共団体は，能力があるにもかかわらず，経済的理由によって修学が困難な者に対して，奨学の措置を講じなければならない。
障害を理由とする差別の解消の推進に関する法律
第7条（行政機関等における障害を理由とする差別の禁止）
行政機関等は，その事務又は事業を行うに当たり，障害を理由として障害者でない者と不当な差別的取扱いをすることにより，障害者の権利利益を侵害してはならない。
2　行政機関等は，その事務又は事業を行うに当たり，障害者から現に社会的障壁の除去を必要としている旨の意思の表明があった場合において，その実施に伴う負担が過重でないときは，障害者の権利利益を侵害することとならないよう，当該障害者の性別，年齢及び障害の状態に応じて，社会的障壁の除去の実施について必要かつ合理的な配慮をしなければならない。
第8条（事業者における障害を理由とする差別の禁止）
事業者は，その事業を行うに当たり，障害を理由として障害者でない者と不当な差別的取扱いをすることにより，障害者の権利利益を侵害してはならない。
2　事業者は，その事業を行うに当たり，障害者から現に社会的障壁の除去を必要としている旨の意思の表明があった場合において，その実施に伴う負担が過重でないときは，障害者の権利利益を侵害することとならないよう，当該障害者の性別，年齢及び障害の状態に応じて，社会的障壁の除去の実施について必要かつ合理的な配慮をするように努めなければならない。

出所：日本国憲法，教育基本法，障害を理由とする差別の解消の推進に関する法律より一部抜粋。

が必要かつ適当な変更・調整を行うこと」とし，障害児に対し，「その状況に応じて，学校教育を受ける場合に個別に必要とされるもの」で，「学校の設置者及び学校に対して，体制面，財政面において，均衡を失した又は過度の負担を課さないもの」と定義している。また，条約における「合理的配慮」を否定することは，「障害を理由とする差別に含まれるとされていることに留意する

必要がある」とし，合理的配慮の否定を強く禁止している。このことは2013（平成25）年に制定された障害を理由とする差別の解消の推進に関する法律（障害者差別解消法）第7条および第8条の「障害を理由とする差別の禁止」にも関連している。すべての国民が互いに人格と個性を尊重し支え合い，多様性を認め合いながら生きていくためには，一人ひとりの教育的ニーズに応じた支援が必要であることはいうまでもない。障害の有無にかかわらずすべての子どもが，それぞれの目指す目標に向かうためのスタート地点に立つことができるように様々な法的整備が整備されてきた。その子どもが暮らす社会の中にバリアがあるのなら，それを取り除き調整することが「合理的配慮」であり，それによって初めて障害児は教育を受ける権利を得，学習が保障されるのである。

4　様々な子どもの人権を守るために

　子どもの権利に関する課題は，障害の有無によるものばかりではない。障害のある子どもにはそのきょうだいがいる。また，貧困や虐待など，家庭をめぐる様々な諸問題が子どもの権利に影響を与える場合もある。それに加え，行政の支援もまだ不十分であるヤングケアラーなど，以前は耳にすることのなかった課題も増え，問題視されている。ここでは，様々な困難をかかえた子どもの権利擁護について考える。

（1）家族の問題をかかえる子どもへの支援
　子どもたちのかかえる問題は，それを取り囲む家族の状況に影響されていることも多い。障害のある子どもにきょうだいがいる場合，きょうだいも何らかの影響を受けながら成長している。川上は，「わが国では，障害のある同胞によって生じたきょうだいのストレスや，葛藤に対する心理的支援策は明らかにされて」いない，としながらも「障害のある同胞をもつきょうだいは，長期にわたってさまざまな影響を受けることが明らか」であり，「その影響はネガティブな内容の報告が多い」としている。具体的には，ストレスへの対応や感情表出，思考の組み立て方などの心理社会的発達に影響を受けるのだという。この影響は当事者の障害の程度によっても異なる。障害児と一緒に成長していく中で，きょうだい自身も当事者の障害を認識し受容していくのだが，障害児の成長発達は注目されても，きょうだいが支援の対象になることは少ないのが

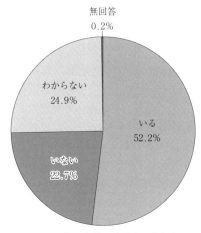

図5-2　「ヤングケアラー」の定義に該当すると思われる子どもの有無
出所：日本総合研究所（2022）「ヤングケアラー
　　　の実態に関する調査研究」報告書より一部
　　　抜粋し筆者作成。

現状である。障害児への支援と同様，そのきょうだいに対しても心理社会的支援を行っていくための仕組みづくりが必要である。

　また，最近新たに注目されている子どもの問題としてヤングケアラーがある。厚生労働省によると，**ヤングケアラー**とは「家族にケアを要する人がいる場合に，大人が担うようなケア責任を引き受け，家事や家族の世話，介護，感情面のサポートなどを行っている18歳未満の子ども」と定義されている。具体的には，家族に代わり幼いきょうだいの世話をする，障害や病気のある家族の身の回りの世話をする，家計を支えるために労働をして障害や病気のある家族を助けている，などが挙げられる。

　全国1325校の小中高等学校を対象に日本総合研究所が行った調査によると，ヤングケアラーの定義に該当すると思われる子どもは全体の半数以上を占めていた（図5-2）。また，その対象と思われる子どもの状況で最も多かったのが「家族の代わりに，幼いきょうだいの世話をしている」という状況であった。次いで「障がいや病気のある家族に代わり，家事をしている」状況も多く，校種や子どもの年齢により若干の違いはあるが，トータルでみれば本来子どもを保護する立場にある大人が主になって担うべき役割を18歳未満の子どもが担っている実態が明らかとなったのである。家族の一員として，子どもが家族のケ

アや家事を手伝うこと自体は大変望ましいことであっても，そのために学校を休まざるを得ない，など学校生活に影響を及ぼす事態となることは子どもの健全な成長を妨げる原因にもなりかねない。年齢等に見合わない重い責任や負担をかかえ，子どもとしての子どもらしい時間を損なってしまうことは心身面の成長発達に大きな影響を及ぼす可能性も考えられる。

　ヤングケアラーが増加している原因として，当事者である子ども自身が，家族の手伝いや手助けをするのを「普通のこと」と思っていたり，自分のことや家庭のことを他人に話すことを躊躇したりすることで，外部から発見されにくくなり，支援が必要な子どもの把握がしづらいことが挙げられている。学校や教師は，子どもの些細な変化への「気づき」をもつことが必要である。授業中に集中していない，学校を休みがちである，忘れ物が多い等，日常の学校生活の中での子どもの様子を敏感に捉え，子どもがかかえている問題に気づき，子どもを理解することが最も重要な姿勢である。子どもの不適切な生活習慣や行動面を安易に責めたり注意したりするのではなく，その背景にあるものを的確に捉え，必要に応じて関係機関と連携を図りながら子どもの子どもらしい生活を確保できるように努めていくことが求められる。

（2）子どものアドボカシーを考える

　子どもの権利条約には，「生きる権利」「守られる権利」「育つ権利」「参加する権利」という4つの視点があることを前述した。すべての子どもの権利を三部構成によって包括的に規定したこの条約は，障害のある子どもをはじめ，様々な不利益な立場にある子どももすべて，大人や国から守られながら成長する権利があると定めている。自分の思いを自由に表現したり，意見を述べたりする権利も大人と同様に保障されているのである。このことは「参加する権利」にあたり，その拠り所となる第12条第1項には，「締結国は，自己の意見を形成する能力のある児童がその児童に影響を及ぼすすべての事項について自由に自己の意見を表明する権利を確保する。この場合において，児童の意見は，その児童の年齢及び成熟度に従って相応に考慮されるものとする」と定められている。子どもはそれぞれ考えをもち，それを表現しようとする力があり，意見や思いを伝えようとする。大人はその子どもの思いに耳を傾け，その意見も取り入れていくべきなのだが，それを軽視し大人中心の考えで物事を進めてしまうと，子どもを差別することになる。この条文ではこのことを戒めているの

である。また第2項には，「このため，児童は，特に，自己に影響を及ぼすあらゆる司法上及び行政上の手続において，国内法の手続規則に合致する方法により直接に又は代理人若しくは適当な団体を通じて聴取される機会を与えられる」と定められている。この「聴取する機会を与えられる」について，堀は「『聴かれる機会が保障されなければならない』と言い換えることができる」こと，また「子どもが意見を表明する権利を実際に有効に働かそうというのなら，重要な決定を行う際に，おとなの側から子どもの意見を聴く機会をつくることが必要」であると述べ，**子どもアドボカシー**[12]の必要性を示している。意見を表明する権利があっても，実際には自ら大人に助けを求める声をあげられなかったり，意見を表明しても真剣に受け止めてもらえなかったりすることが多い子どもには，大人側から聴く機会をつくることが，子どもの「参加する権利」が守られるうえで不可欠なのである。

（3）子どもを守るためにできること

　本章では子どもの人権について，特に，障害や特別な教育的ニーズのある子どもの権利擁護についてみてきた。子どもたちの保育や教育に関わる大人は，子どもたちにとって最も身近な存在であり，なおかつ大きな影響を与える人的環境であることはいうまでもない。子どもは大人をよくみている。日常生活の中での子どもへの何気ない言葉かけやふるまい，環境の整え方等，様々な場面で自分のもっている考え方や人権感覚が自然と子どもたちの前に表出するのである。そして，その感覚はそのまま子どもたちの人権意識に影響を及ぼすことになる。

　保育者や教員は今一度，子ども一人ひとりを見つめ直し，この子どもが何を求め，何を必要としているのかについて丁寧に考え，個に応じた支援に取り組んでいくことが求められる。

注
(1)　法務省「主な人権課題」(https://www.moj.go.jp/JINKEN/kadai.html　2022年8月15日閲覧)。
(2)　日本国憲法の条文においては「障害」という言葉は一切使われていないが，「すべての国民」という文言から，当然，障害者が人間としての固有の尊厳および自由

並びに生存が平等に保障される基本的人権を有していることがわかる。

⑶　内閣府（2017）「人権擁護に関する世論調査」（https://survey.gov-online.go.jp/h29/h29-jinken/2-2.html　2022年 8 月15日閲覧）。

⑷　厚生労働省（2022）「第11回放課後児童対策に関する専門委員会」参考資料 9 。

⑸　香﨑智郁代（2020）「家庭における子育てと子ども家庭福祉」伊藤良高・永野典詞・三好明夫・下坂剛編『子ども家庭福祉のフロンティア』晃洋書房，24～25頁。

⑹　文部省（1992）『学制百二十年史』ぎょうせい。

⑺　文部科学省（2012）「障害のある子どもが十分に教育を受けられるための合理的配慮及びその基礎となる環境整備」（特別支援教育の在り方に関する特別委員会報告）（https://www.mext.go.jp/b_menu/shingi/chukyo/chukyo3/siryo/attach/1325887.htm　2022年 8 月15日閲覧）。

⑻　川上あずさ（2009）「障害のある児のきょうだいに関する研究の動向と支援のあり方」『小児保健研究』68(5)，583～589頁。

⑼　厚生労働省「子どもが子どもでいられる街に」（https://www.mhlw.go.jp/young-carer/　2022年 8 月15日閲覧）。

⑽　日本総合研究所（2022）「令和 3 年度子ども・子育て支援推進調査研究事業　ヤングケアラーの実態に関する調査研究」報告書。

⑾　堀正嗣（2020）『子どもアドボケイト養成講座——子どもの声を聴き権利を守るために』明石書店。

⑿　子どもアドボカシーとは，子どもの声を聴き，子どもが意見を表明する支援を行う活動のことをいう。

学習課題

①　合理的配慮の目的について述べてみよう。
②　合理的配慮の具体例について考えてみよう。

キーワード一覧表

□　**権利擁護**　自分の意思によって行動したり要求したりする資格や能力を侵害されようとしている人の権利を守ること。　69

□　**児童福祉法**　児童が良好な環境において生まれ，かつ，心身ともに健やかに育成されるよう，保育，母子保護，児童虐待防止対策を含むすべての児童の福祉を支援する法律。　71

□　**児童の権利に関する条約（子どもの権利条約）**　世界の多くの児童（18歳未満のすべての者）が，今日なお，飢え，貧困等の困難な状況に置かれている状況にかんがみ，世界的な観点から児童の人権の尊重，保護の促進を目指した

もので，1989年に国連総会で採択され，日本は1994（平成6）年に批准した。　　　　　　　　　　　　　　　　　　　　　　　　　　　　　　72

☐ **障害のある子ども**　児童福祉法では，心身に障害や治療法の確立していない疾病のある児童のことを障害児と定義されるが，見方や捉え方にも差異があり線引きが難しい。広く捉えた場合，日常生活や社会生活の中で，何らかの困難がある場合，それがその子どもにとっての「障害」であり，その子どもは障害のある子どもといえる。　　　　　　　　　　　　　　　　　　73

☐ **特別支援教育**　障害のある幼児児童生徒の自立や社会参加に向けた主体的な取り組みを支援するという視点に立ち，幼児児童生徒一人ひとりの教育的ニーズを把握し，その持てる力を高め，生活や学習上の困難を改善または克服するため，適切な指導および必要な支援を行うもの。　　　　　　　　74

☐ **インクルーシブ教育**　統合教育の主張を超えて，「人権」に裏打ちされた「反差別」「非排除」の思想と「サポート付き教育」の思想を通常教育システム内に内包させるもの。　　　　　　　　　　　　　　　　　　　　75

☐ **合理的配慮**　障害者の権利に関する条約第2条では，「障害者が他の者と平等にすべての人権及び基本的自由を享有し，又は行使することを確保するための必要かつ適当な変更及び調整であって，特定の場合において必要とされるものであり，かつ，均衡を失した又は過度の負担を課さないものをいう」と定義されている。　　　　　　　　　　　　　　　　　　　　　75

☐ **障害者の権利に関する条約**　障害者の人権および基本的自由の享有を確保し，障害者の固有の尊厳を促進することを目的として，障害者の権利の実現のための措置等について定める条約。　　　　　　　　　　　　　　75

☐ **ヤングケアラー**　法令上の定義はないが，家族にケアを必要とする人がいる場合に，大人が担うようなケア責任を引き受け，家事や家族の世話，介護，感情面のサポートなどを行っている18歳未満の子どものことをいう。　78

☐ **子どもアドボカシー**　権力のある人の意向で物事が決まりがちな社会の中で，届きづらい子どもの声を大人や社会に届けていく活動のこと。　80

第6章

障害児支援に必要な連携・協働と計画

　子どもの教育や保育は計画を作成し，それに基づく実践，記録，省察・評価からまた次の計画を作成するという循環的な過程で行われる。計画には全体的な計画と，これらを具体化して作成される指導計画がある。これは障害児や特別の支援を要する子どもについても同様であり，特にそれぞれの施設に在籍する期間だけではなく，生涯にわたる発達の可能性を考慮した計画を立てることが必要である。そこで本章では，第1節で障害児や特別な支援を要する子どもを支える様々な支援の計画について概観し，第2節で全体的な計画にあたる「個別の教育支援計画」を，第3節では「個別の指導計画」を，そして第4節ではこれらの計画を切れ目や隙間のない支援につなげるための取り組みを，石川県の取り組みをもとに学ぶ。

1　子どもを支える計画

（1）保育所保育指針，幼稚園教育要領，幼保連携型認定こども園教育・保育要領，児童福祉法における個別の計画

　2018（平成30）年4月に施行された保育所保育指針，幼稚園教育要領，幼保連携型認定こども園教育・保育要領では，個別の教育支援計画と個別の指導計画を障害のある子どもに作成・活用することについて，以下のように示している。

　保育所保育指針第1章3では，「障害のある子どもの保育については，一人一人の子どもの発達過程や障害の状態を把握し，適切な環境の下で，障害のある子どもが他の子どもとの生活を通して共に成長できるよう，指導計画の中に位置付けること。また，子どもの状況に応じた保育を実施する観点から，家庭や関係機関と連携した支援のための計画を個別に作成するなど適切な対応を図

ること」と示されている。

　幼稚園教育要領第1章第5，幼保連携型認定こども園教育・保育要領第2章第2の3では，「障害のある幼児（園児）などへの指導に当たっては，集団の中で生活することを通して全体的な発達を促していくことに配慮し，（適切な環境の下で，障害のある園児が他の園児との生活を通して共に成長できるよう，）特別支援学校などの助言又は援助を活用しつつ，個々の幼児（園児）の障害の状態などに応じた指導内容や指導方法の工夫を組織的かつ計画的に行うものとする。また，家庭，地域及び医療や福祉，保健等の業務を行う関係機関との連携を図り，長期的な視点で幼児（園児）への教育（及び保育）的支援を行うために，個別の教育（及び保育）支援計画を作成し活用することに努めるとともに，個々の幼児（園児）の実態を的確に把握し，個別の指導計画を作成し活用することに努めるものとする」と示されている。

　以上のように，保育所，幼稚園，認定こども園は，障害の有無にかかわらず，日々の生活や遊びを通して，子どもたちが共に育ち合う場であると同時に，子どもたちが共に過ごすという経験が将来，個性を尊重し合いながら共生する社会の基盤になるという共通の認識をもっており，その中で障害児に対して個別の計画を作成することは努力規定としている。

　また，児童福祉法第6条では，保育所等訪問支援や放課後等デイサービスなど障害児通所支援を利用する子どもに対し，障害児支援利用計画の策定が義務づけられている。この計画は成人障害者の場合，サービス等利用計画と称され，個別の教育支援計画とは表裏一体の関係にある。

（2）個別の計画の種類

　障害児や特別の支援を要する子どもを支える支援を行うための計画には，いくつかの種類がある。以下にそれぞれの役割について述べる。

　個別の支援計画は，生まれて障害があるとわかった時点から生涯にわたり，教育，医療，保健，福祉，労働等の関係機関が連携して一貫した支援を行うために作成される計画である。

　学校や教育委員会など教育機関が中心となって個別の支援計画を作成する場合は，**個別の教育支援計画**と呼ぶ。障害のある子ども一人ひとりの教育的ニーズを把握し，長期的な視点で乳幼児期から学校卒業まで一貫して的確な支援を行うために作成される計画である。現在，すべての特別支援学校，特別支援学

級や通級による指導において個別の教育支援計画を策定している。

　個別の指導計画は，幼児児童生徒一人ひとりの障害の状態等に応じたきめ細やかな指導が行えるよう，指導目標や指導内容・方法等を具体的に表した計画である。

　サービス等利用計画・障害児支援利用計画は，障害児（障害者）が自立した生活を送るために，どのような障害福祉サービスをどのように利用するかを明らかにする総合的な計画である。障害福祉サービス等の利用にあたっての課題や，支援の目標などが記載される。

2　個別の教育支援計画

（1）個別の教育支援計画とは

　個別の教育支援計画とは，子ども一人ひとりのニーズに基づき，乳幼児期から学校卒業までの長期的な視点で，一貫して適切な支援を行うことを目的に作成される計画である。個別の教育支援計画は，教育に限らず，福祉，医療，労働等の様々な側面からの取り組みを含めた関係機関の連携協力のもと作成され，教育や保育を行う場での活用が目指されている。

　図6-1は，個別の教育支援計画の構造と方向性を時系列で示したものである。この図では，就学前は「保育所」「幼稚園」「NPO」「特別支援学校」を含む，「福祉・医療等関係機関」の横に広がる支援ネットワークが形成されている。同様に，在学中，卒業後においてもネットワークの構成内容は変化するものの「福祉・医療，労働等関係機関」によって横に広がる支援のネットワークが形成されており，それらが1本の時間を表す矢印で縦につながる支援として表現されている。

（2）個別の教育支援計画の作成

　個別の教育支援計画の作成は，保護者からの相談または保育者による支援の必要な子どもの発見から始まる。保護者から子どもの困難な状況，願いを受けながら，子どもの実態を把握し共通理解を図った後，計画の内容を検討することになる。作成者は保護者との信頼関係を構築することに努め，保護者の同意のもとで計画の作成を進める必要がある。また，本来は特別支援教育コーディネーターにより保護者，園，関係機関等が調整を図り，それぞれの役割と支援

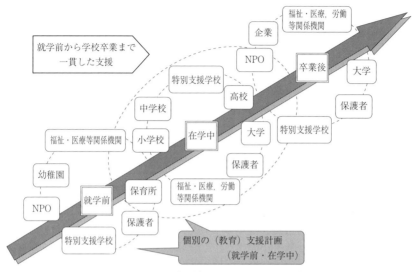

図6-1　個別の（教育）支援計画の構造と方向性

出所：国立特別支援教育総合研究所（2005）『「個別の教育支援計画」の策定に関する実際的研究』17頁。

内容について協議しながら作成することが望ましいと考えられるが，一堂に会しての協議が難しい場合には，互いに連絡を取り合いながら進めていくようにしたい。

（3）個別の教育支援計画に記載する内容と留意点

　個別の教育支援計画の様式は，必ずしも決まった形があるわけではなく，市町村や各園によって異なっている。記載する内容も様々ではあるが，おおよそ以下のような内容を記載することが一般的である。

　① 子どもの生育歴

　出生体重や出産時の異常の有無など，母親の妊産期から計画作成までの期間で，子どもの育ちに直接関連する情報を記入する。乳幼児健診の所見や，発達の状況，罹患歴なども記入する。

　② 子どもの現在の状況

　現在の発達の状況，障害の状態等を記入する。障害の診断がない場合は，本人や家庭の困難な状況等を記入する。運動発達，基本的生活習慣の獲得，言語発達，社会性の発達など，いくつかの視点を設定することで，詳細な内容を記

入することができる。

③　本人・保護者の願い

園・家庭・地域での生活を豊かに送るために必要と思われる，本人・保護者の願いを将来の生活を見通した内容で記入する。

④　支援の目標

本人・保護者の願いに基づいて，園，家庭，関係機関が連携して支援するための目標を記入し，共有する。自己肯定感を損なわないよう留意し，実現を見通した現実的で具体的な目標を設定する。

⑤　支援の内容

支援の目標を達成するため，どのような場面で，どのように関わるのか具体的に検討し，支援内容の概要を記入する。

個別の教育支援計画に記載されている情報は，極めて重要な個人情報となるため，保護者には計画作成にあたって，作成の目的，活用方法および保管・引継ぎ方法等について説明を十分行う必要がある。また，園所内での管理はもちろんのこと，関係機関との情報のやりとりについても，データを暗号化するなど細心の注意が必要である。

（4）個別の教育支援計画の実際

計画は作成することが目的ではなく，関係者と連携して支援を実施していくことが本来の目的である。しかし現在，対象児の増加や支援機関の不足，計画作成に必要な時間の確保の困難など，個別の教育支援計画の作成や活用方法の工夫には課題も少なくない。これらの課題の改善に取り組んでいくことが，今後の障害児保育・特別支援教育に携わる支援者に求められている。

3　個別の指導計画

（1）個別の指導計画とは

個別の指導計画とは，子ども一人ひとりの障害の状態等に応じたきめ細かな指導が行えるよう，学校における教育課程や該当する子どもの個別の教育支援計画等を踏まえて，より具体的に幼児児童生徒一人ひとりの教育的ニーズに対応して，指導目標や指導内容・方法等を盛り込んだ計画のことをいう。指導内容・方法は園のデイリープログラムや環境等の具体的な実情に合わせて項目を

立てて記入する。個別の教育支援計画と個別の指導計画では内容が異なるが, 作成にあたっては相互に関係させたり, 参考にしたりして, それぞれの計画がより効果的に活用されるようにすることが望まれる。

（2）個別の指導計画の作成

　個別の指導計画の作成は, 担任保育士だけで行うのではなく, 保護者から家庭生活の様子を聞いたり, 他の保育者から情報を得たりしながら実態を把握し, 計画の作成を進めていく。個別の教育支援計画を踏まえて立案されることが望ましいが, 個別の教育支援計画が作成されていない場合でも個別の指導計画を作成して, 指導や支援を計画的, 組織的に進めることが大切である。

（3）個別の指導計画に記載する内容と留意点

　個別の指導計画には決まった様式はない。自治体によって統一した様式がある場合もあるが, 園もしくは担当者に任されているところもある。対象となる子どもや園の状況に合わせて項目を立て, 実行可能な指導計画を作成することが大切であるが, おおよそ以下のような内容を記載することが一般的である。また, 個別の指導計画を作成した後でも, 子どもの姿に応じて柔軟に対応していくことが必要である。

　①　長期目標

　子どもの何を育てていきたいのか, 1年後の姿を見通して目標を設定する。障害の状態や発達段階を考慮し, 子どもや保護者のニーズに合った目標にする。この時, 担任一人で指導目標を設定するのではなく, 子どもに関わる教職員間で目標の優先順位を考え, 具体的な記述を検討していくことで共通理解を図ることが可能となる。

　②　子どもの姿

　行動観察や聞き取り, チェックリスト等を通して子どもの生活面, 行動面の困難さを把握し, 個別の指導計画の具体的な支援の項目を検討する。表6-1の様式例では子どもの姿を分類して記入する欄は設けていないが, 目安が必要な場合は「情緒の安定」「社会性・行動面」等の項目別に記入する方法も有効である。

　③　中・短期目標

　長期目標を受けて, 学期ごとに達成するスモールステップを目標として設定

表6-1　個別の指導計画（様式例）

氏名	○○　　○○	（　4歳　2か月）	

作成者　　○○

目標
友だちとの関わりで必要な，気持ちをコントロールする方法を知る。

子どもの姿
好きな遊び（レゴブロック）は友だちと関わりながら楽しんでいるが，思い通りにならないことがあると友だちや保育者に対して攻撃的になりトラブルになってしまう。

	ねらい	方法・手立て	評価
情緒の安定	場面に応じて気持ちを切り替える	活動ごとに終わり方や終わりの時間をあらかじめ伝え，急な活動の変更を少なくする。朝の集いでは全体で1日のスケジュールを確認する場面を持つ。	片付けの時間を伝えると大きな声で怒ったり，保育者の声を聞き入れなかったりする場面が多い。少し前から時計に興味を持ち始め，遊びながら気にする様子が見られることから，今回の手立てを継続して行なっていきたい。
社会性・行動面	順番があることが分かり，守ろうとする	順番がある場面では，どこに並ぶか具体的に伝え，最初は保育者も一緒に並ぶようにする。順番が守れたときはすぐに褒め，次に同じ場面になった時は本児一人でも並べるようにする。	保育者の見守りがあれば順番を守ろうとする場面が増えてきたが，まだ順番を抜かして先を急ごうとする行動も多い。否定的な言葉がけにならないように，順番が守れた時はすぐに褒めるようにする。
遊び・活動	体を動かす遊びにも興味をもち，自分から遊ぼうとする	マットの上を転がる，線の上を飛び越えるなど簡単にできる運動の環境を設定し，認められることで積極的に体を動かすことを楽しめるようにする。	簡単な運動ができる環境には興味をもって自分からやってみようとする。他児が遊ぶ縄跳びの様子にも興味をもっているようだが，やってみようとはしない。保育者も一緒に体を動かし，時にはひっかかる様子も見せながら本児が参加しやすい環境を作っていきたい。
生活習慣	朝の身支度に要する時間を短くし，遊ぶ時間を十分もてるようにする	身支度に集中して取り組めるよう，ノートの提出→手洗い・うがい→かばんの片付けと分かりやすい動線に見直し，具体的な方法を伝える。	動線を見直したことで，身支度の手順が分かり，集中して取り組めるようになった。また，身支度の後は好きな遊びができるという時間の見通しがもてるようになり，より積極的に取り組んでいる。
健康・身体機能	よく噛んで，時間をかけて食べるようになる	紙芝居や絵本などの教材を用いて，よく噛んで食べることで健康な体づくりになることを伝え，食べ過ぎないように食事量を調整する。	保育者が側で見守ることで，噛む回数や時間を気にしながら食事する様子が見られるが，離れると早食いになってしまい，食事の量も加減できなくなる。運動量と合わせて調整できるように言葉がけを続けていく。

出所：筆者作成。

する。ここでは曖昧な表現（例：「きちんと」「ちゃんと」）を避け，客観的に評価できるように注意すること。表6-1の様式例では「ねらい」がこれに当たる。

④　目標に対応する指導の方法・手立て

中・短期目標を達成するために保育者が行う支援の方法を記述する。援助には子どもに直接的にはたらきかける方法もあれば，保育環境を調整する等の間接的にはたらきかける方法もある。指導の手立ては子どもの育ちに伴って柔軟に調整する必要があるため，その都度，加筆修正を行う。

⑤　評価

評価は，子どもの行動ではなく保育者の支援の方法が対象となる。そのため，目標が達成できたかのみにこだわらず，目標の達成に向けてどのように変容したのかを記すようにする。

（4）個別の指導計画の実際

表6-1は個別の指導計画の様式例である。個別の教育支援計画と同様に，個別の指導計画は作成することが目的ではなく，子どもの障害の状態等に応じた適切な指導を計画的，組織的に行うために作成することが本来の目的である。また，個別の指導計画を作成したとしても，支援の経過や状況に応じて見直しや修正を加えながら，柔軟に対応することが大切である。

4　切れ目や隙間のない支援のためのその他の計画

個別の支援計画および個別の教育支援計画は，子どもの実態に応じた支援を可能にすることはもちろんのこと，子どもの生涯の発達を見据えて多職種間での連携を促進するため，また，個別の指導計画は特定の教育段階や場における教員間での共通理解を促進するためのツールであるといえる。近年，その他の情報共有のためのツールとして各自治体が作成する「相談支援ファイル」があり，切れ目や隙間のない支援を行うために活用されている（図6-2）。

障害児や特別の支援を要する子どもたちは，病院や療育機関など，複数の関係機関と関わっていることが多い。保護者にとって，新たに利用する病院や施設などで，子どものプロフィールや成長の様子，支援を受けた経過などをその都度説明することは，かなりの労力を要するものである。また，切れ目や隙間のない一貫した支援をするためには，対象となる子どもが各ライフステージで

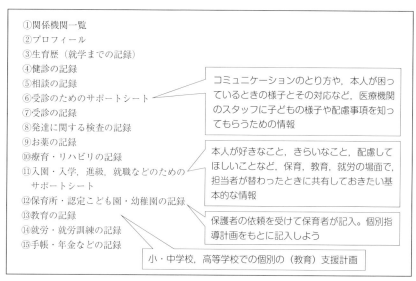

①関係機関一覧
②プロフィール
③生育歴（就学までの記録）
④健診の記録
⑤相談の記録
⑥受診のためのサポートシート
⑦受診の記録
⑧発達に関する検査の記録
⑨お薬の記録
⑩療育・リハビリの記録
⑪入園・入学，進級，就職などのための
　サポートシート
⑫保育所・認定こども園・幼稚園の記録
⑬教育の記録
⑭就労・就労訓練の記録
⑮手帳・年金などの記録

コミュニケーションのとり方や，本人が困っ
ているときの様子とその対応など，医療機関
のスタッフに子どもの様子や配慮事項を知っ
てもらうための情報

本人が好きなこと，きらいなこと，配慮して
ほしいことなど，保育，教育，就労の場面で，
担当者が替わったときに共有しておきたい基
本的な情報

保護者の依頼を受けて保育者が記入。個別指
導計画をもとに記入しよう

小・中学校，高等学校での個別の（教育）支援計画

図6-2　相談支援ファイルの内容

出所：石川県「つなぎ つながり手帳 ライフブック」。吹き出し部分は筆者が作成。

　どのような支援を受けてきたのか，さらには，自立に向けた本人や家族の思い
とその実現に向けた具体的支援目標など，必要な情報を関係機関が家族と共有
することが重要となる。「相談支援ファイル」は，こうした保護者の外部説明
の負担の軽減や，一貫した支援のために必要な情報の共有において，非常に有
効なツールであるといえる。さらに，具体的な支援の様子や子どもの成長が一
つにまとめられた「相談支援ファイル」の情報は，保育者にとっても，子ども
の育ちを実感することのできる記録であり，子どもの困り感やその他の問題を
解決するにあたって重要な資料となるであろう。
　「相談支援ファイル」は基本的には保護者が作成するが，関係機関の担当者
が保護者の依頼を受けて記入する項目や，個別の教育支援計画のように関係機
関の担当者が作成した記録を保護者に提供する頁がある。石川県「つなぎ　つ
ながり手帳　ライフブック」の場合，保育者が記入する項目は⑫「保育所・認
定こども園・幼稚園の記録」の中の「支援目標，具体的な支援内容，評価・引
継ぎ事項」（表6-2）である。保護者から依頼があった際には快く応じ，情報
提供に努めてほしい。

表6-2　保育所・認定こども園・幼稚園の記録（記入例）

・毎年4月に必要事項を記入し，保育所，認定こども園，幼稚園などに提出しましょう。
・必要に応じて，「⑪入園・入学，進級，転校，就職等のためのサポートシート」も一緒に提出しましょう。
・担任に支援目標や内容を記入してもらい，綴っておきましょう。

【記入例】

◆　3　歳時の状況　　　　　　　　　　　　　氏　名　○○　○○

（未満児・年少・年中・年長）

通　園　先	○○認定こども園	担任・担当者名	○○　○○
ク ラ ス	○○○組		

★現在の本人の様子・状況　　　　※保護者の方が記入しましょう。

からだの状況 （健康，アレルギー，服薬状況など）	小麦アレルギーがあります。
身辺自立 （衣服の着脱，食事，排泄，睡眠など）	・偏食があり，野菜全般が全く食べられません。 ・声掛けすると，家のトイレではできるようになりました。外出先では嫌がってできません。
興味・関心・行動の特徴 得意なことなど	ミニカーを眺めたり，走らせたりして遊ぶのが好きです。1日中していることもあります。落ち着きがなく，買い物に行くとよく迷子になります。
コミュニケーション・社会性	言葉がまだ単語程度です。家族には伝わるのですが，それ以外だと難しいです。自分の思いが通らないと手を出してしまうことがあります。
本人・保護者の要望	・言葉がもう少し出てきてくれたら，大分やりとりがしやすくなると思います。 ・好き嫌いなく，何でも食べられるようになってほしいです。 ・保育園の集団の場で，社会性を身につけてほしいです。
その他 （前年度からの変更点，特記事項）	お兄ちゃんは2歳前から話し始めました。なぜこの子は遅いのか，心配です。

★担任・担当者など記入欄

支援目標　遊びを通して，言葉の成長を促すような関わりをする。 　　　　　　児の気持ちに寄り添って，楽しい園生活にする。
具体的な支援内容 ゆっくり，はっきり分かりやすく話します。児の気持ちを汲み取って，丁寧に言葉で表現します。児の話をゆっくりと聞き，褒めることを大切にしていきます。 普段の園生活で子ども同士の関わりを大事にしていきます。
評価・引継ぎ事項 発言が少しずつ増え，言葉が成長してきていると思います。今後も本人のペースを大切にしながら保育していきます。社会性も普段の園生活から少しずつ身についてきています。 病院受診の様子を今後も教えてください。

＊必要な枚数をコピーしてお使いください。　　　　　参考：かほく市「成長応援ノート」
　出所：石川県「ライフブック記入例」。太枠は筆者が引いた。

参考文献

前田泰弘編著（2016）『実践に生かす障害児保育』萌文書林。

西牧謙吾（2005）『「個別の教育支援計画」の策定に関する実際的研究』国立特別支援
　教育総合研究所。

渡邉健治編（2010）『幼稚園・保育園等における手引書「個別の（教育）支援計画」
　の作成・活用』ジアース教育新社。

学習課題

①　障害児や特別の支援を要する子どもの保育や教育を考えるとき，どのような準備
　が必要であるか考えてみよう。
②　保育者が支援ツールを使って「つなぐ」意義を考えてみよう。

キーワード一覧表

☐　**個別の支援計画**　障害があるとわかった時点から生涯にわたり，教育，医療，
　　保健，福祉，労働等の関係機関が連携して一貫した支援を行うために作成さ
　　れる計画。　　　　　　　　　　　　　　　　　　　　　　　　　　　84

☐　**個別の教育支援計画**　学校や教育委員会など教育機関が中心となって個別の支
　　援計画を作成する場合に，個別の教育支援計画と呼ぶ。障害のある子ども一
　　人ひとりの教育的ニーズを把握し，長期的な視点で乳幼児期から学校卒業ま
　　でを通じて一貫して的確な支援を行うために作成される計画。　　　　84

☐　**個別の指導計画**　幼児児童生徒一人ひとりの障害の状態等に応じたきめ細やか
　　な指導が行えるよう，指導目標や指導内容・方法等を具体的に表した計画。85

☐　**サービス等利用計画・障害児支援利用計画**　障害児（障害者）が自立した生活
　　を送るために，どのような障害福祉サービスをどのように利用するかを明ら
　　かにする総合的な計画。　　　　　　　　　　　　　　　　　　　　85

☐　**相談支援ファイル**　切れ目や隙間のない支援を実現するため，各自治体が作成
　　する情報共有のための支援ツール。対象となる子どものライフステージごと
　　での支援内容や，支援目標などの情報を各関係機関と家族で共有する。　90

第7章

家庭・自治体・関係機関との連携

　障害のある子どもの保護者は，自分の子どもの障害に気づき始めてからの不安やストレス，障害が明らかになったときのショックを体験し子育てを行っている。

　本章では，保護者が体験する困難さを知ることにより，保育所・幼稚園等や小学校等の保育者教員，福祉に関わるものとして，どのように保護者と連携や支援をすべきなのかについて考えていく。また，障害のある子どもに関わる自治体や関係機関とそこで働く専門職について解説を行い，障害のある子どもと家族を支える専門職間の連携のあり方について考える。

1　障害のある子どもの保護者の理解と支援

　障害のある子どもの健やかな成長を願うとき，家庭，地域，学校等，子どもが実際に生活している環境のあり方が重要になる。とりわけ，子どもを育てる保護者の存在は環境因子として大きい。本節では，障害のある子どもの保護者の抱える困難さと保護者への支援，保護者との連携のあり方について考える。

（1）障害のある子どもの保護者の困難さについて

　保護者は自分の子どもの発達の遅れなどに気づき始めた段階から，ストレスを抱え不安な状態が続く。そして専門家から障害や発達の遅れを告知されたとき，大きな精神的な衝撃を体験する。子どもが学齢を迎えてもその傷を癒しきれていない保護者は少なからずいる。障害のある子どもをもつ親の**障害受容**については，ドローター（D. Drotar）らによる5段階仮説（段階モデル）がある。[1]
先天性の障害のある子どもの親がショック，否認，悲しみと怒りを経験し，その後，適応，再起に至るというものである（図7-1）。一方，オルシャンス

キー（S. Olshansky）は，知的障害児の親が子どもの障害を知った後に絶え間なく悲しみ続けるという慢性的悲哀（悲嘆）（chronic sorrow）[2]を提唱した。そして，中田は親の内面には障害を肯定する気持ちと障害を否定する気持ちの両方の感情が常に存在するとし，障害受容の過程を段階ではなく，肯定と否定の両面をもつ螺旋状の過程と考える螺旋形モデルを提唱した[3]。障害の発見の時期は障害の種類等により異なる。四肢の障害やダウン症など出生後早期に発見される障

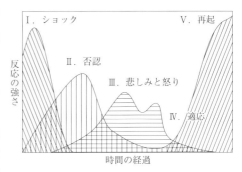

図7-1　障害受容の段階的モデル

出所：Drotar, D., Baskiewicz, A., Irvin, N., Kennell, J. and Klaus, M. (1975) "The adaptation of parents to the birth of an'infant with a congenital malformation: A hypothetical model," *Pediatrics*, 56(5), pp. 710-717 の先天奇形をもつ子どもの誕生に対する正常な親の反応の継起を示す仮設的な図に基づいて筆者作成。

害の場合，保護者は大きなショックを受けるが，本人・保護者への相談支援も早期から行うことができる。一方，知的発達の遅れがないか軽微の自閉スペクトラム症（ASD）や注意欠如／多動症（ADHD）などの発達障害の場合，発見が遅くなったり診断に至るまで長い期間を要したりする場合が多い。

　乳幼児期の子どもの発達の遅れ等に関する相談支援の主な流れを図7-2に示した。発達の遅れについては保護者の気づき，市区町村保健センターが実施する乳幼児健康診査，保育所等での気づきなどにより発見され，その後，保健師のフォローや専門家による心理相談等を経て，継続的な観察・相談が必要と判断された子どもは，市区町村に設置されている親子教室を紹介されることが多く，療育が必要だと判断された子どもには**児童発達支援センター**等の療育を行う通園施設が紹介される。診断・治療は病院等の専門医が行う。

　障害のある子どもの保護者は，子育てをする中で何らかの違和感をもっている場合が多い。このような保護者の経験する心理的な困難さと障害受容に至る変化について，保護者の言葉から解説する。たとえば「言葉は遅いと思っていました」「歩き始めてから道で飛び出すことがよくありました」「抱っこされるのを嫌がりました」「絵本を読んであげても興味をもってくれず，頁をパラパラめくっていました」などである。しかし，「気にはなっていたのですが，いつか言葉が出ると思っていました」「主人も小さい頃，言葉が出るのが遅かっ

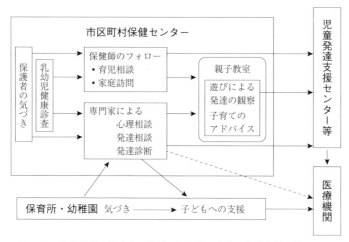

図 7-2　乳幼児期の子どもの発達の遅れ等に関する相談支援の主な流れ
出所：筆者作成。

たと言っていたので」「母がまだ大丈夫と言ってくれたので」「何か他の子と違うと思っていたけれど，怖くて電話ができませんでした」など，保護者自身から地域の保健センターなどの機関に相談することは多くない。近年は「インターネットで見た発達障害の子どもの様子とそっくりだったので怖くなりました」など，発達障害等についての情報を誰もが容易に得られるようになり，相談につながるケースもある。発達の遅れ等の気づきの多くは，乳幼児健康診査や保育所などの場である。子どもの発達の遅れを指摘されたときは，「やっぱりそうなのかと思いました」という保護者がいる一方で，「納得できなかったです」「家庭では何も困っていなかったので」など，最初は受け入れられない保護者もいる。近年は，市区町村の**早期スクリーニング**のシステムと保健師等のフォローが充実し相談につながりやすくなった。そして，専門家から子どもの発達の遅れや障害等について説明を受けたとき，保護者は精神的衝撃を体験する。多くの保護者は，「なぜ私だけ？」「自分のせい？」「この子を育てていけるのだろうか？」など，一時的に子育てのエネルギーを失ったりネガティブな思考になったりする。この時期には，母親が孤立し心理状態が悪化することを防ぐため，夫や祖父母など身近な人の支えや専門家等からの支援が不可欠である。

　保護者の子どもの障害等に対する受け入れは，一人ひとり違い，ゆっくりと進んでいく。子どもの発達の状態により新たな悩みが出てくることもあるが，少しずつ気持ちが落ち着き，子どものためにできることをやろうとする。同じ悩みをもつ保護者との出会いは，「気軽に子どもの話ができる」「わかってくれる人がいる」「アドバイスがもらえて助かった」など，回復への貴重な手助けになる。「こんなことができるようになった」「以前よりは楽になった」「子どもの成長がわかるようになってきた」など，子どもへの療育や支援の効果を保護者が実感することも重要である。子育てが落ち着き，子どもの成長を実感できるようになった頃，保護者は就学先を決定するという重大事に直面する。

　障害のある子どもの子育てをしている保護者は，いろいろな機関で専門家からの助言を受けたりインターネットや書物などから積極的に情報を得たりしようとする。親ゆえに，保育所や学校に対して様々な思いがあり，ときにはその思いが要求として出ることもある。また過去のつらい体験を理解したり共感したりしてくれる人が得られずに，心理的孤立の状態で子育てを続けている保護者もいる。保護者との連携や保護者支援は重要である。保護者への支援は，子どもへの支援や保育・教育の充実だけでなく，保護者自身の理解を深め，子育てをするうえでの安心感や自己肯定感の保持，加えて家族全体の安定を支えることにもつながると考えられる。

（2）保護者・家族への支援について

　保護者・家族への支援として，①子どもの発達や障害の状態の理解への支援，②子育て上の困難さへの支援，③保護者の心理面のサポート，④祖父母など保護者の周囲の人たちへのはたらきかけ，⑤兄弟姉妹へのサポート，⑥相談支援等に関する情報提供などアクセスのサポートなどが考えられる。障害のある子どもの保護者への相談支援を行っている機関や施設としては，市区町村保健センター，児童発達支援センター等，教育センター，児童相談所，社会福祉事務所，発達障害者支援センター等がある。**放課後等デイサービス**でも保護者への相談などを行っている事業所がある。また，保護者が自主的に運営している「親の会」は，療育や育児の相談を行っている（次項参照）。

　保育所や学校での保護者への相談支援は，学級担任，特別支援教育コーディネーター，養護教諭，通級指導教室担当教諭，管理職等が連携しながら役割を

分担して行われる。**スクールカウンセラーやスクールソーシャルワーカーが役**割を担う学校もある。保育所等や学校は，相談室を整備したり相談窓口を保護者に知らせたりするなどして，保護者が安心して相談できるような体制を整備することが求められる。

　保育者や教師が保護者と連携したり相談を受けたりするスタンスとして，「保護者を理解する」「保護者の気持ちに寄り添う」ことが必要である。相談にあたっては，保護者の障害の受容度，子育てのスキル，特別支援教育に関する知識や関心の程度など，保護者の状態を理解することが必要である。また，保護者が直面している子育て上の困難さだけでなく，過去に体験した子育ての困難さやショックの大きさを含めて理解する必要がある。相談時にはまず保護者の考えを受け止め，これまでの頑張りを肯定的に伝えることが大切である。保護者に強い不安を与えないように配慮することも重要である。「……が難しいようで本人が困っているようです」「そこで，こんな支援をしようと考えているのですが……」など，子どもの困難な様子に加え，保育所等や学校の具体的な対応を伝えたり，「こんな支援をしてみると……ができるようになりました」など，子どもの具体的な成長や頑張っている様子を伝えたりすることも大切である。

　就学先の決定にあたっては，本人・保護者に対しきめ細かい情報提供を行い，本人・保護者の意見を可能な限り尊重しながらその時点で，子どもの教育的ニーズに最も的確に応える指導を提供できる学びの場について，本人・保護者と市区町村教育委員会，学校等が合意形成を進めたうえで最終的に教育委員会が決定される。それゆえに，保護者に対する就学に係る相談は，できるだけ早い時期から始めて丁寧に進めることが求められる。保護者への情報提供については，小学校の通常の学級での配慮・支援，通級による指導，特別支援学級や特別支援学校での指導・支援について具体的に説明したうえで，小学校や特別支援学校の校内支援体制や**合理的配慮**について，可能な範囲で資料を提供しながら，保護者の理解を深めるようにすることが必要である。加えて，学びの場は固定的なものでなく就学先決定後も転学や学びの場の変更が可能であることについても伝える必要がある。合意形成を進める過程で子どもの障害の状態などの事実を伝えることは重要であるが，たとえ周囲が最善と思っている方法であっても，保護者の状態により受け入れにくいこともある。必要に応じてキーパーソン（保護者が信頼している関係者）を中心に，複数の関係者が連携するこ

とも考えられる。

（3）保護者間の交流について

　保護者間の交流の場として，保護者自身が運営する「親の会」がある。そこでは，障害のある子どもの保護者と知り合いになることができ，障害に関する保護者の立場からの情報を入手できる。また，「親の会」は，先輩の保護者に相談できる場所でもあり，保護者にとって，子どもの障害を受け入れる手助けをしてくれる効果も期待できる。「親の会」は，視覚障害，聴覚障害，肢体不自由，知的障害などの障害名やダウン症，自閉症などの疾病名のついた団体が多く名称も様々である。全国規模の「親の会」の活動内容は多様であるが，主には，社会的理解の向上，権利擁護活動，相談活動，保護者研修，機関誌の発行等を行っている。療育キャンプなどを行っている会もある。これら全国規模の会のほか，各地域で自主的に運営している小規模の「親の会」も多くあり，市区町村等の福祉関係部署に問い合わせることができる。

　その他の保護者の交流の場としては，市区町村保健センターなどの自治体や児童発達支援センター等の療育機関によっては「保護者交流会」などの行事を実施している。医療・福祉・特別支援教育関係の学会や団体などが実施する「保護者のための研修会・交流会」などもある。

2　障害のある子どもを支える自治体・関係機関

　障害のある子どもの健全な成長のため，乳幼児期から思春期・青年期まで，子どもへの専門的な相談支援が受けられる体制を市区町村レベルで確立することが必要であり，そのためには保健，医療，教育，福祉等が連携して支援を行うシステムの構築が求められる。本節では，障害のある子どもを支える自治体や関係機関の機能と連携について解説する。

（1）障害のある子どもを支える自治体・関係機関および施設について

　障害のある子どもを支援する保育所，幼稚園，認定こども園，小学校等以外の自治体・関係機関・施設を表7-1に示した。機関や施設の名称は地域や自治体によって異なるので，在住の市区町村でこれらの機関がどのような名称で，どのような役割を担っているのか調べてみよう。

表7-1　障害のある子どもを支える関係機関等と支援等の内容

自治体・関係機関・施設名	障害のある子どもに関する支援等の内容
医療機関（病院等）	・子どもの疾病・障害の診断・治療・リハビリテーション
保健所（都道府県，政令指定都市・中核都市等に設置）	・母子相談，障害のある子どもの療育等を行う事業所への指導　　　　　　　　　　　　　　　　　　　　　　　　　　　　　　など
市区町村保健センター	・乳幼児健康診査，健診後フォロー，発達や子育てに関する相談，親子教室，障害児の子育て支援に関する企画・実施　など
児童相談所（都道府県，政令指定都市・中核都市・特別区等に設置）	・子どもの発達や障害に関する相談，療育手帳交付に伴う障害の判定，子どもの一時保護，入所等措置　など
家庭児童相談室等（市区町村）	・子ども・家庭に関する相談
福祉事務所（都道府県，市区町村等）	・福祉に関する相談，障害者手帳に関する手続き，特別児童扶養手当　など
市区町村教育委員会	・障害のある子どもの教育に関する相談，就学に関する相談　など
障害児入所施設	障害のある子どものための入所施設 ・福祉型（保護，日常生活の指導，独立自活に必要な知識技能の付与） ・医療型（保護，治療，日常生活の指導，独立自活に必要な知識技能の付与）
放課後等デイサービス	・学校に就学している障害のある子どもへ，放課後または休業日に必要な訓練，社会との交流の促進などの活動を行う
児童発達支援センター	障害のある子どものための通所施設であり，子どもへの支援，家族に対する相談支援，保育所等訪問支援の機能を有する ・福祉型（日常生活における基本動作の指導，独立自活に必要な知識技能の付与，集団生活への適応のための訓練） ・医療型（日常生活における基本動作の指導，独立自活に必要な知識技能の付与，集団生活への適応のための訓練および治療）
特別支援学校のセンター的機能	地域支援部等を設置し地域の特別支援教育のセンターとしての役割を有する ・障害のある子ども・保護者等への教育相談，保育所・幼稚園・学校等へのコンサルテーション，障害のある子どもへの指導，研修会の講師派遣　など

出所：筆者作成。

（2）こども家庭庁の役割

　「こども政策の新たな推進体制に関する基本方針」に基づく「こども家庭庁設置法」および「こども家庭庁設置法の施行に伴う関係法律の整備に関する法律」が2022（令和4）年6月に成立し，「**こども家庭庁**」が内閣府の外局として

設置された。こども家庭庁は子どもが自立した個人としてひとしく健やかに成長できる社会の実現に向け，子どもの意見を尊重し子どもの最善の利益を優先し，子育て支援，子どもの保育および養護，地域における子どもの適切な遊びおよび生活の場の確保，福祉の増進，保健の向上，子ども虐待の防止，いじめ防止等に関する相談の体制，子どもの権利擁護などに関する事務および内閣の重要政策に関する事務を行うこととなった。今後は，「こどもまんなか社会」を目指した子どもや子育てをしている人の目線に立った政策により，子育て環境の整備とともに子どもや家庭への途切れない支援の実現が期待される。

（3）自治体・関係機関および施設の連携について

　市区町村主催の障害のある子どもの支援に関する連携会議の主なものとして，次のものが挙げられる。

・**地域障害者自立支援協議会**…福祉部署を事務局とし関係機関の担当者が一堂に会する協議会として都道府県各圏域および各市区町村で行われている。障害福祉保健に関する情報の共有と普及啓発，地域における障害者支援ネットワークの持続的構築，地域のニーズや課題への対応の検討を行っている。幼児や学齢に関することについては，下部組織として子ども部会などを設置している市区町村もある。

・**特別支援連携協議会**…発達障害を含む障害のある幼児児童生徒に対する特別支援教育を総合的に推進するため，医療，保健，福祉，教育，労働等の関係機関，特別支援学校・親の会等の関係者からなる協議会であり，都道府県各圏域（広域）と各市町村（地域）の特別支援連携協議会が設置されている。地域の多分野・他職種による支援ネットワークの形成，特別支援教育の啓発・研修・情報提供・相談に関する総合的な支援体制の構築などの協議を行っている。

・**要保護児童対策地域協議会**…虐待を受けた子ども，非行の子ども，障害のある子ども，不登校の子どもなど，保護を必要とする子どもを早期に発見し必要な支援を行うため，保健，医療，教育，福祉等の関係者によるケース会議などが行われる。

3　専門職の役割と連携

　障害のある子どもには様々な専門職が関わっている。子どもにとって効果的な支援を実施するためには，専門職同士が連携し必要な情報を共有しながら役割を果たすことが求められる。本節では，障害のある子どもに関わる専門職の役割と実際の連携について解説する。

（1）障害のある子どもに関わる専門職
　幼児期・学齢期の障害のある子どもには，保育所の保育士，幼稚園の教諭，小中学校等の教諭が保育所保育指針，幼稚園教育要領，学習指導要領のもとで保育，教育に関わる。そして，障害のある子どもに専門的な立場から支援を行う人が多くいる。
- **特別支援学校教諭**…特別支援学校では，小学校等に準ずる教育を行うとともに，障害による困難を改善または克服するため，個々の幼児児童生徒の教育的ニーズに対応した指導を行っている。特別支援学校教諭は，幼稚園，小中学校等の教員免許状に加えて，様々な障害についての基礎的な知識・技術および特定の障害についての専門性を有する資格である特別支援学校教諭免許状を原則として取得している。
- **心理士**…心理に関する支援を必要とする人や関係者に，心理のアセスメント，相談，援助等を行う専門職である。公認心理師（国家資格）のほか，臨床心理士，臨床発達心理士，学校心理士など学会等が認定する資格がある。学校等では「スクールカウンセラー」として教員と連携しながら児童生徒への相談支援を行っている。
- **言語聴覚士**…言語の発達に遅れや障害がある人に専門的治療等を行ったり，摂食・嚥下の問題にも専門的に対応したりする専門職である。
- **作業療法士**…日常生活の動作，運動遊び，工作などの作業活動等を通して感覚運動面のリハビリテーションを行う専門職である。
- **理学療法士**…障害などによって運動機能が低下した状態にある人に対し，運動その他の手段を用いてリハビリテーションを行う専門職である。
- **視能訓練士**…視機能に問題がある人に対して，視能検査，訓練，補助具等の選定と使い方等の指導を行う専門職である。

- 医師…児童精神科医は小児・児童期に発症する精神障害・行動障害の診断・治療を専門とする精神科医であり，小児科医は小児期の疾患等全般の診断・治療を行う。小児神経科医はけいれん，運動・知能・感覚・行動または言葉の障害など，脳，神経，筋に何らかの異常がある小児の診断，治療，指導を行うことを専門とする小児科医である。その他，眼科医，耳鼻科医，外科医，歯科医なども障害のある子どもの治療に関わっている。
- 看護師…障害のある子どもへの看護を行う専門職である。看護師は，小児科や精神科などの医療機関だけでなく，施設や学校など障害のある子どもが生活する様々な場所で看護にあたっている。
- 社会福祉士…社会福祉士とは，障害がある子どもの福祉に関する相談に応じ，助言，指導，福祉サービス，医師その他の保健医療サービスの提供，その他の関係者との連携および調整，その他の援助を行う専門職である。
- 相談支援専門員…障害のある人や家族への福祉等に関する相談および援助，関係機関との連絡・調整，サービス等利用計画の作成などを行う専門職である。
- スクールソーシャルワーカー…いじめや不登校など，学校や日常生活における問題に直面する子どもを支援するため，子ども本人だけでなく，家族や友人，学校，地域など周囲の環境にはたらきかけて，問題解決を図る専門職である。

（2）専門職同士の連携について

　専門職間の連携には，対象の子どもの障害等の状態に応じた適切な支援を行うため，情報の共有や支援の役割分担を行う横断的な連携（横の連携）と，療育機関や保育所・学校等から次に支援を受ける学校等に必要な情報を引き継ぐ縦断的な連携（縦の連携）があり，いずれも重要である（第6章の図6-1参照）。横の連携では，子どもや家庭の支援に関する相談の窓口を一本化したり本人・保護者がどの支援機関に相談しても担当部署にアクセスできるようなシステムを構築したりするなど「隙間のない支援」のための連携が求められる。縦の連携では，早期から始まっている相談支援を保育所，幼稚園，児童発達支援センター等から小学校への就学時，小学校から中学校，中学校から高等学校等への移行期，そして高等学校卒業後も必要な支援（合理的配慮）が継続できるように，必要な情報が確実に移行される「切れ目のない支援」が求められている。

　専門職間の連携は機関間で行われる連携会議，市区町村主催の連携会議，広域の連携会議，関係機関担当者間の情報のやりとり，個別の教育支援計画やサ

ポートファイル等を通した情報の共有などが挙げられる。

　保育所，幼稚園，小学校等では，学校園所内の委員会（以下，校内委員会）とケース会議が行われる。校内委員会では配慮・支援が必要な子どものための個別の教育支援計画の作成に基づく支援体制などの協議を行う。ケース会議は個々の子どもの配慮・支援のために組織され必要に応じて開催される場合が多い。参加者は管理職，特別支援教育コーディネーター，通級指導教室担当教諭，学年主任等，担任，養護教諭などが考えられ，スクールカウンセラーやスクールソーシャルワーカー，医療関係者など学校園所に関わる専門職が参加することもある。

　市区町村教育委員会には，保健，医療，心理，特別支援教育等の専門職で組織する**専門家チーム**による巡回相談がある。専門家チームの組織は，市区町村により異なるが，保育所，幼稚園，小学校等の巡回では，保健師，教育委員会担当者，心理士，言語聴覚士，療育関係者などが考えられ，学校園所での子どもの様子を観察した後，支援のためのケース検討会等を行うことが多い。

　配慮・支援が必要な子どものための移行期の支援継続のための連携としては，学年修了後の情報の引継ぎと就学移行期の連携が挙げられる。学校園所内での情報の引継ぎは校内での引継ぎ会等を実施して，前担任から新しい担任に個別の教育支援計画・個別の指導計画をもとに引き継がれる。就学移行期の引継ぎは，学校園所間で特別支援教育コーディネーター等担当者により連携が行われる。引継ぎの方法等は自治体等により異なる。兵庫県では「中学校から高等学校への支援継続のための引継ぎのガイドライン」（2017年）により，生徒の支援に関する情報を文書化した「中学校・高等学校連携シート」を活用するとともに「連携による効果的な実践普及啓発リーフレット」（2021年）を作成・配布し情報の引継ぎと必要な支援の継続を行っている。兵庫県赤穂市では，「赤穂市における配慮・支援が必要な幼児児童生徒の移行期の支援継続の手引き」（2018年）を作成し，就学に関する保護者相談，就学先の特別支援教育コーディネーターによる在籍学校園所の訪問，就学先決定後の引継ぎ会の実施，就学後の連携を行っている。このように各自治体では，障害のある子どもに必要な支援を確実に引き継いでいく切れ目や隙間のない支援のためのシステムの構築を進めている。

注

⑴　Drotar, D., Baskiewicz, A., Irvin, N., Kennell, J. and Klaus, M.(1975)"The adaptation of parents to the birth of an'infant with a congenital malformation : A hypothetical model," *Pediatrics*, 56(5), pp. 710-717.

⑵　Olshansky, S.(1962)"Chronic sorrow : A response to having a mentally defective child," *Social Casework*, 43, pp. 190-193.

⑶　中田洋二郎（1995）「親の障害の認識と受容に関する考察――受容の段階説と慢性的悲哀」『早稲田心理学年報』第27号，83〜92頁。

⑷　文部科学省初等中等教育局特別支援教育課（2021）「障害のある子供の教育支援の手引――子供たち一人一人の教育的ニーズを踏まえた学びの充実に向けて」。

参考文献

秋田喜代美・馬場耕一郎監修／松井剛太編（2018）『障害児保育』中央法規出版。

赤穂市教育委員会（2018）「赤穂市における配慮・支援が必要な幼児児童生徒の移行期の支援継続の手引き」。

杉本敏夫監修／立花直樹・波田埜英治編著（2017）『児童家庭福祉論（第2版）』ミネルヴァ書房。

杉本敏夫監修／立花直樹・波田埜英治編著（2017）『社会福祉概論』ミネルヴァ書房。

兵庫県教育委員会事務局特別支援教育課（2017）「中学校から高等学校への支援継続のための引継ぎのガイドライン」。

兵庫県教育委員会事務局特別支援教育課（2017）「中学校と高等学校の連携を図った特別支援教育の推進――ガイドライン・連携シート等の効果的な活用による中学校から高等学校への確実な引き継ぎ」。

兵庫県教育委員会事務局特別支援教育課（2021）「連携による効果的な実践普及啓発リーフレット」。

文部科学省（2017）「発達障害を含む障害のある幼児児童生徒に対する教育支援体制整備ガイドライン――発達障害の可能性の段階から，教育的ニーズに気づき，支え，つなぐために」。

学習課題

①　障害のある子どもと家族に対してどのような人たちが支援を行っているのか調べてみよう。

②　障害のある子どもと家族を支援する専門職間の連携のあり方についてまとめてみよう。

キーワード一覧

第8章

特別な支援や配慮を要する
児童・保護者に対する心理的支援

　心身に障害のある子どもやその保護者は，ストレスなどの影響を受け心理的に不安定な状態にあることが多く，それが円滑な社会参加を阻む一因にもなる。そのような状況にある人々の社会参加が進み共生社会が形成されるためには，不安定な心理的状態が和らぎ，ストレス要因に向き合えるレジリエンス（回復力）が備わることが大切である。本章では，支援を必要とする人がストレスに向き合い，円滑に社会参加ができるようになるための心理的な支援のポイントについて触れる。そのために，まず念頭に置いてほしいのが，「子どもの最善の利益」という理念である。

1　障害の理解と受容

（1）障害の理解

　生まれてきたわが子の健やかな成長を願い，未来の明るい家庭像を夢に描くのが，親にとって理想とする姿であろう。しかし，心身に何らかの障害を有して生まれてきた子どもに対して親はどのような感情や思いを抱くであろうか。医学の進歩に伴い，出生前診断により高い精度で障害の有無が確定できるようになってきた。その結果，「いのちの選別」という倫理的な問題が生じ，障害のある子どもの出生について深く議論されるようになった。一方で，親として出生後の育児に向けての「心の準備」ができるようになったため，わが子に障害があるという現実を受け止め，その後の人生を共に歩もうとする姿勢が一般的なものになってきており，そのために早期から療育や支援を行えるというメリットも挙げられる。ただ，間違いなくいえることは，障害のある子どもの保護者には，健常児を育てる保護者の一般的な育児ストレスのみならず，障害に対する社会の無理解等から発生する二次的なストレスが加わり，心理的負担は

表8-1　障害受容過程の3つのモデル

モデル	概　要
段階モデル （5段階仮説）	障害受容の過程を5段階の過程（ショック→否認→悲しみと怒り→適応→再起）として捉える。アメリカのドローター（D. Drotar）が，1975年に提唱したモデル。段階の最後には，受容して「再起」するという考え。出生後早期に障害が判別するような事例で当てはまることが多い。
慢性的悲嘆（悲哀） モデル	アメリカのオルシャンスキー（S. Olshansky）が1962年に提唱したモデル。段階モデルの「再起」とは逆の考えで，落ち込みと立ち直りを繰り返すという考え方。このモデルでは，親が悲しみの感情を表出できるために，周囲は親の思いをそのまま受け止めるべきという発想を展開する。
螺旋形モデル	段階モデルと慢性的悲嘆モデルを統合したモデル。中田洋二郎が1995年に提唱したモデル。親には障害を肯定する気持ちと否定する気持ちとが常にあり，それが交互に現れるという考え。障害の肯定と否定は区切られておらず連続した過程として捉え，最終段階はなくすべてが適応の過程である。

出所：筆者作成。

相当なものであるという点である。支援者は，まずこの保護者の心理的状況を理解することが，支援に真摯に向き合うための第一歩になる。

（2）障害告知と障害受容

では，生まれてくる子どもに障害があることがわかった保護者（親）の心境の推移について考えてみたい。障害の有無については，ダウン症（染色体異常）のように出生前の段階からかなりの精度で把握できる場合もあれば，母子保健法で義務づけられた健康診査や，発達障害のように出生後数年を経て，保育所等での保育者の気づきをきっかけにして，障害が明らかになる場合もある。このように，障害の有無の確定（診断）時期やその契機には差がある（障害種別にもよる）。この障害の有無の確定診断の結果を医師が親に対して伝えることを障害告知というが，告知を受ける時期によりその後の親の障害への向き合い方に及ぼす影響にも少なからず差異が生じる。告知により親が受ける心理的な負担（ショック）の大きさにも個人差は当然あるであろうが，告知当初から前向きに障害を受け止めることができるというのは稀ではないだろうか。

第7章でもみたように，障害告知の後，親がわが子の障害の事実を受け入れ，その後の本人の成長のために共に歩んでいこうとする姿勢をもつことができるようになることを障害受容といい，その姿勢に至るまでの親の心の推移を障害受容過程という。この過程で，支援する側がどのように把握し関わっていくか

によって，支援の方法や親の障害受容過程そのものも変わってくる。蔦森は，[3] この障害受容過程のモデルとして 3 つのモデル（表 8-1）を概観したのち，障害受容の過程の動的な性格を重視し，親と支援者の相互交渉を通してリアルタイムに得られた情報の中から親（養育者）が必要としている支援のあり方を検討することが重要であると指摘している。このことは，親と支援する側の信頼関係がいかに重要であるかを端的に示している。

2　障害者の権利とその保障

（1）立法面から捉えた障害者の権利

　特別な支援や配慮を要する児童・保護者に対する支援について考えるとき，その前提となるのが，支援者が対象者の権利（人権）を正しく理解していることである。そこで，まず障害者の権利について，立法的な側面から概観してみたい。

　障害者の権利について世界的な気運の高まりの原点といえるのが，2006年の国連総会において「障害者の権利に関する条約（障害者権利条約）」が採択されたことである。この条約では，それまでの国際人権法（国際人権規約などの人権を守るための国際的ルールの総称）に定められた人権規定を障害者にも保障するよう明文化し，さらに実効性を高めるために法的拘束力をもたせた。また，「合理的配慮」という考え方が採用された。日本においては，条約の批准に向け国内法整備の一環として，2011（平成23）年に障害者基本法の一部が改正された。改正のポイントとして，ソーシャル・インクルージョン（社会的包摂）の理念が掲げられるとともに，障害者の社会参加に制約をもたらす要因として，「障害」だけでなく「社会的障壁」の概念が新たに盛り込まれた。そして，2012（平成24）年には，障害者の生活支援について定めた「障害者の日常生活及び社会生活を総合的に支援するための法律（障害者総合支援法）」が成立，翌年の2013（平成25）年に「障害を理由とする差別の解消の推進に関する法律（障害者差別解消法）」が成立した（2016年施行）。これらの法制度の整備を経て，2014（平成26）年に日本は障害者権利条約を批准し今日に至っている。

　次に，障害のある子どもの権利について考えてみたい。ここでまず思い浮かべなければならないのが子どもの最善の利益（子どもにとって最もよいこと）という理念である。これは，1989年の国連総会において採択された「児童の権利

に関する条約（子どもの権利条約）」の第3条に規定され，条約の4つの原則の一つ（他に，第6条「命を守られ成長できること」，第12条「意見を表明し参加できること」，第2条「差別のないこと」）にもなっている。すなわち，子どもに関することが決められ，行われるときは，「その子どもにとって最もよいことは何か」を第一に考えるという理念である。この条約は，子どもの基本的人権を国際的に保障するために定められた条約であり，日本は1994（平成6）年に批准した。この条約の最大のポイントは，子どもが「保護の対象」から「権利の主体」に位置づけられたことであり，その主体として障害のある子どもも含まれるのは当然である。障害のある子どもの支援において，この「最善の利益」は何事にも優先して念頭に置いておかなければならない理念である。

（2）真の人権理解のために必要なこと

　立法面にあらわれた障害者の権利保障からも明らかなように，現代社会では障害者の社会参加は広く一般的なものとなってはいる。しかし，たとえば2016（平成28）年に発生した相模原障害者施設殺傷事件が社会に与えた衝撃は非常に大きいものであった。その衝撃の最大の要因は，閉鎖性の高い施設の構造的問題を考える以前に，加害者が元施設職員であるという点である。一番利用者を理解していなければならないはずの立場の者（養育者や施設従事者等）が，人権の本質（「個人の尊重」や「法の下の平等」）を正しく理解できなかったために起こった残念な事件である。悲しいことに，同様の事例（障害者の虐待等）は後を絶たないが（表8-2，表8-3），障害のある子どもの養育者による虐待は特に深刻な問題である。子どもへの虐待の要因として，障害の有無が大きく関係している。虐待発生のリスクとして，障害のない子どもの場合と比べて身体障害児の場合は4.3倍，知的障害児の場合は13.3倍との指摘があるように高い発生リスクがある。そのため，なぜ虐待が高い頻度で発生し後を絶たないのか，支援者がその理由を把握しておくことは大切なことである。その一因として見逃せないのが，保護者が子育てに関するストレス等を溜めていないか，つまり心身の健康が保たれているかという点である。そのため，支援者はまず保護者が日本国憲法で保障された基本的人権の尊重の根底にあり人類普遍の原理となっている「個人の尊重」の意義について正しく理解できるために心身が健康な状態であるか，その状態把握に努めなければならない。そして，健康が損なわれた状況であるならば，まずは健康の回復を目指した支援が必要である。

表 8-2　養護者による障害者虐待

養護者	平　成							令　和	
	24年度	25年度	26年度	27年度	28年度	29年度	30年度	元年度	2年度
相談・通報件数 (件)	3,260	4,635	4,458	4,450	4,606	4,649	5,331	5,758	6,556
虐待判断件数 (件)	1,311	1,764	1,666	1,593	1,538	1,557	1,612	1,655	1,768
被虐待者数 (人)	1,329	1,811	1,695	1,615	1,554	1,570	1,626	1,664	1,775

出所：厚生労働省（2022）「障害者虐待対応状況調査　経年グラフ」。

表 8-3　障害者福祉施設従事者等による障害者虐待

障害福祉従事者	平　成							令　和	
	24年度	25年度	26年度	27年度	28年度	29年度	30年度	元年度	2年度
相談・通報件数 (件)	939	1,860	1,746	2,160	2,115	2,374	2,605	2,761	2,865
虐待判断件数 (件)	80	263	311	339	401	464	592	547	632
被虐待者数 (人)	176	455	525	569	672	666	777	734	890

出所：表 8-2 と同じ。

　乙武⁽⁵⁾は，『五体不満足（完全版）』の中で，出生後初めて対面した母親が最初に抱いた感情が，「ショック」ではなく，「かわいい」という喜びであったこと，そして自身についても「障害は不便だが不幸ではない」ことなど，その後の人生に前向きな気持ちを表している。支援者は，障害者本人やその保護者がこのような気持ちになれるような心理的支援を目指したいものである。

3　心理的支援の方法

（1）支援にあたって理解しておくべき具体的な視点

　①　保護者に身につけてほしいストレスコーピングとレジリエンス

　ストレスが継続することは，心身の健康にも悪影響を及ぼす。ストレスコーピングとは，ストレスの源（ストレッサー）にうまく対処しようとすることである（ストレッサーそのものにはたらきかけて解決を目指す「問題焦点型コーピング」

と，ストレッサーそのものではなくストレスに対する考え方や感じ方を変え解決を目指す「情動焦点型コーピング」がある）。そのため，支援者には相談者のストレスが和らぐような心理的な支援を行いながら，相談者自らが問題解決しようとする力を引き出せるように寄り添う姿勢が求められる。そのような関わりの中からストレスコーピングは育まれていく。相談者の意識の中に主体的で前向きな姿勢が養われてくると，ストレッサーに対する対処法などを自身が判断し評価することが可能となってくる。そうなると，相談者の不安定な心理状態も徐々に安定した状態に向かっていく。次に，**レジリエンス**とは，「精神的回復力」という意味であり，まさに様々なストレスや逆境にうまく適応していく力のことである。保護者の心境の中でレジリエンスが大きな力を蓄えるようになると，それは子どもにも敏感に伝わるものであり，子どもの心理的な安定にもつながっていく。保護者への支援はそのまま子どもへの支援につながることになり，支援の対象として親子関係は一体であるといえる。

②　子どもに育ませたい自己肯定感と自己決定できる力

子どもは，生まれながらに自己肯定感が低いわけではない。親子関係が良好であると，自然に自己肯定感も高まる。**自己肯定感**（セルフエスティーム）とは，自分の存在を肯定的に受け止め認める感覚のことである。自己肯定感が高いと心理的に安定した状態が保たれ，主体的に活動することができる。この「心理的な安定」は，特別支援教育における自立活動の6つの内容（他に「健康の保持」「人間関係の形成」「環境の把握」「身体の動き」「コミュニケーション」）の一つにもなっている。また，心理的な安定が保たれた状態であれば，個性を最大限に生かしながら適切な判断により自己決定をすることが可能となる。この適切な判断に基づく自己決定は，子どもが円滑に日常生活を過ごすためには欠かせない要素である。

（2）支援者が行う具体的な支援方法

支援者は，障害者本人や保護者から求められているニーズに適切に対応し，より質の高い生活をアシストできるような支援を行わなければならない。そのために必要な具体的な支援方法について，実際に支援を担当する臨床心理士の業務を参考にしながら概観したい。

臨床心理士とは，「臨床心理学にもとづく知識や技術を用いて，人間のこころの問題にアプローチする心の専門家[6]」である。おもに4つの専門業務（1：

表8-4　「各種心理療法の内容」（三大理論を中心に）

心理療法	心理療法の概要
来談者中心療法	人間性心理学の理論に立つ。ロジャーズ（C. R. Rogers）（アメリカ）により提案された。非指示的カウンセリングとも呼ばれ，カウンセラーがクライエントに対して「自己一致（純粋）」「無条件の肯定的配慮（受容）」「共感的理解」の3つの基本態度（カウンセリングマインド）で接し，クライエント自身の自己治癒力を促す。
精神分析療法	精神分析の理論に立つ。フロイト（S. Freud）（オーストリア）により提案された。人間の意識の深層にある無意識（エス，自我，超自我）の領域の存在を認める。過去の体験などを分析し無意識内の三者のアンバランスを修正することで，心の問題を解決しようとする。具体的手法として，「自由連想法」や「夢分析」などがある。
行動療法	行動主義心理学の理論に立つ。スキナー（B. F. Skinner）（アメリカ）により提案された。学習理論に基づいており，心の病や問題行動は学習したからであると捉える。そのため適切な行動等を再学習することで問題の解決を図ろうとする。また，この行動療法と認知療法が融合したものに，認知行動療法がある。ベック（A. T. Beck）（アメリカ）らにより提案された。これは，認知の偏りを修正し適切な行動を学習することで問題の解決を図ろうとする。
遊戯療法 （児童中心）	上記の心理療法は保護者等の成人を主対象としたものであるのに対し，遊戯療法は言語を用いて自ら心の問題等を訴えることが難しい児童をも対象にしている。アクスライン（V. M. Axline）（アメリカ）らにより提案された。遊びの治癒力を重視し，子どもとカウンセラーが共に遊びに没頭し，子どもが自分の感情や行動を振り返りながら問題の解決を図ろうとする。遊戯療法の一つに，箱庭療法がある。

出所：筆者作成。

臨床心理査定，2：臨床心理面接，3：臨床心理的地域援助，4：上記1～3に関する調査・研究）を行うとともに様々な心理療法（表8-4）を実施する。

　次に，支援を必要としている人への具体的な心理的支援の方法について以下に概説する。

　①　アセスメント（臨床心理査定）

　適切な支援を行うためには，まず相談者（クライエント）の心身の状態を的確に把握しなければならない。そのために行われるのが**アセスメント**である。つまり，面接・観察・心理検査等から得られた情報をもとにクライエントの状態や特性を把握・評価し，支援のための方向性を築くことが支援の基盤となる。

　②　カウンセリング（臨床心理面接）

　カウンセリングとは，相談者（クライエント）が有する悩みや不安などの心

理的な問題について，カウンセラーが一緒に話し合いながら，問題の解決に導くことである。スクールカウンセラーの配置も進み，学校教育でも広く活用されている相談活動でもある。クライエントとカウンセラー（面接者）の間の対等な信頼関係（ラポール）によって成り立つ。カウンセラーのもつべき基本的態度である「受容」「傾聴」「非指示」「共感的理解」の姿勢でクライエントに接し，クライエントのもっている自己治癒力を最大限に高められるように向き合う。

③　コンサルテーション（臨床心理的地域援助）

コンサルテーションとは，異なる専門性をもつ複数の者が，援助対象である問題状況について検討し，よりよい援助のあり方について話し合うプロセスのことである。支援を行う心理専門職（コンサルタント）は，クライエントに直接向き合うのではなく，クライエントを支援しようとしている者（コンサルティ）に対して支援を行う。すなわち，コンサルタントはクライエントに対して間接的な支援を行うという関係になる。

④　ソーシャルワーク

ソーシャルワーク（相談援助）とは，高齢者や障害者など社会的な支援が必要な人々のウェルビーイング（よい状態，幸せ）を目指して行われる支援のことである。カウンセリングと同様に相談者の心の問題に関わることになるが，社会資源の利用に関する情報提供等を相談者のみならずその周囲の環境にもはたらきかける。専門職であるソーシャルワーカー（国家資格である社会福祉士等）による支援が本来の姿であるが，場面によっては保育士等の福祉専門職においてもその支援技法を活かした支援が必要となることもある。

（3）当事者（保護者）同士による具体的な支援の方法

①　ペアレントメンター

ペアレントメンターとは，障害のある子どもを育てた経験のある保護者がメンター（信頼のおける相談相手）となり，同じように障害のある子どもをもつ保護者に対して自身の子育て等の経験を生かして相談に応じながら，有益な情報提供を行う支援者のことである。同じ子育て環境を経験した立場であるがゆえに，子育てに対する思いや子どもや社会への感情を共有しながら関わることで，ストレスの原因となっている様々な悩みの軽減・解消に大きな効果が期待できる。

②　ピアサポート

ピアサポートとは，仲間（ピア）による支え合い（サポート）のことを意味している。これまでは，主に学校教育において子ども同士の支え合いによって人間関係を再構築しようとする活動として注目を集めてきたが，近年では，子育てをする親同士においてもピアサポート活動が積極的に取り入れられるようになってきており，お互いが幸せになることを目指している。仲間としての支え合いであるため，セルフヘルプグループのような集団形態であるとは限らない。心理療法などのようにクライエント（相談者）とセラピスト（治療者）との間の立場の違いによる上下関係の弊害について考える心配がなく，お互いに対等な立場で接し人間関係を構築することができるというメリットがある。

③　セルフヘルプグループ

セルフヘルプグループとは，障害のある子どもの育児など，同じ悩みを抱えている保護者同士が直面する共通の問題に向き合い相互に援助活動を行うための自主的な集まりである。自分の思いや体験を話したり聞いたりすることで悩みや苦しみを共有しながら，自分がもっている本来の前向きな姿を見つめ直し力強く生きていこうとする活力を高めることができる。「一人で抱え込まない」という考えがこのグループの根底にある。臨床心理士がファシリテーター（進行役）としてグループに関わる場合もある。

4　ともに支え合える社会の実現に向けて

（1）ノーマライゼーションとソーシャル・インクルージョン

障害のある子どもとその保護者の支援の理念について考えるとき，まずはじめに思い浮かぶのがノーマライゼーションという理念であろう。1950年代より北欧諸国において展開され世界に広がったこの理念は，「障害者と健常者とが同じ生活ができるようにするための支援に関する理念」であり，最大のポイントは，障害者と健常者とに同じ権利が保障されるという点である（1959年にデンマークで知的障害者福祉法が成立したことで，障害者の権利保障が確立された）。この流れが，障害者の基本的人権の指針を示した国連の「障害者の権利宣言」（1975年）につながっている。日本においても，1981年の「国際障害者年」以降急速にその理念が福祉分野に浸透していった。そして，このノーマライゼーションの理念がソーシャル・インクルージョンの理念の土台となっている。

ソーシャル・インクルージョンとは，すべての人々を孤独や孤立，排除や摩擦から援護し，健康で文化的な生活の実現につなげるよう，社会の構成員として包み支え合うという理念である。この理念がのちに1994年に出されたユネスコのサラマンカ宣言により，教育政策の中に位置づけられることになった。その実践理念として，インクルーシブ教育が今日の教育理念の一つとして定着している。このインクルーシブ教育とは，広くマイノリティ（「少数」という意味。「多数」を意味するマジョリティの対義語。少数であるがゆえに，社会参加などの面で差別や偏見を受けやすい）と呼ばれる社会的少数者（障害のほか，性，貧困，民族，宗教，言語等の面で）をも包括しながらみんなが共に学ぶ，共生社会の形成に向けた教育の取り組みである。**共生社会**とは，これまで必ずしも十分に社会参加できるような環境になかった障害者等が，積極的に参加・貢献していくことができる社会のことである。これからの教育・保育には，この共生社会の形成に向けた取り組みが求められている。

（2）インクルーシブ教育と特別支援教育

　共生社会の形成に向けては，特別支援教育で蓄積されてきた理論や実践論を基盤に置かなければ，インクルーシブ教育について展望し実践することは難しい。次代の教育・保育を担う者は，特別支援教育とインクルーシブ教育とは表裏一体の関係であるということを理解したうえで共生社会の形成に向けて実践に取り組まなければならない。そのためには，まず障害のある子どもの教育的ニーズに沿った適切な支援ができるような専門的な実践力を高めることが必要である。

（3）福祉と教育が連携することの意義

　戦後日本の歴史的発展の中で，福祉施策は厚生労働省（旧厚生省）が，教育施策は文部科学省（旧文部省）がそれぞれ管轄し中心的な役割を担ってきた。保育所は児童福祉法に基づく児童福祉施設，幼稚園は学校教育法に基づく学校というように，今日においても性格や役割を異にする面も少なくない。しかし，2018（平成30）年に改定された保育所保育指針では保育所保育が教育機能を有することが明記されるなど，幼稚園教育との明確な区別がつきにくくなってきている。また，2015（平成27）年度から導入された「子ども・子育て支援新制度」により，幼保連携型認定こども園の設置が進み（管轄は内閣府），保育と教

育の一体化が一層進んでいる。このように，幼保の連携をベースにしながら，家庭と福祉・教育が様々な面で一層連携を深めることは，子どもが安定した日常を過ごすことができるためにも意味のあることであり，並行通園などで課題となってきた支援の質の格差などの解消にもつながる。そして，子どものライフステージ（乳児期，幼児期，学童期，青年期など）に沿ってその時期の発達に応じた連続した取り組みとしての自立支援が可能となる（その具体例として，個別の支援計画に基づいて支援につながりをもたせることなど）。それが可能になることで地域での切れ目のない支援が実現し，その延長線上に共生社会の具体的な姿が現れてくるであろう。

（4）子どもや保護者の心理的支援につながる日常の教育・保育実践の重要性

　発達障害などのように，幼児期の日常生活の中で障害特性に気づき診断に至るという場合もある。このように，日常の家族の団らんを築きつつある中で障害の告知を受けることは，保護者にとって受け入れ難い現実である。障害の早期発見が子どもの療育面等で重要であるのと同様に保護者の心理的支援も重要である。告知後の不安や混乱の中にある保護者にとって，子どもに日ごろから向き合っている保育士等の支援者は，とても身近な存在である。実践現場に立つ者にしかできない関わりもある。そのときにできる支援が，最も意義のある形で子どもや保護者に伝わり，信頼される良き理解者となり得るためには，日々の実践の積み重ねの中からゆるぎない教育・保育観を培うとともに，教育・保育と福祉の理念が融合した高い専門性意識をもった実践人でなければならない。

　保育所保育指針の第4章2には，「子どもに障害や発達上の課題が見られる場合には，市町村や関係機関と連携及び協力を図りつつ，保護者に対する個別の支援を行うよう努めること」と明記されている。保育士等の支援者は，子どもの障害特性を理解し求められる支援を適切に行うとともに，保護者に対しても，子育ての不安や悩み等に起因するストレスが解消・軽減されるような保育指導を行うことが求められている。そのためには，カウンセリングマインドをもって，共に困難に向き合おうとする共感的な姿勢が前提となる。そのような姿勢で関わりを堅持することで子どもや保護者からの信頼を獲得し，保護者の子育てに対する悩みやマイナス思考を絶ち心身の健康の維持・回復にもつながる。そして，日々接する子どもとの関わりの中で感じた変容や成長を小さなこ

とでも保護者に伝え大きな喜びとして共有することで，保護者の心には孤独感の中から安心感が芽生え，ストレスに対するレジリエンスも高まる。

　これまでに述べてきた心理的支援は相談者個人を対象とするものであるが，家族療法のように相談者を取り巻く家族全体が対象となるような場合もある。その場合，相談者とその家族の関係性を理解することが問題解決のためには必要となり，相談者個人だけでなく家族全体を対象として見渡す視野が求められる。教育・保育に従事する者はカウンセリングなど心理臨床の専門家ではないが，時としてそのような視野をもち子どもや保護者に向き合わなければならない場合もある。高い専門性意識をもった保育士等による日常の保育が継続される中で，子どもの特性を正しく理解し保護者と情報を共有し保育指導を行うことができるのが保育士等の強みである。

注
⑴　伊藤由美（2006）「母親のストレスへの支援に対する現状と課題──養育と就労の関係から」『科研費研究「障害乳幼児を抱えて就労している保護者に対する地域の特色を生かした教育的サポート」研究成果報告書（2006）』1～7頁。
⑵　阿南あゆみ・山口雅子（2007）「我が子の障害受容過程に影響を及ぼす要因の検討──分権的考察」『J UOEH 産業医科大学雑誌』29(2)，183～195頁。
⑶　蔦森武夫（2004）「『障害受容』論と研究方法の検討」『東北大学大学院教育学研究科研究年報』52，295～308頁。
⑷　田村静子（2009）「虐待につながる児童状況から見た考察」『全国児童相談所における家庭支援への取り組み状況調査報告書』89～98頁。
⑸　乙武洋匡（2001）『五体不満足（完全版）』講談社。
⑹　日本臨床心理士資格認定協会の定義。
⑺　文部科学省（2012）「共生社会の形成に向けたインクルーシブ教育システム構築のための特別支援教育の推進（報告）」。

学習課題
①　この章で学ぶべき内容やキーワードについて，自身でリストアップして調べてみよう。
②　あなたが実際に心理的支援を行うことを想定して，子どもや保護者に対してどのような対応を心がけるか，要点を整理してみよう。

キーワード一覧表

- [ ] **障害受容**　障害告知の後，親がわが子の障害の事実を受け入れ，その後の本人の成長のために共に歩んでいこうとする姿勢をもつことができるようになること。　　108
- [ ] **ソーシャル・インクルージョン**　「すべての人々を孤独や孤立，排除や摩擦から援護し，健康で文化的な生活の実現につなげるよう，社会の構成員として包み支え合う」という理念。　　109
- [ ] **子どもの最善の利益**　子どもに関することが決められ，行われるときは，「その子どもにとって最もよいことは何か」を第一に考えるという理念。　　109
- [ ] **レジリエンス**　「精神的回復力」という意味であり，様々なストレスや逆境にうまく適応していく力のこと。　　112
- [ ] **自己肯定感**　自分の存在を肯定的に受け止め認める感覚のこと。　　112
- [ ] **アセスメント**　心理的支援を適切に行うために，相談者（クライエント）の心身の状態を的確に把握するために行われる調査のこと。　　113
- [ ] **カウンセリング**　相談者（クライエント）が有する悩みや不安などの心理的な問題について，カウンセラーが一緒に話し合いながら，問題の解決に導くこと。　　113
- [ ] **ソーシャルワーク**　社会的な支援が必要な人々のウェルビーイング（よい状態，幸せ）を目指した支援のこと。　　114
- [ ] **共生社会**　これまで必ずしも十分に社会参加できるような環境になかった障害者等が，積極的に参加・貢献していくことができる社会のこと。　　116

第 ⑨ 章

特別な支援や配慮を要する乳幼児への
教育・保育・福祉に関する現状と課題

　本章では障害のある子どもに対するインクルーシブ保育・教育の現状と課題
を理解することをねらいとする。保育所・幼稚園等での障害のある子どもに対
する保育・教育の実際，個別指導計画・個別教育支援計画の作成について理解
する。そしてインクルーシブ保育・教育をよりよい内容とするために，教育課
程編成上の基本的事項に留意しながら，保育所・幼稚園等での支援体制を充実
させていることを理解する。また保育所・幼稚園等と巡回相談，乳幼児健診・
就学時健診，児童発達支援センター等の専門機関等との連携の実際や実践上の
課題について理解する。

1　インクルーシブ保育・教育の現状と課題

（1）インクルーシブ保育・教育の理念
　インクルーシブ保育・教育とは，1980年代以降，アメリカにおける障害児教
育の分野で注目された理念である。ノーマライゼーションの理念をもとにイン
テグレーション（統合）の発展型として提唱された。インクルーシブ保育・教
育とは「包み込む」「包括する」等の意味であり，障害の有無や能力にかかわ
らず，すべての子どもが地域社会における保育，教育の場において「包み込ま
れ」，個々に必要な環境が整えられ，個々に必要な支援が保障されたうえで，
保育，教育を受けることである。
　またインクルーシブ保育・教育の理念の普及とともに保育の**ユニバーサルデ
ザイン**（UD）化の考え方も広まってきている。UD とは，障害の有無や年齢，
性別，国籍などの違いにかかわらず，すべての人の快適さや便利さを考えて環
境やものをデザインする考え方である。たとえば草加市では，「快適都市」を
実現するため，UD を市政推進の基本的な考えとして位置づけ，「そうかユニ

バーサルデザイン指針」を策定し，年々改良が図られている。「そうかユニバーサルデザイン指針」は，「だれもが尊重され個性を発揮できるまち」を目指し，年齢，性別，国籍，個人の能力差などにかかわらず，できる限り幅広く多くの人に対応しようという UD の考え方に基づき，一人ひとりの人間性を尊重し，はじめから多くの人が利用しやすいまち，施設，モノ（製品），環境，サービスなどをつくっていくためのものである。「そうかユニバーサルデザイン事例集」は草加市の UD の取り組み実践の事例集であり，基本構成として，ハード的な視点20例，ソフト的な視点10例が紹介されている。次に紹介するのは，ハード的な視点の一事例である「子育て支援センター・さかえ保育園」での取り組みである。

- 施設内にはエレベーターが設置され，階段の昇り降りが難しい人に配慮されている。
- 靴を脱ぐ場所と廊下の段差をなくしている。
- 視覚障害者に対して，危険を知らせたり，注意を促したりする注意喚起用床材が使用されている。
- 車いす使用者専用駐車場（通常の駐車場幅より広げており車いす使用者の利用に配慮している）が設置されている。
- 入口は自動扉となっている。また，高低差があるためスロープと手すりが付けられている。
- 施設内の廊下等には手すりが付けられている。子ども等の利用にも配慮し高さを変えて付けられている。
- 自動販売機では，車いす利用者等に配慮し，最上段の飲み物のボタンが低い位置にも付けられている。また，お釣り等を取りやすいように配慮されている。

各地で UD の考え方を取り入れた保育・教育の取り組みが広がっており，今後さらなる発展・広がりが期待されるところである。

（2）インクルーシブ保育・教育システム

インクルーシブ保育・教育システムにおいては，同じ場で共に学ぶことを追求するとともに，個別の教育的ニーズのある幼児児童生徒に対して，自立と社会参加を見据えて，その時点で教育的ニーズに最も的確に応える指導を提供できる，多様で柔軟な仕組みを整備することが重要である。

日本でも，保育所・幼稚園等での障害のある子どもの受け入れの拡大，「保

育所保育指針」の改定，「特殊教育」から「特別支援教育」への移行など，障害児保育・教育のあり方が見直され，インクルーシブ保育・教育が実現してきている。小学校や特別支援学校小学部へ就学するにあたっては「個別の教育支援計画」（第6章参照）をもとに「教育課程」を編成して適切な指導や必要な支援を行うことが，一貫性のある継続した教育につながる。教育課程を編成するためには，まず子どもの実態を把握し，重点目標を設定することが必要となる。その重点目標について主な支援の方法・内容等を検討して，各教科・領域の目標，指導計画，指導方法および指導体制などの教育課程を編成することになる。保育所・幼稚園等ではそれぞれの保育計画・教育課程を踏まえつつ，子どもの実態に合わせた個別の計画を作成し，保育を行うことが大切である。

（3）インクルーシブ保育・教育システムと合理的配慮

　合理的配慮とは，障害のある子どもが障害のない子どもと同じように保育・教育を受ける権利を行使するために，保育所・幼稚園等が必要かつ適当な変更を行うことである。子どもの障害の状態は一人ひとり異なるので，合理的配慮は個別に行われる。またあまりに費用等がかかりすぎるような過度な負担は課されないこととなっている。

　保育所・幼稚園等においても極端な負担がない限り，子どもの実態や教育的ニーズに応じた個別的な配慮が求められている。具体的内容の決定や提供にあたっては，保育所・幼稚園等と本人，保護者との合意形成が重視される必要がある。合理的配慮の決定後も，一人ひとりの発達の程度，適応の状況等を勘案しながら，必要に応じて内容を見直していくことも求められる。

　障害のある子どもに対する支援については，法令や財政措置により国・都道府県・市町村の役割として教育環境の整備をそれぞれ行う。これらは，「合理的配慮」の基礎となる環境整備であり，それを「基礎的環境整備」としている。基礎的環境整備は以下の8つの観点によって行われている。[1]①ネットワークの形成・連続性のある多様な学びの場の活用，②専門性のある指導体制の確保，③個別の教育支援計画や個別の指導計画の作成等による指導，④教材の確保，⑤施設・設備の整備，⑥専門性のある教員，支援員等の人的配置，⑦個に応じた指導や学びの場の設定等による特別な指導，⑧交流および共同学習の推進。

　なお合理的配慮の対象は，障害者手帳の所持者に限定していないため，今後，保育所・幼稚園等ではより幅広い対応が求められる。

2　基本的生活習慣と生活援助

（1）基本的生活習慣

　基本的生活習慣を確立することは，障害の有無にかかわらず大切なことである。昼間にしっかりと活動を行い，夜にぐっすりと眠るという規則正しい生活リズムを身につけることが日常生活習慣の基本となる。また障害のある子どもにとっては将来の自立を目指すうえでも重要である。

　基本的生活習慣について，谷田貝・高橋は「人間が社会人として，生活を営む上で不可欠かつ最も基本的な事柄に関する習慣をいう。具体的には『食事，睡眠，排泄，着脱，清潔の5つの習慣』とする。そして食事，睡眠，排泄の習慣は生理的基盤に立つものであり，清潔，着脱の習慣は社会的，文化的，精神的基盤に立つものと捉えられる」としている。

　こうした食事，睡眠，排泄，着脱，清潔等の日常生活習慣を身につけることは自立した生活や社会参加に欠かせない行動である。保育所保育指針では心身の健康に関する領域「健康」のねらいで「健康，安全な生活に必要な習慣や態度を身につける」を取り上げており，それらを通して子どもの自立心や自主性を養うこととしている。

　子どもが「やりたい」「がんばってみる」「自分でできた」と思えるような場面を設定し，援助を受けながらも達成感や喜びを味わい，子どもの自尊心を成長させることで，子どもの自己効力感を育てることが保育・教育では大切なことである。

（2）生活援助

　障害のある子どもは，障害特性や個人特性によって基本的生活習慣の定着のしやすさや身につけたことの応用のしやすさ等が異なる。小林は，障害のある子どもの生活援助についての基本的な考え方として，たとえば睡眠の習慣や食事の習慣を「できる―できない」という2分法で評価するのではなく，一つの習慣が完成するためにはどんな小さな行動があるかを考える必要があるとしている。健常な子どもであれば一気に身につけられるような習慣でも，知的障害児にとっては小さな階段を1段ずつ上っていかなければならない場面がたくさんある。このように小さな段階に分けて指導していく考え方を，スモールス

表9-1　個別指導計画例

	実態	課題	手立て	まとめ
基本的生活習慣	・排尿時にズボンを床までおろしてしまう。 ・ハンカチやタオルを濡らしたい気持ちが強く、必要なときに使えないことがある。	・お尻を出さずに、立位で排尿できる。 ・ハンカチやタオルを濡らさずに使うことができる。	・トイレに行くときにことばかけをしたり、正しい位置を実際に手を添えて伝えていく。 ・保育者が管理しながら、ハンカチやタオルを必要なときに使えるようにことばかけをしていく。	・トイレに足形を設置し、ことばかけをすることで、適切に排尿することができ、衝動的に濡れらは時々みられたが、登園時に自分で意識して保育者にハンカチを預けることが増えてきた。濡らさずに過ごせる日が増えてきた。
身体機能	・保育者や友達によりわかることがある ・力の調整ができずに発達していくことがある。 ・身体を動かすことは好きで、自分の好きな遊びを楽しんでいる。 ・未経験な体を使った遊びが多い。	・人との距離を知る。 ・いろいろな体を使った遊びを楽しめる。	・ことばかけや距離を測る具体物を使って、適切な距離を意識できるようにする。 ・いろいろな遊びを設定して、保育者が手本を見せながら一緒に楽しむ。	・園内に散歩に行ったときは、保育者をつなぐと、列を崩すことなく適切に歩くことができた。 ・自分の好きな気持ちが強いが、保育者や友達の運動していている様子をまねて、一緒に楽しむことができた。
認知・言語	・自分の興味のあることがやわらかず、次の行動ができないときもある。 ・自分の思いをかなえるために、教室を飛び出したり、言い続けることがある。	・保育所での生活にも慣れ、見通しをもって生活することができる。 ・困ったときに保育者や保護者に伝える方法を知る。	・本人の興味関心にも寄り添いながら、見通しがもてるように示したら。ことばかけをする。 ・自分の思いをことばで伝えられるように、相手に本人の思いを言語化する。相手に伝える経験やかかわるときのうれしさを実感できる経験を積ませる。	・保育所の生活の流れに合わせて、やりたいことに区切りをつけて行動できるようになってきている。 ・自分の要求を保育者に伝えるようになりつつある。
対人・コミュニケーション	・園外散歩の時に信号が変わる前にわたりだしてしまうことがあったが、少しずつ待てるようになっている。保育者や友達に従えばお手伝いをしたがる。 ・うれしい時、夢中になった時など顔を近くまで近づけることがある。	・交通ルールを守って園内散歩ができる。 ・自分からお手伝いを行う。 ・人との距離感を意識できるようにする。	・園内散歩のときに、信号や道路の状況を確認して渡れるようにことばかけをしていく。 ・生活の流れを理解し、保育者や友達と一緒にお手伝いをするように促し、友達と一緒に行っていく。 ・本人の気持ちに寄り添い、視覚的に意識できるように距離のとりかたを練習する。	・遠足では公共のマナーを守って電車やバスを利用することができた。朝の会のお手伝いをしていく。生活の流れを理解し、自分からお手伝いをすることができた。 ・自分の気持ちの調整がつかないときには、近くにいる保育者や友達にかみつくことがある。

出所：筆者作成。

テップの原理という。

　このように子どもの課題を詳細に分析し，身につけやすいようにスモールステップを設定したり，保育場面で自然と練習ができるような機会を工夫したりすることが生活援助をしていくうえで大切である。

　また生活援助の基本について，鶴は次の5点を述べている。①子どもの発達状況を正しく把握すること。つまり子どもがある基本的生活習慣に関わる行為を獲得できる発達の状況かどうかの見極めが大切である。②子どもの意欲を育み，大切にすること。③子どもの模倣を大切にすること。模倣は自発性や意欲とも関係するので，模倣できる機会を設定し，活用することが重要である。④繰り返すこと。基本的生活習慣とは，意識せずにできるパターン化された行為である。毎日繰り返し指導をすることで，その行動を日常的なものとして形成することが可能になる。⑤環境を整えること。たとえば子どもが自分で手洗いをしようとしても，蛇口が手の届かない高さであれば自分では洗えない。子どもが自発的に取り組めるような環境を整えることが重要である。

　基本的生活習慣の生活援助は，生活の中で援助されることを考えて行う必要がある。保育所・幼稚園等の特定の場所や保育者を相手にしなければできないのでは，意味が半減してしまうことを頭に入れておく必要がある。また短期間で目にみえるような効果を期待するのではなく，長い目でみた保育のねらいや方法を検討する必要がある。また当然のことではあるが，障害のある子どもと保育者の間に良好な信頼関係が形成されていることが生活援助の基本となる。

　表9-1は，知的障害や発達障害があるために支援が必要な5歳6か月の男児への保育所での指導例である。基本的生活習慣，身体機能，認知・言語，対人・コミュニケーションの各領域別の個別指導計画である。入園以来の実態，課題，支援の手立て，まとめが記載されている。入園以来の基本的生活習慣などの力がついてきていることがうかがえる。

3　個別の指導計画・教育支援計画

（1）個別の指導計画・教育支援計画作成の必要性

　保育所・幼稚園等における保育・教育は保育者の意図に基づいて立案された具体的な計画により実施・展開されている。保育所・幼稚園等では障害のある子どもに対して，保育所保育指針，幼稚園教育要領，認定こども園教育・保育

要領において，個別の計画を作成するように示されている。

個別の指導計画は保育所・幼稚園等において障害のある子ども一人ひとりの保育・教育を充実させるために，担任が作成するものである。また**個別の教育支援計画**は乳幼児期から学校卒業後まで障害のある子どもやその保護者に対する一貫した相談・支援と地域の福祉，教育，医療，労働等の関係機関が連携・協力するための生涯発達を見据えた長期的な計画である。

保育所・幼稚園等と小学校の個別の指導計画の違いとしては保育内容の項目などが挙げられる。保育所・幼稚園等では，「健康，人間関係，環境，言葉，表現」が計画化されるのに対して，小学校では教育課程上の教科指導等「国語，算数，音楽，体育，生活単元学習，作業学習等」について，目標・指導内容・指導方法が計画化されている。

個別の指導計画・教育支援計画を作成する必要性やメリットについて高畑は次のように述べている。①一人ひとりの子どもの障害の状態に応じたきめ細かな保育・教育が行える。②保育・教育目標や指導内容，子どもの様子などについて，関係者が情報を共有できる。③保育所・幼稚園等職員の共通理解や支援体制がつくりやすい。④個別の指導だけでなく，集団・保育活動の中での個別的な対応について検討できる。⑤子どもの目指す姿が明確になる。⑥指導を定期的に評価することで，より適切な指導の改善になる。⑦学年・担当者の引継ぎの資料となり，より一貫性のある指導ができる。

（2）個別の指導計画・教育支援計画を用いた連携

個別の指導計画・教育支援計画は子どもの担任保育者と加配保育者が作成することが多いが，関わるすべての専門職が情報を提供し，協力しながら作成することが望ましい。園長，主任保育者，保護者にも個別の指導計画・教育支援計画作成のための話し合いに入ってもらうことが必要である。より多くの保育者・関係者に作成に関わってもらうことで，より子どものニーズに応じた計画が作成されることになる。結果として保育所・幼稚園等内での情報共有がより緊密になり，支援体制も手厚くなることが期待される。

また障害のある子どもの支援に関しては，保育所・幼稚園等だけですべてを行うのではなく，医療，福祉，教育等の専門機関での支援やサービスを受けることも多く，専門機関との連携が必要になる。なお図9-1は個別の指導計画・教育支援計画を実践する際における，インクルーシブ保育のための協働シ

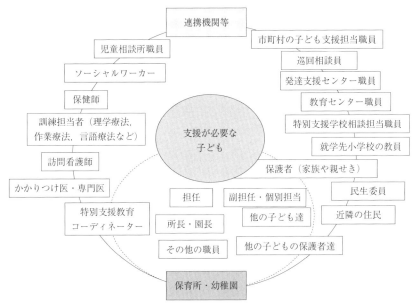

図 9‑1　インクルーシブ保育のための協働システム

出所：阿部美穂子（2018）「インクルーシブ保育のための支援体制づくり」尾崎康子・小林真・水内豊和・阿部美穂子編著『よくわかる障害児保育（第2版）』ミネルヴァ書房，145頁。

ステムの一例である。

　専門機関との連携にあたっては，連携する専門機関から助言を受けることも効果的である。そのために保護者の了解を得たうえで，医療機関や療育機関から情報提供をしてもらい，そこでの支援方針や療育方法を把握し，保育所・幼稚園等との保育・教育方針と関連づけることも有効となることが期待できる。

　専門機関に子どもの様子を的確に伝えるためには，個別の指導計画・教育支援計画を活用しながら説明することが効果的である。たとえば就学にあたっては，入学予定の小学校，特別支援学校との打ち合わせや引継ぎなどの連携が必要になる。特に個別の教育支援計画は引き続き学校での教育支援計画につながっていく。結果として個別の教育支援計画により障害のある子どもが小学校生活にスムーズに移行することにつながることが期待できる。

4　保育所・幼稚園内での連携，地域の関係機関，特別支援学校・特別支援学級との連携

（1）保育所・幼稚園内での連携

　障害のある子どもへの保育・教育を担任保育者一人で対応することは困難である。子どもの正確な実態を把握するにも，複数の保育者が対等の立場で話し合い，連携して保育・教育を実施することが必要である。たとえば，幼稚園教育要領第1章第3にも，「幼稚園生活が幼児にとって安全なものとなるよう，教職員による協力体制の下，幼児の主体的な活動を大切にしつつ，園庭や園舎などの環境の配慮や指導の工夫を行うこと」と幼稚園内での連携の中で教育をすることの重要性が述べられている。

　障害のある子どもへの保育・教育を適切に行うためには，園長以下全職員の共通認識に基づいて同じ方向を目指すことが重要である。保育課程・教育課程の描く理念をもとに保育所・幼稚園全体で園内支援体制を整備する。具体的には保育所・幼稚園等全体で話し合いを行い，役割分担を決めて障害のある子どもに配慮することが必要である。そして事例検討会などを通じて子どもの情報を共有し，よりよい支援について学習することが効果的である。

（2）専門機関との連携

　専門機関との連携は，保育所保育指針第1章1にも「家庭や地域の様々な社会資源との連携を図りながら，入所する子どもの保護者に対する支援及び地域の子育て家庭に対する支援等を行う役割を担うものである」とされているように重要な視点である。

①　巡回相談

　巡回相談は，子どもの発達や障害を専門とする相談員が保育所・幼稚園等に出向き，保育所・幼稚園等での保育や生活の様子をみながら，子どもの生活や行動の理由を考えていく。そして子ども本人への具体的な支援，保育所・幼稚園等の現状に即した保育者の役割や子どもを新たな視点で捉えていくことを保育者と協働して検討する。

　巡回相談の実施状況は自治体により回数や位置づけが異なっているが，必要性の高まりが認識され確実に整備が進んでいる。なお巡回相談は保育所・幼稚

園等からの要請に基づいて相談員が派遣されるシステムである。巡回相談は地域の専門機関との連携にとって重要なものの一つであり，積極的な活用が期待される。

② 乳幼児健診・就学時健診

乳幼児健診は母子保健法に基づいて実施され，1歳6か月～2歳未満児を対象とした「1歳6か月児健診」，3～4歳未満児を対象とした「3歳児健診」がある。

また「1歳6か月児健診」「3歳児健診」のほかにも「生後1か月児」「生後3～4か月児」「生後6～7か月児」「生後9～10か月児」「1歳児」「5歳児」などを対象とした任意健診がある。これらは「母子保護法」で義務化されていない健診のため，任意健診とされている。各自，医療機関に問い合わせて予約を取ってから受診するのが一般的である。

乳幼児健診は保健師と子どもと保護者が面談をする形式で実施され，健康状態の把握，病気の把握と早期発見，発達の遅れや障害を早期に発見して，適切な支援につなげていくことを目的にしている。また保護者の養育態度や心理状態等，育児の問題についても把握される。乳幼児健診で気になる様子があった場合は，精密検査や専門機関での発達相談を勧められる場合もある。

就学時健診は学校保健安全法に基づいて実施され，小学校に入学する予定の子どもに対して行われる健康診断である。就学時健診では，就学前の子どもの身体の疾患や精神発達の状態の検査を受け，その子どもに適切な教育の場を検討することを目的としている。学習に特別な支援が必要と考えられる場合には，就学相談を勧められる場合もある。

③ 児童発達支援センター

障害のある未就学の子どものための通所支援の一つが**児童発達支援**である。2012（平成24）年の児童福祉法改正で，障害のある子どもが住んでいる地域で療育や支援を受けやすくするために設けられた制度である。このうち児童発達支援センターは施設に通う子どもの通所支援のほか，地域にいる障害のある子どもや家族への支援，保育所・幼稚園等との連携・相談・支援も行っている。

児童発達支援センターは，福祉型児童発達支援センターと医療型児童発達支援センターに分かれている。福祉型児童発達支援センターは，日常生活における基本的動作の指導，自活に必要な知識や技能の付与または集団生活への適応のための訓練を行う施設である。医療型児童発達支援センターは，福祉型児童

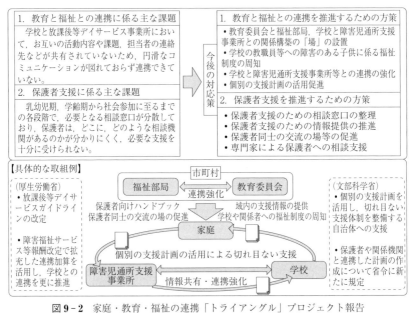

図9-2　家庭・教育・福祉の連携「トライアングル」プロジェクト報告
——障害のある子供と家庭をもっと元気に（概要）

出所：文部科学省「家庭と教育と福祉の連携『トライアングル』プロジェクト」（https://www.mext.go.
　　　jp/component/a_menu/education/micro_detail/__icsFiles/afield file/2018/06/11/1405916_02.pdf
　　　2022年9月10日閲覧）。

発達支援センターの機能に加えて治療（医療）を行う施設である。

　④　発達障害をはじめとする障害のある子どもたちへの支援

　行政分野を超えた切れ目のない連携が不可欠であり，一層の推進が求められる。特に教育と福祉の連携については，学校と児童発達支援事業所，放課後等デイサービス事業所等との相互理解の促進や，保護者も含めた情報共有の必要性が指摘されている。こうした課題を踏まえ，各地方自治体の教育委員会や福祉部局が主導し，支援が必要な子どもやその保護者が，乳幼児期から学齢期，社会参加に至るまで，地域で切れ目なく支援が受けられるよう，文部科学省と厚生労働省では，「**家庭と教育と福祉の連携『トライアングル』プロジェクト**」を発足し，家庭と教育と福祉のより一層の連携を推進するための方策を検討した。具体的な取り組みは図9-2の通りである。

注

⑴　文部科学省初等中等教育局特別支援教育課（2016）「インクルーシブ教育システム構築事業」。

⑵　谷田貝公昭・高橋弥生（2016）『データでみる幼児の基本的生活習慣（第3版）』一藝社。

⑶　小林真（2018）「基本的生活習慣の確立」尾崎康子・小林真・水内豊和・阿部美穂子編著『よくわかる障害児保育（第2版）』ミネルヴァ書房。，50頁。

⑷　鶴宏史（2018）『障害児保育』晃洋書房，148頁。

⑸　高畑芳美（2017）「個別の指導計画の作成」名須川知子・大方美香監修／伊丹昌一編著『インクルーシブ保育論』ミネルヴァ書房，79頁。

参考文献

伊藤健次編（2016）『新・障害のある子どもの保育（第3版）』みらい。

井村圭壯・今井慶宗編著（2016）『障がい児保育の基本と課題』学文社。

河合康・小宮三彌編著（2018）『わかりやすく学べる特別支援教育と障害児の心理・行動特性』北樹出版。

厚生労働省（2017）「保育所保育指針」。

小林秀之・米田宏樹・安藤隆男編著（2018）『特別支援教育——共生社会の実現に向けて』ミネルヴァ書房。

埼玉県草加市（2020）「そうかユニバーサルデザイン事例集」（https://www.city.soka.saitama.jp/cont/s1201/030/020/020/030/010/UDjirei02021.pdf　2022年11月5日閲覧）。

日本発達障害連盟編（2018）『発達障害白書　2019年版』明石書店。

堀智晴・橋本好市・直島正樹編著（2014）『ソーシャルインクルージョンのための障害児保育』ミネルヴァ書房。

前田泰弘編著（2019）『実践に生かす障害児保育（第2版）』萌文書林。

松坂清俊（2006）『発達障害のある子の発達支援——保育・教育臨床と心理臨床の統合』日本評論社。

文部科学省（2017）「幼稚園教育要領」。

学習課題

①　インクルーシブ保育・教育の内容について事前に調べておこう。

②　障害のある子どもに対してインクルーシブ保育・教育を実践するのに大切なことは何かについて考えてみよう。

キーワード一覧表

☐ **インクルーシブ保育・教育**　1980年代以降，アメリカにおける障害児教育の分野で注目されてきた理念。ノーマライゼーションの理念をもとにインテグレーション（統合）の発展型として提唱された。　120

☐ **ユニバーサルデザイン**　障害の有無や年齢，性別，国籍などの違いなどにかかわらず，すべての人の快適さや便利さを考えて環境やものをデザインする考え方。　120

☐ **合理的配慮**　障害があることによって生じる困りごとの解消や軽減に向けて，社会全体で必要な対応をしていこうという考え方であり，その実際的な行動でもある。　122

☐ **個別の指導計画・個別の教育支援計画**　個別の指導計画は保育所・幼稚園等において障害のある子ども一人ひとりの保育・教育を充実させるために，担任が作成するもの。個別の教育支援計画は乳幼児期から学校卒業後までにわたる障害のある子どもやその保護者に対する一貫した相談・支援と地域の福祉，教育，医療，労働等の関係機関が連携・協力するための生涯発達を見据えた長期的な計画。　126

☐ **巡回相談**　子どもの発達や障害を専門とする相談員が保育所・幼稚園等に出向き，保育所，幼稚園等での保育や生活の様子をみながら，子どもの生活や行動の理由を考えていくもの。　128

☐ **乳幼児健診**　生後間もない子どもの健康保持および増進を図ることを目的とし，発育・栄養状態の確認，先天的な病気の有無の確認と早期発見，予防接種の時期や種類の確認など，必要な項目を定期的にチェックする。母子保健法で義務化されている「1歳6か月児」と「3歳児」を対象とした定期健診と，義務化されていない任意健診の2種類がある。　129

☐ **就学時健診**　小学校に入学する予定の子どもに対して行われる健康診断。　129

☐ **児童発達支援**　障害のある未就学の子どものための通所支援の一つ。2012（平成24）年の児童福祉法改正で，障害のある子どもが住んでいる地域で療育や支援を受けやすくするために設けられた。　129

☐ **家庭と教育と福祉の連携「トライアングル」プロジェクト**　支援が必要な子どもやその保護者が，乳幼児期から学齢期，社会参加に至るまで，地域で切れ目のない支援が受けられるよう，文部科学省と厚生労働省により発足したプロジェクト。家庭と教育と福祉のより一層の連携を推進するための方策を検討している。　130

第10章

特別な支援や配慮を要する児童・生徒への
教育・保育・福祉に関する現状と課題

　特別な支援や配慮を要する児童・生徒（要支援児等）を保育・教育する場合，その子どもや保護者のこれからの人生の様々な段階（ライフステージ）を見通しながら，子どもの「今」を充実させる必要がある。保育者等は，子どもや保護者が有する「特別な教育的ニーズ」を把握し，はたらきかけることが大切である。保護者にとってわが子の障害受容は難しく，様々な悩みや葛藤をかかえるが，保育者等はそんな保護者の心情に誠意をもって寄り添い，子どもを成長させることで保護者を援助する。やがて，要支援児等は学齢期に進み，社会生活に移行する。障害のある者とない者がお互いによく理解し合うことと，様々な支援を受けながら障害者等が地域で前向きに生きたいと願う心を育てることが何より重要になってくるだろう。

1　ライフステージを見通した要支援児等の支援

（1）ライフステージを見通す必要性
　ライフステージとは，人の一生を「乳幼児期」「学童期」「青年期」「壮年期」「老年期」等に分けて考えた場合のそれぞれの段階を指す。これは障害の有無にかかわらず，誰もがその人生の中で経験することである。子どもの頃は漠然とした思いであったとしても，年齢が上がるにつれて自分の「将来」を意識して「現在」の生活を構想するようになるのではないだろうか。ただし，要支援児等の教育・保育・福祉を考えるとき，彼らが歩む道筋はその他の子どもたちと必ずしも同様ではない。要支援児等が経験するであろうライフステージを見通して「現在」の教育・保育・福祉を考える必要があるだろう。
　障害児・者への支援がライフステージの移行期に途切れることがないように「個別の教育支援計画」が一人ひとりに策定されることは第6章で述べた。「個

別の教育支援計画」は，地域の関係機関が連携・協力して障害児・者の生涯発
達を目指す重要な計画であるが，これをつくればすべて安心ということではな
い。計画を活かすためにはそれを運用する障害児・者やその家族が，それぞれ
のステージで最もよく生きることができるように創意工夫することが求められ
るのである。

　要支援児等の「現在」と「将来」を考えるとき，指導者が陥りやすい落とし
穴がある。その一つは，「将来」の幸せのために「現在」において要支援児等
はつらく苦しい学習に耐えなければならないという考え方である。また，もう
一つは，やはり「将来」の幸せのために要支援児等を大人の指示に何でも素直
に従う「よい子」に育て上げようとすることである。要支援児等の保育・教育
に困難を感じる研究熱心な指導者ほど，この落とし穴にはまりこむ危険性が高
い。そんなときこそ，ライフステージを見通して要支援児等の「現在」を充実
させる実践に立ち戻ることが大切である。たとえ今は見栄えの悪い行動であっ
ても長い目で見れば大切な成長のプロセスであることもある。支援者には迷い，
悩みながら要支援児等の成長に寄り添う姿勢が重要なのである。

（2）特別な教育的ニーズとは

　幼稚園教育要領解説に以下の記述がある。「障害の種類や程度を的確に把握
した上で，障害のある幼児などの『困難さ』に対する『指導上の工夫の意図』
を理解し，個に応じた様々な『手立て』を検討し，指導に当たっていく必要が
ある」「一方，障害の種類や程度によって一律に指導内容や指導方法が決まる
わけではない。特別支援教育において大切な視点は，一人一人の障害の状態等
により，生活上などの困難が異なることに十分留意し，個々の幼児の障害の状
態等に応じた指導内容や指導方法の工夫を検討し，適切な指導を行うことであ
る」[2]。

　ここでは「この障害にはこの指導」といった思い込みや決めつけの指導を廃
し，要支援児等個々の「困難さ」を改善克服するための「指導上の工夫の意
図」をもって具体的な指導の「手立て」を生み出すという新たな流れが示され
ている。この場合の指導は，各障害の種類に共通で固定的なものではなく，要
支援児等一人ひとりが有する個別の教育的な要求に基づいて行われる。これが
「特別な教育的ニーズ」である。

　「特別な教育的ニーズ」という用語を世界的に普及させる直接の契機となっ

たのは，イギリスの「ウォーノック報告」（1978年）である。第二次世界大戦後のイギリスにおける障害児教育の課題を明らかにし，新時代に向けた提言を行った「障害児者教育調査委員会」（メアリー・ウォーノック委員長）による報告書である。同委員会では子どもの障害だけに注目することが教育の可能性を否定的に捉えるとして，「特別な教育的ニーズ」という概念を導入した。それによって子ども自身の要因に加えて，子どもの学習環境や教師の指導に対する考え方などを重視することが不可欠になった。また「特別な教育的ニーズ」が子どもに学習上の困難を生じさせるあらゆる要因を包含することから，障害とは関係のない教育的ニーズも想定できる。それが障害以外の「特別な配慮を要する児童」として，特別支援教育の範疇に含まれるようになったと考えられる。イギリスで生まれた「特別な教育的ニーズ」の概念が，まさに50年近い時を経て現代の日本に花を咲かせようとしているということができるだろう。

2　保健医療分野の支援

（1）妊娠出産・障害の発見

　母親がおなかの中で大切に育んできた命が生まれる瞬間。苦痛や不安を乗り越えた親は安堵感と幸福感に包まれてわが子と対面する。そんな最愛のわが子に障害があると伝えられたとき，親はどのような気持ちになるだろうか。

　誕生と同時に発見される障害としては，染色体異常であるダウン症や脳性麻痺などの肢体不自由障害がある。外見的な特徴が見てとれることから生まれる前からわかる場合も多い。聴覚障害も出生後間もなく聴覚スクリーニング検査を受けることで発見することができる。これらの障害は誕生の喜びの中で伝えられることから親の受ける衝撃は大きいが，早期に発見されることで治療や支援を早くから開始できるというメリットもある。早期発見，早期支援がその後の成長発達に大きな影響を与えることが知られている。

　幼児期は特別支援学校の幼稚部や療育機関等で専門的な療育を受ける場合もあるが，専門機関のサポートを受けながら，通常の保育所や幼稚園に通うケースも多くある。

　一方，知的障害や言語障害，自閉スペクトラム症（ASD），注意欠如・多動症（ADHD），（限局性）学習症（LD）などの発達障害は生まれてすぐには発見できない。このような障害児の親の多くは乳幼児期から学童期にかけての子育

ての中でわが子の障害に気づくことになる。障害が発見される機会として重要なのは，母子保健法に定められ市区町村が実施する1歳6か月児健診や3歳児健診であり，また同じ頃に保育所や幼稚園，認定こども園等での保育が始まることから，保育現場で発見される場合もある。

　療育とは障害の改善・克服を目指して医療・教育・福祉等の様々な専門的知識を活かしたアプローチのことをいい，専門機関としては児童発達支援センター，児童発達支援事業などがある。市町村の保健センター等で開催される親子教室等も身近な相談支援の場ということができる。

　日本では，妊婦の血液を検査することで胎児の異常を診断する「NIPT（新型出生前診断／非侵襲性出生前遺伝学的検査)」が2013（平成25）年から導入された。採血だけで，胎児のダウン症を含む染色体異常をおよそ99％の感度（精度）で判断できる。妊娠10〜22週で検査できることから，妊婦は検査結果によって人工妊娠中絶を選択することができる。科学や医療の進歩によって，今後このような葛藤，苦悩に直面した決断の場が増えていくことになると考える。

（2）学齢期以降の支援

　学齢期以降も継続して子どもたちが医療機関と関わるケースとしては，薬物療法がある。多動や過敏を伴う発達障害やてんかん等は定期的な服薬によって安定した日常生活を送ることができる。

　また，重度の肢体不自由と重度の知的障害が重複している重症心身障害児は生命と生活を維持するために医療との連携が不可欠である。全国に約4万人の重症心身障害児・者がおり，その7割が在宅療養だという。在宅医療体制や家族の介護負担を軽減する福祉体制は不十分であり，保護者・家族に介護負担が重くのしかかっている現状である。[3]

　近年の小児医療の技術の進歩によって救命できるようになった子どもの中には，知能や運動能力に異常はないが，気管切開，人工呼吸器管理，痰の吸引，中心静脈栄養などの高度な医療を必要としている子どもが増えてきている。この子どもたちは歩くことができ，会話も可能なため，重症心身障害児の枠には入らない。医療依存度の高い子どもの課題は大きい。こうした家族の負担を少しでも軽減できるように2012（平成24）年からヘルパーや教員等も条件を満たせば，痰の吸引や経管栄養，導尿等の**医療的ケア**を行うことができるようになった。障害の診断は医師が行うため，配慮を要する子どもが増加している昨

今，障害を専門とする医療機関の受診希望者が増大している。専門の医療機関の数は限られているため，特に地方では受診まで半年から1年もの間待たなければならない状況がある。障害についての診療ができる医療機関の拡充が喫緊の課題である。

3　福祉・教育分野の支援

（1）就学前の支援

　要支援児等は，保育所や幼稚園，認定こども園等に通うことで初めての集団生活を体験する。前節で述べたように，生まれてすぐに障害が発見され，すでに療育が始まっている子どももいれば，まだわが子の障害等についてまったく認知していない保護者もいる。受け入れる保育者にはどのような対応が求められるだろうか。

　そもそも保育施設は，施設・設備も人員配置も要支援児等の受け入れを想定したものではない。一方で，障害者施策の進展や子どもの減少により，保育施設が要支援児等を受け入れる機会は増大している。保育者がこの矛盾を乗り越えようとするとき，それまでの現場経験や子どもへの愛情だけでは十分ではない。保育者は，人間の発達の多様なあり方を理解し，障害を科学的な視点から学ぶことや，保護者や同僚，障害児の療育に携わる各種の専門機関と交流する必要に迫られる。そして，自分がこれまで培ってきた「子ども観」や「保育観」の見直しが必要になる。つまり，要支援児等を受け入れる保育者に必要な心構えは「自分自身の保育の枠組みを変化させることをいとわない姿勢」だといえる。たとえば，日常の保育活動の中で子どもが離席したり，想定外の行動に出たりするとき，保育者は子どもの側に問題があると強く感じる。要支援児等の保育において保育者は子どもの成長の手ごたえや見通しがもちにくい。要支援児等の行動によってこれまで平穏に行われてきたクラス運営が乱され，保育の土台がゆらぐことで保育者は大きなストレスを感じるようになる。

　しかし，こういう状況においてこそ，保育者は自身の保育のありようを振り返る視点が必要となる。自分の実践が子どもたちに過度な統制を求めたものではなかったか，子どもたち一人ひとりの最善の利益を追求したものであったか等の反省や吟味が重要だろう。保育者の役割は，子どもたちが個々に成長する力をもっていることを確信し，彼らが現在を最もよく生きることができるよう

表10-1　学校教育法施行令第22条の3

法第75条の政令で定める視覚障害者，聴覚障害者，知的障害者，肢体不自由者又は病弱者の障害の程度は，次の表に掲げるとおりとする。

区　分	障害の程度
視覚障害者	両眼の視力がおおむね0.3未満のもの又は視力以外の視機能障害が高度のもののうち，拡大鏡等の使用によつても通常の文字，図形等の視覚による認識が不可能又は著しく困難な程度のもの
聴覚障害者	両耳の聴力レベルがおおむね60デシベル以上のもののうち，補聴器等の使用によつても通常の話声を解することが不可能又は著しく困難な程度のもの
知的障害者	一　知的発達の遅滞があり，他人との意思疎通が困難で日常生活を営むのに頻繁に援助を必要とする程度のもの 二　知的発達の遅滞の程度が前号に掲げる程度に達しないもののうち，社会生活への適応が著しく困難なもの
肢体不自由者	一　肢体不自由の状態が補装具の使用によつても歩行，筆記等日常生活における基本的な動作が不可能又は困難な程度のもの 二　肢体不自由の状態が前号に掲げる程度に達しないもののうち，常時の医学的観察指導を必要とする程度のもの
病弱者	一　慢性の呼吸器疾患，腎臓疾患及び神経疾患，悪性新生物その他の疾患の状態が継続して医療又は生活規制を必要とする程度のもの 二　身体虚弱の状態が継続して生活規制を必要とする程度のもの

備考1：視力の測定は，万国式試視力表によるものとし，屈折異常があるものについては，矯正視力によつて測定する。
　　　2：聴力の測定は，日本工業規格によるオージオメータによる。

に工夫することであり，そのためには保育の場を，要支援児等を含むすべての子どもにとって心地よい場所にしていくことが大切である。わが子に向けられた温かなまなざしや専門性をもって関わる保育者の姿こそが，保護者の心を救う道でもある。

（2）就学に向けた支援

　2013（平成25）年9月，学校教育法施行令が一部改正され，障害児の就学先を決定する仕組みが大きく変わった。就学に関わる障害の程度については学校教育法施行令第22条の3（表10-1）に規定されており，改正前はこの基準に該当する者は特別支援学校に就学することを原則としていた。しかし，改正後はこの原則を見直し，第22条の3に該当した者に対して，市町村教育委員会が個々の障害の状態等を十分に検討したうえで，その就学先を地域の小中学校とするか特別支援学校とするかを決定する仕組みとなった。この流れを図10-1

【改正後（学校教育法施行令）】

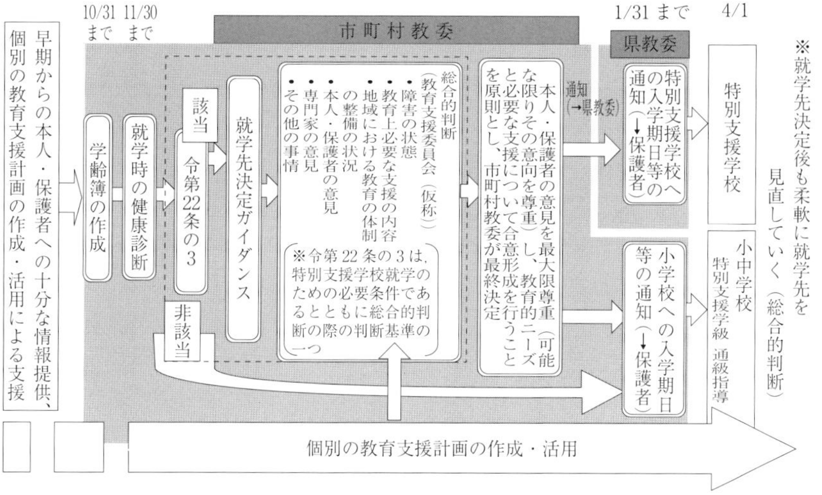

図 10-1　障害のある児童生徒の就学先決定について（手続きの流れ）

出所：文部科学省（2013）「教育支援資料」。

に示す。

　図 10-1 を左から右にみていくと小学校入学の前年に実施される就学時健康診断で学校教育法施行令第22条の3に該当するか，あるいは発達の遅れ等が疑われた場合，本人・保護者に対して，今後の就学先決定に向けたプロセスを説明するための「就学先決定ガイダンス」が実施される。そして，その際に重要なのは本人・保護者の就学先決定に関する意向を十分に聞き取ることである。

　市町村教育委員会は関係者や専門家をメンバーとする「教育支援委員会」を開催し，当該児童の適切な就学先について検討し総合的な判断を仰ぐ。そして，その結果に加えて本人・保護者の意向を最大限に尊重した形で就学先が決定されていくことになる。

　このように就学先決定プロセスは法制度として整備されてきている。しかし，現状の課題を挙げるならば，各市町村でこのプロセスが厳密に遵守されているかどうかである。現在全国的に特別支援学校，特別支援学級等で学ぶ希望をもつ児童生徒数は増加の一途をたどっている。増え続ける障害児等や保護者の意向に沿えるだけの学校や学級が準備できているかどうかを調査し，その実態を明らかにする必要があるだろう。

表 10-2　在籍または通級による指導を受けている児童生徒数の推移

	1996年	2004年	2012年	2021年
特別支援学校（※1）	86,293人	98,796人	129,994人	146,285人
特別支援学級（※2）	66,162人	90,851人	164,428人	326,457人
通級による指導（※3）	20,006人	35,757人	71,519人	163,397人 （※4）

注：※1　特別支援学校は国公私立の幼稚部，小学部，中学部，高等部の合計。
　　※2　特別支援学級は国公私立の小学校，中学校の合計。
　　※3　通級による指導は公立の小学校，中学校の合計。
　　※4　2020年度に通級による指導を受けた児童生徒数。
出所：文部科学省「特別支援教育資料（令和3年度）」より筆者作成。

（3）学齢期の支援

　特別支援学校や通常の小中学校に併設される特別支援学級，通常の学級に在籍しながら一定の時間だけ別教室において専門の指導を受ける「通級による指導」などで学ぶ児童生徒数は1996（平成8）年度から増加に転じ，20年以上経過してもその勢いは止まらない（表10-2）。子どもの人口が減少していることを考えれば，特別支援教育を受ける児童生徒数の激増の要因を分析し，教育課題として検討する必要があるのではないだろうか。

　また，学ぶ児童生徒数の増加によって特別支援学校や特別支援学級等を担当する教員も多数必要になっている。教員の特別支援教育に関わる専門性の指標として，**特別支援学校教諭免許状**の保有率がある。全国の特別支援学校に勤務する教員の特別支援学校教諭免許状保有率は86.5％（2021年度）であり，特別支援学級では31.1％（2021年度）とさらに低くなっている。担当教員の専門性の確保も，要支援児への支援の充実に向けた大きな課題である。

　以上のような学齢期の要支援児等の支援の状況の中で現在大きな課題となっているのは，知的な遅れを伴わない発達障害を有する子どもたちへの支援である。彼らは原則として通常教育を受けるが，個々の特性や状況に応じて教育的サポートを受けることができる。その教育の場として，義務教育段階では特別支援学級として自閉症・情緒障害学級，そして通級による指導として自閉スペクトラム症（ASD），情緒障害，注意欠如・多動症（ADHD），（限局性）学習症（LD）の通級指導教室が設置可能である。また，**特別支援教育支援員**という職員が授業に入り，当該児童・生徒を支援する制度もある。しかし，中学校を卒業するとこれらの支援が受けにくくなる。特別支援学校の高等部は，視覚，聴

覚，知的，肢体不自由，病弱の５障害種に限られるため，知的な遅れを伴わない発達障害の生徒は通常の高等学校に進学することになる。2018（平成30）年度より高等学校においても通級による指導が制度化された。国，自治体の努力で通級による指導を実施する高等学校等の数も，そこで学ぶ生徒数も着実に増加している。また，指導内容の研究も，各地で積極的に行われている。しかし，中学校において利用している生徒数に比べれば，現状はまだ十分とはいえず，高等学校における通級による指導のさらなる充実が期待されている。

（4）高等学校の卒業と社会への移行

　高等学校に進学すると子どもたちは居住する地域を離れ中学校時代の友人関係に加えて，新たな仲間との人間関係を築くことが多い。しかし，要支援児等が支援の乏しい高等学校に在籍した場合，周囲との関係を構築できず自己を確立できない不安定な状態のまま孤立を深める危険性がある。また，卒業に向けて，就労するか進学するかといった大きな決断を迫られるときに，自尊感情が育っていなかったり，自己理解が不十分だったりすれば自己選択が困難になる。このような生徒に対して，周囲がある進路を強く勧めたとしても，本人が拒否したり，いったん進んでもドロップアウトしたりして社会との溝をさらに深めてしまうことがある。

　一方，知的障害特別支援学校卒業後の進路としては，大きく分けて通常の企業に就職する「一般就労」と**就労継続支援事業所**で働く場合や福祉施設等に入所して軽作業を行う「福祉的就労」の２つがある。日本は「障害者雇用率制度」を実施しているため，事業主に対して，その雇用する労働者に占める障害者の割合が**法定雇用率**以上になるよう義務づけている。

4　地域社会における自立を目指して

（1）障害概念と地域生活

　第１章で述べた通り，障害の概念は「医学モデル」に「社会モデル」を加える形で進化してきた。ICF（国際生活機能分類）の登場により，障害による困難さを個人の問題として押しつけるのではなく，それぞれの障害の克服・改善を目指しつつも，個人と社会との関係性が成熟していくことで周囲の理解や配慮が進み，誰もが生きやすい社会が実現すると考えられるようになってきた。障

害が「人と人の間にある」という考え方は，身近に障害のある家族や友人がいる人は理解しやすいだろう。長くつきあっているうちにお互いの間の不便さはどんどん軽減してくる。自然に生活しやすい方法を選択するようになる。まるで両者の間の障害が消えてしまうような感覚になるのである。この関係性の改善を「人と社会の間」でも実現できるような方策が求められる。

（2）自立する姿とは

　障害者の自立という概念は，1981年の国際障害者年以降，大きく変化してきた。身辺自立や経済的自立が難しい重度の身体障害者が「自己決定」や「個性と尊厳」等の概念を中心とした「社会的自立」を実現するようになった。家族と暮らすか，施設に入所するしか選択肢のなかった重度身体障害者が，社会資源を活用しつつ，危険や苦難を乗り越えて自分らしく生きていく道を切り拓いたのである。この流れはその他の障害種においても同様である。知的障害者は単独の生活は難しい場合もあるが，グループホームを活用することによって親元を離れ，適切な支援を受けながら自分のライフスタイルをつくり上げることができる。障害者が地域で自立する姿こそが，要支援児等の保育・教育が目指すゴールなのだといえるだろう。

　このようなライフステージを見通したうえで，保育者等は目の前の子どもの支援を構築していく。そのときに保育者等は何を大切にしなくてはならないのだろうか。本章では要支援児等を取り巻く様々な内容を取り上げてきたが，そこに共通して流れている思いは「自己肯定感をもち，前を向いて生きる」ことだと考える。そして，そのために大人がなすべき支援は，子どもたちが「仲間と共に今を充実させることで未来を展望できる」保育・教育ではないだろうか。これは障害の有無にかかわらず，すべての子どもに必要な支援だと考える。

注
(1)　小林徹・栗山宣夫編著（2020）『ライフステージを見通した障害児保育と特別支援教育』みらい。
(2)　文部科学省（2018）『幼稚園教育要領解説』フレーベル館。
(3)　小橋明子監修／小橋拓真編著（2019）『障がい児保育』中山書店。

参考文献

秋田喜代美・馬場耕一郎監修／松井剛太編（2018）『障害児保育』中央法規出版。

日本特別ニーズ教育学会編（2007）『テキスト特別ニーズ教育』ミネルヴァ書房。

学習課題

① 「ライフステージを見通して，特別な支援や配慮を要する児童・生徒を支援する」と聞いて，あなたはどのような支援を考えるか，自分で調べてみよう。

② あなたが自分の実践に「特別な教育的ニーズ」を活かすとしたら，どのように取り組むか，具体的に考えてみよう。

キーワード一覧表

☐ **ライフステージ**　人の一生を「乳幼児期」「学童期」「青年期」「壮年期」「老年期」等に分けて考えた場合のそれぞれの段階を指す。　　　　　　133

☐ **移行期**　ある段階から次の段階に移行する時期を指し，人生の中の大きな局面，転機と考えられるため，切れ目のない支援が重要となる。トランジション。
　　　　　　133

☐ **特別な教育的ニーズ**　子どもたち一人ひとりが有する個別の教育的要求。障害の種別や有無にかかわらず，どの子どもにもある連続的なものと考えられている。　　　　　　134

☐ **医療的ケア**　医療行為は本来医師や医療職以外は行うことが禁止されているが，家庭では家族が，また施設や学校では職員や教員が一部の行為を行う必要があることから，同じ行為を「医療的ケア」と呼ぶようになった。第15章を参照。　　　　　　136

☐ **特別支援学校教諭免許状**　特別支援学校の教員が幼・小・中・高校の教員免許と併せて有する必要がある免許状。視覚障害，聴覚障害，知的障害，肢体不自由，病弱の５種がある。　　　　　　140

☐ **特別支援教育支援員**　幼稚園，小学校，中学校，高等学校等に配置されて障害を有する児童生徒をサポートする職員。　　　　　　140

☐ **就労継続支援事業所**　一般の事業所に就労困難な障害者等に対し，就労の機会を提供し，一般就労に向けた訓練を行う事業所。雇用契約の有無でA型とB型に分かれる。　　　　　　141

☐ **（障害者）法定雇用率**　障害者雇用促進法に規定された，常時雇用の労働者数に対して雇用が義務づけられた障害者数の割合。民間企業は全職員の2.3%，国・地方公共団体は2.6%，都道府県等の教育委員会は2.5%。　　　　　　141

第11章

特別支援学校・特別支援学級・通級による
指導等での特別支援教育に関する現状と課題

　日本においても近年，インクルーシブ教育システムの推進が社会的潮流となっている。文部科学省の報告では，障害のある子どもとない子どもが，同じ場で学ぶことを追求するとともに，個別の教育的ニーズに最も的確に応える指導を提供できる，多様で柔軟な仕組みを整備することが重要であるとしている。多様な学びの場としては，通常の学級，通級による指導，特別支援学級，特別支援学校が挙げられる[(1)]。

　本章では，特別支援学校，小中学校等の特別支援学級・通級による指導等で行われている特別支援教育について解説する。なお，関係する法令等を（　）で示す。

1　特別支援学校

（1）特別支援学校の対象児と教育目標

　特別支援学校は，視覚障害，聴覚障害，知的障害，肢体不自由または病弱（身体虚弱を含む），およびそれらを併せ持つ幼児児童生徒に対応した学校であり，子どもの障害の状態や発達段階等に合わせ，手厚い指導が行われている。特別支援学校には幼稚部，小学部，中学部，高等部あるいはそれらのいずれかが置かれている（特別支援学校によっては保育相談部等が設置されている場合がある）。

　特別支援学校では，幼稚園，小学校，中学校，高等学校に準ずる教育を行うとともに，障害に基づく種々の困難を改善・克服するために，「自立活動」という特別な指導領域が設けられている。準ずるとは，原則「同一」という意味である。また，子どもの障害の状態等に応じた弾力的な教育課程が編成できるようになっている（学校教育法第72条）。

表11−1　特別支援学校の教育課程の基準

各教科 （国語，社会，算数，理科，生活，音楽， 図画工作，家庭，体育及び外国語）	道徳	外国語活動	総合的な 学習の時間	特別活動	自立活動

出所：筆者作成。

（2）特別支援学校の教育課程

①　特別支援学校の教育課程

特別支援学校の教育課程については，学校教育法施行規則（第126条〜第128条）で定められている。特別支援学校の教育課程の編成を示す（表11−1）。

小学校，中学校，高等学校で扱う内容に加え，自立活動が加わっている。指導にあたっては障害の特性からくる学びにくさに十分に配慮し，基礎的・基本的な事項から着実に習得できるよう指導内容を精選したり工夫したりする必要がある。なお，知的障害の児童生徒等の教育を行う特別支援学校（以下，知的障害特別支援学校）の教育課程における各教科については以下に示す。

②　知的障害の児童生徒を対象とする特別支援学校の教育課程

知的障害特別支援学校には，学校教育法施行令第22条の３に示されているように「他人との意思疎通が困難で日常生活を営むのに援助を必要とする」「社会生活への適応が著しく困難」な児童生徒が在籍している。また，発達期における知的機能の障害の程度は，同一学年であっても個人差が大きく学力や学習状況が異なっているため，教育課程の編成にあたっては，児童生徒の発達段階や特性を踏まえ，実生活に即しながら，継続的段階的な指導を行うことが適当である。知的障害特別支援学校の教育課程について小学部を例に示す（図11−1）。

また，知的障害特別支援学校では，知的障害の特性や集団内での児童生徒の個人差に対応し「各教科等を合わせた指導」が実施されている。各教科等を合わせた指導とは，各教科，道徳，外国語活動，特別活動および自立活動を分けず，これらの全部または一部を合わせて授業を行う指導形態である（学校教育法施行規則第130条第２項）。各教科等を合わせた指導として，次のようなものがある。

• 日常生活の指導…児童生徒の日常生活が充実し，高まるように日常生活の諸活動を適切に指導するもので，生活の流れに沿って，実際的な状況下で毎日反復して行い，望ましい生活習慣の形成を図る（例：更衣，洗面，排泄，食事，整理整頓等の基本的生活習慣に関する内容や，あいさつ，決まりを守ること等，生活に必

145

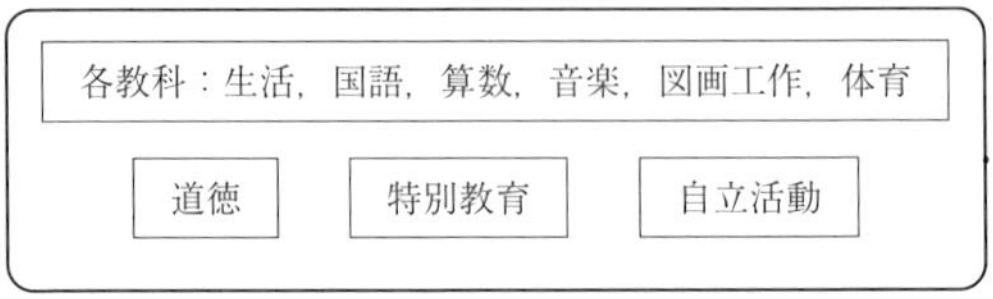

```
┌─────────────────────────────────────────┐
│  ┌───────────────────────────────────┐  │
│  │ 各教科：生活，国語，算数，音楽，図画工作，体育 │  │
│  └───────────────────────────────────┘  │
│  ┌──────┐  ┌────────┐  ┌────────┐      │
│  │ 道徳 │  │ 特別教育 │  │ 自立活動 │      │
│  └──────┘  └────────┘  └────────┘      │
└─────────────────────────────────────────┘
```

図 11-1　知的障害特別支援学校小学部の教育課程

注：必要がある場合には，外国語活動を加えて教育課程を編成
　することができる。
出所：筆者作成。

要な基本的な内容）。

・**生活単元学習**…児童生徒が生活上の目標を達成したり，課題を解決したりするために，一連の活動を組織的に経験することによって，自立的な生活に必要な事柄を実際的・総合的に学習するもの（例：運動会などの行事，季節のテーマ，生活的な課題等について単元を設定）。

・**遊びの指導**…遊びを学習活動の中心に据えて，身体活動を活発にし，仲間との関わりを促し，意欲的な活動を育てていくもの。

・**作業学習**…作業活動を学習の中心に据え，生徒の働く意欲を培い，将来の職業生活や社会自立に必要な事柄を総合的に学習する（例：農耕，園芸，木工，縫製，織物，金工，窯業，食品加工，販売，清掃，接客など）。

　③　重複障害のある子どもの教育課程

　重複障害のある子ども（複数の障害を併せ有する子ども）の個々の障害の状態は様々であり，教育課程の編成にあたっては，障害の状態に応じ弾力的に編成される。たとえば視覚障害・聴覚障害・肢体不自由・病弱の特別支援学校に在籍する子どもが知的障害を併せ有する場合，下学年や下学部の目標に替えて行ったり，知的障害特別支援学校の各教科に替えて「知的障害代替」を行ったりする。また，特に必要がある場合「自立活動を主とした教育課程」を編成する場合がある。さらに重度障害または重複障害のため通学が困難な子どもに対し「訪問教育」を行う。訪問教育では個々の実態に応じ「特別の教育課程」を編成する。

　④　自立活動

　自立活動は特別支援学校の教育課程に設けられた指導領域である。自立活動の目標は「個々の児童又は生徒が自立し，障害による学習上又は生活上の困難を主体的に改善・克服するために必要な知識，技能，態度及び習慣を養い，もって心身の調和的発達の基盤を培う」ことである。

表 11 - 2　自立活動の 6 区分27項目

区　　分	項　　目
1　健康の保持	(1)　生活のリズムや生活習慣の形成に関すること。 (2)　病気の状態の理解と生活管理に関すること。 (3)　身体各部の状態の理解と養護に関すること。 (4)　障害の特性の理解と生活環境の調整に関すること。 (5)　健康状態の維持・改善に関すること。
2　心理的な安定	(1)　情緒の安定に関すること。 (2)　状況の理解と変化への対応に関すること。 (3)　障害による学習上または生活上の困難を改善・克服する意欲に関すること。
3　人間関係の形成	(1)　他者との関わりの基礎に関すること。 (2)　他者の意図や感情の理解に関すること。 (3)　自己の理解と行動の調整に関すること。 (4)　集団への参加の基礎に関すること。
4　環境の把握	(1)　保有する感覚の活用に関すること。 (2)　感覚や認知の特性についての理解と対応に関すること。 (3)　感覚の補助および代行手段の活用に関すること。 (4)　感覚を総合的に活用した周囲の状況についての把握と状況に応じた行動に関すること。 (5)　認知や行動の手がかりとなる概念の形成に関すること。
5　身体の動き	(1)　姿勢と運動・動作の基本的技能に関すること。 (2)　姿勢保持と運動・動作の補助的手段の活用に関すること。 (3)　日常生活に必要な基本動作に関すること。 (4)　身体の移動能力に関すること。 (5)　作業に必要な動作と円滑な遂行に関すること。
6　コミュニケーション	(1)　コミュニケーションの基礎的能力に関すること。 (2)　言語の受容と表出に関すること。 (3)　言語の形成と活用に関すること。 (4)　コミュニケーション手段の選択と活用に関すること。 (5)　状況に応じたコミュニケーションに関すること。

出所：文部科学省（2018）「特別支援学校教育要領・学習指導要領解説　自立活動編（幼稚部・小学部・中学部）」。

　自立活動の内容は 6 区分27項目で構成されている（表11 - 2）。指導にあたってはこれらをすべて扱うのではなく，個々の子どもの障害の状態や特性，心身の発達段階等の実態に応じ必要な項目を選定し，個別の指導計画を作成し指導する。また自立活動は特設された自立活動の時間だけではなく，学校教育活動全体を通じて行うものである。

（3）特別支援学校のセンター的機能

　特別支援学校は自校の子どもに対する教育に加え，地域における特別支援教育を推進すべく，「地域の特別支援教育のセンター」として，地域の小中学校等に対して支援を行う役割を担っている（学校教育法第74条）。特別支援学校は，**センター的機能**を推進するため，地域支援に関する分掌を設けたり地域支援を担う専任の特別支援教育コーディネーターを配置したりするなど，組織として体制整備に努めている。センター的機能を発揮するために，地域の小中学校等のニーズを的確に把握し，特別支援学校がこれまで蓄積してきた特別支援教育に関する高い専門性を活用して支援を行うことが求められている。センター的機能の具体的な内容は次の6点にまとめられる。①小中学校等の教員への支援機能（例：特別な教育的ニーズのある子どもの実態把握や指導について助言するなど），②特別支援教育等に関する相談・情報提供機能（例：特別な教育的ニーズのある子どもの保護者や担任等への相談など），③障害のある幼児児童生徒への指導・支援機能（例：学校等への巡回相談やコンサルテーション，地域の小中学校等の児童生徒への直接指導），④福祉，医療，労働などの関係機関等との連絡・調整機能（例：関係機関と連携し特別な教育的ニーズのある子どもの支援のあり方を検討するなど），⑤小中学校等の教員に対する研修協力機能（例：研究会への講師派遣など），⑥障害のある幼児児童生徒への施設設備等の提供機能（例：教材教具の貸し出しなど）。

2　小中学校等における特別支援教育

　学校教育法第81条には，特別支援教育は，従来の障害種に加え，教育上特別の支援を必要とする子どもに対しても行われることが示されている。一人ひとりの教育的ニーズに応える教育を提供するために，小中学校等では，通常の学級，特別支援学級，通級による指導等，多様な学びの場が設けられている。

（1）特別支援学級

　特別支援学級とは小中学校等に設置されている，障害があり教育上特別の支援を必要とする児童生徒のための少人数で編成された学級である。特別支援学級1学級の児童生徒数は8人が標準となっている。特別支援学級の対象は，知的障害者，肢体不自由者，身体虚弱者（病弱者を含む），弱視者，難聴者，その

他障害のある者[3]で，特別支援学級において教育を行うことが適当なものである（学校教育法第81条第2項）。特別支援学級の教育課程は，基本的には小中学校の教育課程に沿って行われるが，特に必要がある場合は特別の教育課程によることができる（学校教育法施行規則第138条）。特別の教育課程の編成については，障害による学習上または生活上の困難を克服し自立を図るため，自立活動を取り入れることとされ，各教科の目標や内容を下学年の教科の目標や内容に替えたり，各教科を知的障害特別支援学校の各教科に替えたりすることなどができる（小学校・中学校学習指導要領）。指導にあたっては個別の教育支援計画や個別の指導計画を作成し，心身の発達や特性を踏まえ個に応じた指導がなされる。また，施設・設備・教材・教具等に様々な工夫をしたり，見る，触れる，実際に物を操作する等，具体的な経験を学習活動の中で取り入れたりすること等が重視されている。また，学校行事や給食，各教科の一部，総合的な学習の時間等について交流学級で学ぶ等，通常の学級の子どもと交流する機会を設けることも大切である。特別支援学級の運営にあたっては，すべての教師が障害について正しい理解と認識を深め教師間の連携に努めることが大切である。

（2）通級による指導

　通級による指導[4]とは，学校の通常の学級に在籍し，通常の学級での学習におおむね参加でき，ほとんどの教科等を通常の学級で行いながら，一部特別な指導を必要とする児童生徒に対して，障害に応じた特別の指導を特別の場（通級指導教室）で行う教育形態である。通級による指導の対象は，言語障害者，自閉症者，情緒障害者，弱視者，難聴者，学習障害者，注意欠陥多動性障害者，その他障害のある者[5]で，この条の規定により特別の教育課程による教育を行うことが適当なものである（学校教育法施行規則第140条）。

　通級による指導は，特別の教育課程による。指導内容は，障害による学習上または生活上の困難を改善・克服することを目的とする「自立活動」である。ただし，特に必要があるときは，各教科の内容を取り扱いながら指導を行うこともできる。たとえば，学習障害により書字に困難を示す場合，単なる国語の学習の補充ではなくその子どもの書字困難の要因をアセスメントし，その困難を軽減するための指導を行う等である。

　通級による指導の教育課程は，在籍する小中学校等の通常の教育課程に加え，またはその一部に替えて行うことができる。

　通級による年間の指導時間は35単位時間（週1単位時間）から年間280単位時間（週8単位時間）以内となっている。（限局性）学習症（LD）や注意欠如／多動症（ADHD）については，指導の効果が期待できる場合，下限が年間10単位時間（3〜4週間に1回でも可能）となっている。

　また，通級による指導は，在籍校の通級指導教室に通う自校通級，在籍校に通級指導教室がなく他校の通級指導教室に通う他校通級，通級による指導を担当する教師が複数の学校に出向いて指導する巡回指導の形態がある。

　指導方法としては，小集団指導により，社会的な能力に関する指導（人との関わり方やコミュニケーションのとり方，集団のルールの理解，場面や状況に合わせた行動のコントロール等）を行ったり，個別指導により，学習に関わるスキルの習得を行ったりする。通級による指導では通常の学級の教育課程のように指導内容があらかじめ決まっていないため，適切な実態把握のもと，担当教師が指導内容を組み立てていく。通級指導教室で学習したことを日常の生活や通常の学級の諸活動で活かすことができるように，保護者や担任等と連携を図ることも重要である。

（3）通常の学級での配慮・支援

　文部科学省が行った調査では，小中学校において通常の学級で学習または行動面で著しい困難を示すとされた児童生徒は，6.5%であった。[6]また，不登校の子ども，外国から帰国した子どもや外国籍の子どものうち日本語習得に困難がある子ども，虐待等家庭における養育上困難がある子ども等，障害はないが特別な配慮・支援が必要な子どもが在籍することも考えられる。これらのことから，通常の学級においても，教育活動の中で特別支援教育の視点に立った対応や指導の必要性が示唆される。

①　学校組織としての支援体制

　個々の子どもたちの多様な教育的ニーズに応えるためには，学級担任一人で取り組むのではなく，複数の教師によるチーム・ティーチング（TT）や校内委員会の設置など，組織としてのシステムを構築することが重要である。

②　集団への配慮・支援と個への配慮・支援

　集団に対し取り組むべきこととして，学級経営と授業改善が挙げられる。まず，学級経営においては，発達段階の違いや発達特性等により集団に適応できにくい子どもたちが排除されない集団づくりに努めたい。それぞれの良さを認

め合ったり，互いの違いを受け入れたりするなどの心情や態度を育てるために，教師が良きモデルとなって関わることが大切である。温かく落ち着いた学級はどの子どもにとっても安心できる環境であるとともに学習環境の基盤ともなる。

　授業改善では基礎的環境整備として，授業にユニバーサルデザイン（UD）の考え方を取り入れることが有効であると考えられる。教育活動における UDの例として，学習環境の整備（教室内の物の置き場をわかりやすく整理する，教室前面の掲示物を最小限にする等），視覚情報の活用（授業の流れを示すスケジュールボード，実物，写真，映像等の視覚的な手がかりの提示，ICT 機器の活用等），理解を深める工夫（互いの意見を共有しながら思考を深めるための話し合い活動等），授業の構成（授業のねらいや活動を絞り簡潔に構成する）等が挙げられる。

　しかし，こうした工夫を行ったうえでも知的発達に遅れがある子どもや認知特性に偏りがある子どもたちの中には理解や参加が難しい子どもが在籍する可能性も考えられる。そうした特別な配慮・支援が必要な子どもに対しては，障害の状態や教育的ニーズに応じて個々に合理的配慮を行うことが必要である。合理的配慮の観点として3観点11項目が示されている。[(7)]

3　個別の教育支援計画と個別の指導計画，就学移行期での引継ぎ

（1）個別の教育支援計画と個別の指導計画

　小中学校等で作成される**個別の教育支援計画**は，保健，医療，福祉，労働等の関係機関との連携を図りつつ，入学前から学校卒業後までの長期的視点に立って，一貫して適切な教育的支援を行うために，障害のある幼児児童生徒一人ひとりについて作成される。

　個別の指導計画は，一人ひとりの幼児児童生徒に対して教育的ニーズに対応したきめ細やかな効果的な指導を行うために，学校の教育課程に基づいて指導目標や指導内容等を盛り込み作成される。学習指導要領には，教育上特別の支援を必要とする児童生徒については，個別の教育支援計画の作成・活用に努めるとされており，特別支援学級に在籍する児童生徒や通級による指導を受ける児童生徒については，個別の教育支援計画および個別の指導計画を全員に作成する。個別の教育支援計画と個別の指導計画については，第6章に詳しく解説しているので参照されたい。

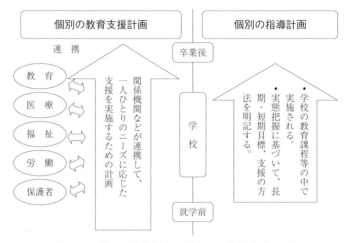

図11-2　個別の教育支援計画と個別の指導計画の関係
出所：筆者作成。

（2）移行期での引継ぎについて

　2021（令和3）年に示された「障害のある子供の教育支援の手引き――子供たち一人一人の教育的ニーズを踏まえた学びの充実に向けて」には，「一貫した教育支援を効果的に進めるためには，教育支援の主体が替わる移行期の教育支援に特に留意する必要がある。（中略）これらの移行期においては，個別の教育支援計画やこれまで各地域で共有されてきた関連資料を活用し，従前の教育上の合理的配慮を含む支援の内容を新たな支援機関等に着実に引き継ぐことが重要である」と示されている。

　保育所・幼稚園等から小学校，小学校から中学校への移行期において，送り出す側（前籍学校等）が，配慮・支援が必要な子どもの情報を円滑に引き継ぎ，受け入れ側（次に在籍する学校等）が継続的に支援を行う体制をとることにより，子どもや保護者が安心して新たなスタートが切れることが期待される。そこで，それぞれの機関の特別支援教育コーディネーターが連携を行い，個別の教育支援計画等を引継ぎのツールとして活用することにより，効率のよい引継ぎが可能となる。実際の引継ぎでは，引継ぎの方法（誰が，何を，どのような方法で，いつ引き継ぐか等）を明確にしておくことや，個人情報の取り扱いについて留意することが必要である。保育所・幼稚園から小学校への引継ぎについて，1年を通した取り組みの例を以下に示す。

・保育所・幼稚園・小学校間の連携連絡会…各機関の特別支援教育コーディネーターを中心として，年間を通して計画的に気になる子どもの状態や保護者の願いなどについて情報交換する。

・就学に向けた見学会…小学校の見学を希望している保護者や保育士等が，小学校の通常の学級・特別支援学級・通級指導教室の見学に行く。

・就学に向けた個別の相談会…保育所・幼稚園は個別に希望する保護者に対して就学に関する相談を行う。必要に応じ，小学校との懇談を設定し，合理的配慮等についての検討をする。

・保育所・幼稚園から小学校への訪問…小学校の運動会や学校行事などに，就学予定の年長児が参加し，特別な配慮・支援が必要な子どもの状態を小学校の教員が把握する機会とする。

・小学校から保育所・幼稚園への訪問…参観日，交流行事，表現発表会等の年間の行事や，普段の日に小学校の特別支援教育コーディネーター等が保育所・幼稚園を訪問し保育所・幼稚園での生活の様子を観察する。

・保育所・幼稚園から小学校への引継ぎ会…個別の教育支援計画および個別の指導計画を引き継ぎ，子どもの様子や保育所・幼稚園での支援・手立て，保護者の思い，保護者との関わり等について，保育所・幼稚園から小学校へ伝える。

4　特別支援教育推進のための校内の支援体制の構築と関係機関連携

（1）校内の支援体制の構築と特別支援教育コーディネーターの役割

　特別支援教育コーディネーターは各学校における特別支援教育を支える機能を担っている。特別支援教育コーディネーターは，校長のリーダーシップのもと，学校全体で特別支援教育に取り組むことを念頭に置き，校内支援体制の整備を図っていくことが重要である。そのために，日常的に他の職員と話したり子どもの様子を観察したりして，話しやすい雰囲気をつくっておくとともに，保護者とよい関係を築くよう心がけ，信頼関係のもとで協力して支援することが大切である。特別支援教育コーディネーターの具体的な役割を次に示す。

・特別支援教育の年間計画の立案…校内委員会，研修会，訪問支援，個別の指導計画作成の日程等について活動内容を具体的に明示する。

・子どもの実態把握…困難を呈している子どもについて担任の話やチェックリ

スト等から，早い段階で気づき，支援につなげる。
- 学校内の職員の相談窓口…職員の相談に耳を傾け，助言を行ったり情報を提供したりする。必要に応じ他機関の紹介，ケース会議の開催等を行う。
- 校内委員会の企画運営…校内委員会を企画し，運営や協議における中心的な役割を果たす。
- ケース会議の実施…必要に応じケース会議を開き，情報を共有し具体的支援を検討するための中心的な役割を果たす。
- 保護者の相談窓口…保護者からの相談に応じる。必要に応じ担任等との面談の設定をしたり，他機関へつないだりする。
- 「個別の教育支援計画」「個別の指導計画」…「個別の教育支援計画」「個別の指導計画」の作成・実施・評価について計画し，全職員に伝えたり助言を行ったりする。
- 関係機関との連携…教育・福祉・保健・医療等の関係機関との連携を図る（例：児童発達支援センター，放課後等デイサービス等）。
- 研修会の企画・運営…特別支援教育の推進や理解啓発のため，研修会を企画・運営する。

（2）「交流および共同学習」と学校間連携

　障害のある児童生徒が地域社会の中で積極的に活動し，その一員として豊かに生きるうえで，障害のない児童生徒と相互理解を図ることは非常に重要である。小学校・中学校，特別支援学校の学習指導要領には「交流及び共同学習の機会を設け，共に尊重し合いながら協働して生活していく態度を育むようにすること」と記されている。障害のある子どもと障害のない子どもが一緒に参加する活動は，相互の触れ合いを通じて豊かな人間性を育むことを目的とする交流の側面と，教科等のねらいの達成を目的とする共同学習の側面があるものと考えられ，この2つの側面は分かち難いものとして捉え，推進していく必要があるとされている。このため，小中学校等においては，学校内（特別支援学級と通常の学級間等）や学校間（自校の特別支援学級と他校の特別支援学級間，自校と近隣の特別支援学校間等）での**交流および共同学習**，あるいは地域社会との交流を実施している。特別支援学校では，学校間交流や自校が所在する地域との交流に加え，自校に通う児童生徒が居住する地域の小中学校等との交流を行う居住地交流が行われている。交流および共同学習は，障害のある子どもにとって

有意義であるばかりでなく，障害のない子どもや地域の人たちが，障害のある子どもとその教育に対する正しい理解と認識を深める絶好の機会にもなる。また，障害のある子どもが学校卒業後，自分の居住する地域で生活することを考えると，交流および共同学習を通して，地域の人や子どもが障害のある子どもの存在を知り，将来共に助け合い支え合う関係を築く基盤となる。

（3）副次的な学籍

交流および共同学習に関連して，近年，各自治体において**副次的な学籍**の制度が進められている。副次的な学籍については，2021（令和3）年の文部科学省中央教育審議会答申において，「特別支援学校に在籍する児童生徒が居住する地域の学校に副次的な籍を置く取組については，居住する地域との結び付きを強めたり，居住する地域の学校との交流及び共同学習を継続的に推進したりする上でも有意義であり，その一層の普及を推進することが重要である」と明記されている。2004（平成16）年度の埼玉県を皮切りに，2005（平成17）年には横浜市が，2007（平成19）年には東京都が導入し，現在も兵庫県等各自治体において進められている。副次的な学籍については各自治体により名称や定義，対象がやや異なる。たとえば東京都や兵庫県では「副籍」，埼玉県では「支援籍」，横浜市では「副学籍」という。その定義は，兵庫県のものを引用すると「副次的な学籍とは，特別支援学校に在籍するすべての児童生徒が，居住地の小・中学校等の学級に置く副次的な学籍により，組織的に居住地域とのつながりの維持・継続を図る仕組み」とある。副次的な学籍の推進により，居住地校交流などの交流活動が活性化されることが期待される。

（4）福祉機関との連携

障害者の日常生活及び社会生活を総合的に支援するための法律（障害者総合支援法）の改正（2019年施行）により，様々な福祉サービスを利用する際に相談支援専門員によるサービス等利用計画の作成等が求められることとなった。障害児支援利用計画は児童通所支援（児童発達・医療型児童発達支援・放課後等デイサービス・保育所等訪問支援・居宅訪問型児童発達支援）や障害福祉サービスの利用者を対象として，障害児の総合的な援助方針や課題を踏まえ，適切なサービスを検討する総合的な支援計画のことである。また，障害児支援利用計画はサービスの提案にとどまらず，この計画をもとに関係機関が情報共有し，一体

的な支援を行うツールでもある。文部科学省中央教育審議会答申において「特別な支援が必要な子供に対して，幼児教育段階からの一貫した支援を充実する観点からも保健・医療・福祉・教育部局と家庭との一層の連携や，保護者も含めた情報共有や保護者支援のための具体的な連携体制の整備を進める必要がある」と示されているように，関係機関の連携強化による切れ目のない支援の充実が求められている。しかし，現状としては教育機関と福祉機関の連携はまだ十分とはいえず，学校教育関係者と相談支援専門員などの福祉関係者が互いに理解し，役割分担を行い指導と支援の一貫性を保つために情報を共有する必要がある。こうした点から「相談支援ファイル」に，福祉機関が作成する障害児支援利用計画や教育機関が作成する個別の教育支援計画や個別の指導計画等を綴り，情報共有のツールとして活用するなどしてさらなる連携のもと支援を行うことが求められる。

5　障害のある児童生徒にかかる感染症への対応

　ウイルス，細菌，寄生虫などの微生物が，宿主の体内に侵入し，臓器や組織の中で増殖することを「感染」といい，その結果，生じる疾病が「感染症」である。集団生活を営む学校では感染が拡大しやすく教育活動にも影響が及ぶ。感染した場合の対応や予防については，学校保健安全法，学校保健安全法施行令，学校保健安全法施行規則により規定されている。

　新型コロナウイルス感染症（COVID-19）については，2019年，中華人民共和国において初めて確認されて以降，国際的に感染が拡大し，日本は2020（令和2）年に指定感染症および検疫感染症に指定した。

　学校においては文部科学省の対応ガイドライン等を踏まえ，感染症対策を行いながら教育活動を行ってきた。障害のある児童生徒等へも文部科学省「特別支援学校等における新型コロナウイルス感染症対策に関する考え方と取組について」等に基づき対応してきた。たとえば，スクールバスの乗車人数の抑制，視覚教材を活用した感染症予防の指導，感染のリスクの高い学習活動における接触によるリスクの低減の工夫等である。実際の教育の場では特別な教育的ニーズのある子どもに対し，ガイドラインやマニュアル等を適用しながら児童生徒等の障害や発達の状況等を考慮したうえで，個別の状況に応じて対応を検討している。

　また，臨時休校等が発生したことにより，学校（特別支援学校を含む）のセーフティネットとしての福祉的な役割が再確認された。特別支援学校においても，在籍児童生徒等のみならず地域のセーフティネットの資源として開かれた学校を再構築してくことが必要であろう。

6　すべての学びの場における特別支援教育の推進

　インクルーシブ教育システムが推進され，障害のある子どもと障害のない子どもが同じ場で共に学ぶことが追求されるようになった。一方で通級による指導，特別支援学級，特別支援学校で学ぶ子どもは増加の一途をたどっている。このことは，同じ場で共に学ぶことを目指しながらも，障害のある児童生徒等の教育的ニーズに最も的確にこたえる指導内容や指導方法を提供できる学びの場が求められているといえよう。そのため，それぞれの学びの場の一層の充実・整備を図る必要がある。たとえば通常の学級におけるユニバーサルデザインや合理的配慮の提供を前提とする学級経営・授業づくり，教員の専門性向上のための特別支援学校教諭等免許状の取得率の向上や体系的な研修のあり方の検討などである。

　さらに令和になり，新学習指導要領の全面実施，GIGA スクール構想の進展等による ICT を活用した教育活動など，教育全般を取り巻く状況は大きく変化しつつある。2021（令和3）年の中央教育審議会の答申においては，目指すべき「令和の日本型学校教育」の姿を「全ての子供たちの可能性を引き出す，個別最適な学びと，協働的な学びの実現」としている。「**個別最適な学び**」とは，同答申によれば，「指導の個別化」（教師が支援の必要な子どもにより重点的な指導を行うことなどで効果的な指導を実現することや，子ども一人ひとりの特性や学習進度，学習到達度等に応じ，指導方法・教材や学習時間等の柔軟な提供・設定を行うことなど）と，「学習の個性化」（教師が子ども一人ひとりに応じた学習活動や学習課題に取り組む機会を提供することで，子ども自身の学習が最適となるよう調整すること）を学習者視点から整理した概念である。

　「個別最適な学び」の概念は，障害のある子どもも障害のない子どもも，どの学びの場における子どもも，すべての子どもを包含した概念であり，子ども一人ひとりの実態に応じてきめ細かく指導・支援することが求められている。「個別最適な学び」とは，特別支援教育を含むすべての教育活動において，多

様性に富む個々の子どもの発達や学びを充実させていこうとするものといえる。

　さらに同答申には「協働的な学び」の実現がうたわれている。協働的な学びは通常の学級にとどまらず，特別支援学級や特別支援学校などに在籍する子どもや地域の人材ともつながり，多様な場における交流や共同学習においても実践されるであろう。

　すべての教員は，大きな社会の変化の中で教育に求められるニーズを的確に把握しながら，常に個々の子どもの困難さに向き合う姿勢をもち，すべての子どもが排除されることなく，互いを尊重し社会の中で生き生きと生きる力を涵養していくというビジョンをもつことが肝要であろう。

注

⑴　文部科学省（2012）「通常の学級に在籍する発達障害の可能性のある特別な教育的支援を必要とする児童生徒に関する調査」。

⑵　文部科学省（2018）「特別支援学校教育要領・学習指導要領解説　自立活動編（幼稚部・小学部・中学部）」。

⑶　その他障害のある者として，言語障害者，自閉症者，情緒障害者が挙げられる。

⑷　通級による指導は1993（平成 5）年の学校教育法施行規則の一部改正により，小中学校において制度化された。2006（平成18）年度から新たに（限局性）学習症（LD），注意欠如／多動症（ADHD）の児童生徒についても通級による指導の対象とする等，制度が見直された。通称「通級指導教室」とも呼ばれている。

⑸　その他障害のある者として肢体不自由者，病弱者および身体虚弱者が挙げられる。

⑹　⑴と同じ。

⑺　文部科学省中央教育審議会初等中等教育分科会（2012）「共生社会の形成に向けたインクルーシブ教育システム構築のための特別支援教育の推進（報告）」。

⑻　文部科学省中央教育審議会（2021）「『令和の日本型学校教育』の構築を目指して──全ての子供たちの可能性を引き出す，個別最適な学びと，協働的な学びの実現（答申）」。

⑼　⑻と同じ。

⑽　相談支援ファイルとは，早期から就労に至る一貫した支援のために，行政が保護者に渡し，保護者が所持するファイルである。障害者保健福祉関係主管課長会議，2008年 3 月 5 日，文部科学省（追加資料）。

⑾　日本学校保健会（2018）「学校において予防すべき感染症の解説」。

参考文献

赤穂市教育委員会（2018）「赤穂市における配慮・支援が必要な幼児児童生徒の移行期の支援継続の手引き」。

文部科学省（2007）「特別支援教育の推進について（通知）」。

文部科学省（2017）「小学校学習指導要領解説　総則編」。

文部科学省（2017）「中学校学習指導要領解説　総則編」。

文部科学省（2018）「特別支援学校教育要領・学習指導要領解説　総則編（幼稚部・小学部・中学部）」。

文部科学省（2018）「特別支援学校教育要領・学習指導要領解説　各教科等編（小学部・中学部）」。

文部科学省編著（2018）『障害に応じた通級による指導の手引——解説と Q&A（改訂第3版）』海文堂出版。

文部科学省初等中等教育局特別支援教育課（2021）「障害のある子供の教育支援の手引——子供たち一人一人の教育的ニーズを踏まえた学びの充実に向けて」。

学習課題

① 　あなたの住んでいる都道府県の特別支援学校の名称や障害種，所在地を調べてみよう。また異なる障害種の特別支援学校のウェブサイトから時間割を調べ，特徴をまとめてみよう。

② 　次の内容についてまとめてみよう。

　それぞれの校種の教育課程の概要，個別の教育支援計画と個別の指導計画，校内支援体制の構築と特別支援教育コーディネーターの役割。

キーワード一覧表

<table>
<tr><td>□</td><td>**特別支援学校**　障害のある幼児児童生徒に対して，幼稚園，小学校，中学校または高等学校に準ずる教育を施すとともに，障害による学習上または生活上の困難を克服し自立を図るために必要な知識技能を授けることを目的とする学校。　　　　　　　　　　　　　　　　　　　　　　　　　　144</td></tr>
<tr><td>□</td><td>**自立活動**　個々の児童または生徒が自立を目指し，障害による学習上または生活上の困難を主体的に改善・克服するために必要な知識，技能，態度および習慣を養い，もって心身の調和的発達の基盤を培うことを目標とした教育活動。特別支援学校の教育課程に設けられた指導領域であるが，特別支援学級，通級指導教室等においても行われている。　　　　　　　　　　　　146</td></tr>
<tr><td>□</td><td>**（特別支援学校の）センター的機能**　特別支援学校が自校の子どもに対する教育に加え，「地域の特別支援教育のセンター」として，地域の小中学校等に</td></tr>
</table>

対して支援を行う機能。特別支援学校は地域の小中学校等のニーズを的確に把握し，特別支援学校がこれまで蓄積してきた特別支援教育に関する高い専門性を活用して支援を行うことが求められている。　148

☐　**特別支援学級**　小学校，中学校等において障害のある児童生徒に対し，障害による学習上または生活上の困難を克服するために設置される学級。　148

☐　**通級による指導**　小学校，中学校，高等学校等において，通常の学級に在籍し，通常の学級での学習におおむね参加でき，一部特別な指導を必要とする児童生徒に対して，障害に応じた特別の指導を行う指導形態。　149

☐　**個別の教育支援計画**　保健，医療，福祉，労働等の関係機関との連携を図りつつ，入学前から学校卒業後までの長期的視点に立って，一貫して適切な教育的支援を行うために，障害のある幼児児童生徒一人ひとりについて作成されるもの。　151

☐　**個別の指導計画**　一人ひとりの幼児児童生徒に対して教育的ニーズに対応したきめ細やかで効果的な指導を行うために，学校の教育課程に基づいて指導目標や指導内容等を盛り込み作成されるもの。　151

☐　**交流および共同学習**　共に尊重し合いながら協働して生活していく態度を育むために，小中学校等，特別支援学校，地域社会等が相互に交流すること。障害のある子どもと障害のない子どもが一緒に参加する活動には，相互の触れ合いを通じて豊かな人間性を育むことを目的とする交流の側面と，教科等のねらいの達成を目的とする共同学習の側面がある。　154

☐　**副次的な学籍**　特別支援学校に在籍する児童生徒が居住する地域の学校に副次的な籍を置くこと。居住地校交流や地域との交流活動が活性化されることが期待される。　155

☐　**個別最適な学び**　特別支援教育を含むすべての教育活動において，多様性に富む個々の子どもの発達や学びを充実させていこうとするもの。障害の有無にかかわらずすべての子どもを対象として「指導の個別化」と「学習の個性化」を学習者視点から整理した概念。　157

第Ⅱ部

障害児や特別な支援・配慮を要する児童に関する現状と課題

第12章

病弱の児童や肢体不自由の児童に対する
理解と支援

　本章では病弱児・肢体不自由児について，その概念と状態像並びに具体的な支援の方法を扱う。一般的に，病弱であれば抱えている病気の問題，肢体不自由であれば姿勢や身体の動きの問題に注目が集まりやすい。ただし，彼らの幼稚園や小学校，中学校などでの姿あるいは家庭生活での姿に寄り添った支援を行うためには，そうした中核的な症状以外の内容を含めて，総合的に理解する必要がある。関係する専門機関や保護者との連携にも触れながら，その内容について具体的に説明する。

1　病弱児の理解

（1）病弱児とは
　病弱という用語には，慢性疾患など何らかの病気によって継続的に医療的な治療を要している状態に加えて，そうした状態により日々の生活に固有の規制や制限が課せられる状態も表されている。代表的な疾患として，糖尿病，心臓疾患，腎臓疾患，小児喘息などが挙げられる。なお，病弱という用語の近辺には「**身体虚弱**」という概念もあるが，これは病弱と比べて，明確な疾患をもっていない状態ではあるが，個人―環境の複合的な要因のもとで，何らかの病気にかかりやすく，そのために種々の生活規制や制限が課せられる状態を意味している。

　両状態とも，医療内容や水準の変化に伴って，治療や日々の教育・生活などの姿は多少変化をみせてはきているものの（図12-1），子どもたちの物理的な生活に影響を及ぼし，心身の成長・発達に影響を与える点では，一人ひとりの実態に合わせた支援や指導が求められる。以下，病弱児に代表的な疾患について概要を示す。

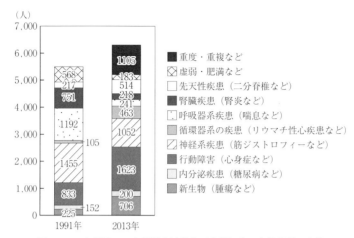

図 12-1 病類別にみた特別支援学校（病弱）等の在籍者数の変化

出所：日下奈緒美（2015）「平成25年度全国病類調査にみる病弱教育の現状と課題」『国立特別支援教育総合研究所研究紀要』42, 13〜25頁より一部の病類を抜粋し筆者作成。

① 糖尿病

血糖値を下げる働きをもつホルモンであるインスリンの作用が十分でなく，血液中のブドウ糖の濃度が継続的に上昇しているために，体に様々な影響がもたらされる疾患である。食事や運動，投薬などによって，適切に血糖コントロールを行うことが求められる。

② 心臓疾患

全身に血液を送り出す心臓に形態的・機能的問題がある状態を指すが，子どもの心臓疾患の場合は先天性心疾患が代表的なものである。主なものとして，心室 中隔欠損 症，心房 中隔欠損 症，ファロー四徴 症 などが挙げられる。

③ 腎臓疾患

腎臓は体内から産出された老廃物を尿として排出する器官であり，腎機能の問題は，むくみや倦怠感にはじまり，排泄機能や体の調整機能の低下など多くの問題をもたらす。

④ 小児喘息

気管支の狭窄により，ヒューヒュー，ゼーゼーというような笛声喘鳴を含めた，息苦しさを伴う疾患である。ダニやほこりなど，アレルギー反応を引き起こすアレルゲンがその主な原因であるが，自律神経の失調など体調，精神的状

態に加えて，気象の状態など，複合的な要因（リスク）の影響を受けている。

⑤　点頭てんかん（ウエスト症候群）

一般的に1歳未満の乳児期に発症が確認される難治性のてんかん症候群である。結節性硬化症，脳の形成異常，染色体異常など様々な病理的原因をもつが，多くの場合で発症後に精神運動発達の退行が認められる。

⑥　小児がん

子どもがかかる様々ながんを総称したものであり，具体的な疾患としては白血病，脳腫瘍，リンパ腫などを包含する。生活習慣の状態に由来することが多く，また上皮系の悪性腫瘍であることが多い大人のがんとは実態が異なり，小児がんの場合，血液内のがんである白血病や虫垂脳神経系の腫瘍（肉腫）などの割合が多いことが特徴である。

（2）病弱児の特性の理解

生後すぐに体重約3キログラム，身長50センチメートルほどの乳児はわずか生後1年の間に，体重が3倍，身長が1.5倍ほどになる。幼児期の成長の勢いは，それには及ばないものの，日々の生活や遊びの中で自らの意思で身体を活発に動かし，健康的な食事をとることを重ねていく中で，より健康的な身体発達や運動機能を得ていく。病弱児の場合，その身体の発達は，疾病の状態により個人差も大きいものの，こうした体の成長を支える日々の運動と食事に制約がかかっている子どもも多く，その発達が遅れる傾向も認められる。

一方，精神知能面については，一般的には知的な遅れがある子どもは少ないものの，入院をはじめとする活動制限がより早期から継続的に課せられている子どもほど，認知発達や社会性，情緒的側面に関わる発達が遅れがちである。学習に必要な種々の経験が乏しく，結果的に知能検査や発達検査の数字が低く出てしまうこともあり得る。

また病弱児を理解するうえで，病気をもととした各種制約が相互関係的に本人に影響を与えている側面も忘れてはならない（図12-2）。病気の存在はそれ単独でも自身の情緒の安定や性格形成に関わるが，日常生活経験の制約や入院・治療等に対する不安が複雑に関係しながら，二次的にも影響を与える。子どもの年齢や病歴，また「急性疾患か慢性的疾患か」などをはじめとする，個々の症状や病気の状態なども確認しつつ，個々の子どもの置かれた状況を子どもの目線で，一緒になって考えていく姿勢が求められる。

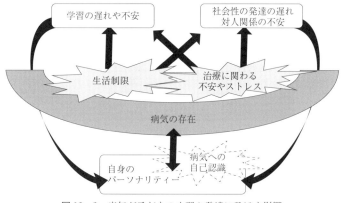

図12-2　病気が子どもの心理や発達に及ぼす影響
出所：筆者作成。

2　肢体不自由児の理解

（1）肢体不自由児とは

「肢体不自由」という用語は，高木憲次や田代義徳らによるわが国の整形外科学の発展とともに生まれたものであり，具体的には「肢体（四肢・体幹）に不自由なところがあり，そのままでは生業を営む上で支障をきたすおそれのある状態」を意味している。ここでいう四肢とは上肢と下肢を，体幹は内臓を除く頸から腰までの範囲を示している。戦後は脳性麻痺に並んでポリオ（急性灰白髄炎）と呼ばれる手足に麻痺が生じる病気が，肢体不自由の主な起因疾患となっていた。ただし，1960年代にワクチンの集団接種が始まって以降，ポリオは激減し，現在では下記のような疾患が代表的なものとして挙げられる。ただし，脳に起因する脳原性疾患が肢体不自由の中でも4分の3を占めており，かつその中でも脳性麻痺がそのほとんどを示していることに気をつけたい。

① 脳性麻痺

脳性麻痺は，受胎から新生児までの間に生じた脳の非進行性病変に基づく，しかし永続的な運動・姿勢の異常である。病理背景の違いにより，四肢のつっぱりが強い痙直型，不随意運動を伴うアテトーゼ型，平衡感覚に乏しい失調型，それらの組み合わせによる混合型など，いくつかのタイプに分けられる。また後述するように，脳損傷の状態に応じて，随伴障害と呼ばれる言語・コ

165

ミュニケーションの障害，視知覚認知の障害，嚥下障害を併存することも多い。

② 二分脊椎

本来，胎生の初期には脊椎が脊髄を取り囲むように体の中軸が形成される。しかし，二分脊椎では何らかの原因により形成不全が生じ，神経系の一部が背中の途中で脊椎の外に出てしまう。その箇所より下の部分，つまり下肢の麻痺や排泄障害が起こることが多い。

③ 進行性筋ジストロフィー

遺伝性の筋原性の疾患であり，筋繊維の破壊・変性に基づく筋萎縮・筋力低下など運動障害を発症する。疾病の内容や進行によって，デュシャンヌ型，顔面肩甲骨型，四帯型などに分類される。最も頻度が多いのはデュシャンヌ型であるが，この場合，乳児期前半の運動発達はそこまで遅れがみられず進むが，3歳前後より筋力低下のために，転んだり，歩き方・走り方の異常から，疾病の存在に気づかれることが多い。

④ 先天性骨形成不全

先天的に骨がぜい弱で，折れやすい疾患である。基本的には，骨を形成する主要な高分子たんぱく質である1型コラーゲンの遺伝子に異常がある場合に認められる。状態像や発症時期などは，比較的多岐にわたる。

⑤ 発育性股関節形成不全

以前には先天性股関節脱臼と呼んでいたが，実際には後天的な要因もあり得たため，近年では発育性股関節形成不全と呼ばれるようになった。股関節は，骨盤でくぼみを形成している臼蓋と呼ばれる部分と大腿骨頭からできているが，先天的にこれらの関係が悪く，完全に大腿骨頭が臼蓋から外れる脱臼，または外れかかっている亜脱臼を引き起こしている状態を意味する。

（2）肢体不自由児の特性の理解

肢体不自由児の場合も，個々の起因疾病やその程度によって，個人差がとても大きく，その特徴を一言で表すことは難しい。ただ，先述した脳損傷に起因する「随伴障害」の有無で，支援の内容やその程度が大きく変わる。以下では，随伴障害の有無によって分けて説明する。

① 随伴障害がない子ども

通常私たちは生後1年間近くをかけて，垂直位を保つ姿勢（座位・立位など）とそれに基づく運動機能を獲得し（図12-3），幼児期の数年間でそれらを発展

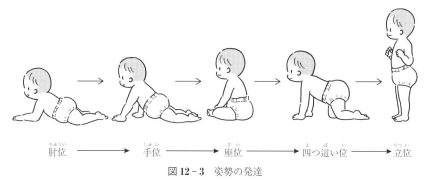

肘位 → 手位 → 座位 → 四つ這い位 → 立位

図 12 - 3　姿勢の発達

出所：木船憲幸（2011）『脳性まひ児の発達支援——調和的発達を目指して』北大路書房より一部筆者改変。

させる形で「姿勢・粗大運動・微細運動」の３つの能力を得ていく。もっと初期のころ，たとえば生後６か月ごろの話をするとすれば，重力や身体内部の原始反射（勝手に体が動く）などの影響を超えて，「手を伸ばし（リーチング），指を開く」という行為が見られ始める。座位（おすわり）が上手になることも相まって，自分の手と目をうまく使いながら，おもちゃなどを含む外界との関わりを充実させていく。しかし，肢体不自由児の場合は，各病理特性の影響から，１歳以前の段階より運動機能の遅れが生じやすい。前述の病弱児の部分で述べたのと同様に，こうした移動の制限は生活経験の不足をもたらし，さらにそれが社会性や言語の発達，学習面の習得状況などにも影響を与える。

「他者から見聞きして，記憶したり，理解したりして，また人と話す」というルートに制約がない場合，肢体不自由児も私たちと同じように様々な物事を知り，理解を深めていく。ただし，どうしても自分の身の回りの出来事や現象に対して，見たり聞いたりする経験ばかりが多く，自分の意思で直接的に触って，試行錯誤し，様々な気づきや感情を得ること（経験）が少なくなりがちである。人は年齢相応に，ある程度の葛藤経験や対人的トラブルを経験し，その中で自分の感情を表出したり調整したりする機会を通して，自分の外の世界との折り合いのつけ方を知る。しかし，生活の中での制限が多く「自分で」という経験が少ないと，こうした力も身につきにくい。結果，表面的に見える姿から肢体不自由児は「引っ込み思案」「頑固」「自己中心的」「不安傾向が強い」などと理解されがちである。こうした特性は，本人の性格としての要因もあるかもしれない。ただ，これまでの議論を踏まえれば，環境との関係の中で発生した二次的なものとして捉えることが重要である。

表 12-1　脳性麻痺児に認められやすい「随伴障害」の内容

脳性麻痺の病理背景	生じやすい随伴障害
痙直型	知的障害，視覚障害，視知覚障害含む，言語障害，てんかん，関節拘縮，脱臼・変形
アテトーゼ型	構音障害，難聴，頸髄症による頸部痛，上肢のしびれ感や筋力低下
失調型	知的発達の遅れ，視覚障害
固縮型	知的発達の遅れ，てんかん

出所：文部科学省（2021）「障害のある子供の教育支援の手引──子供たち一人一人の教育的ニーズを踏まえた学びの充実に向けて」より筆者作成。

② 　随伴障害がある子ども

　随伴障害，つまり「知的障害」「視知覚障害（空間認知や方向概念の障害）」「言語・コミュニケーションの障害」「呼吸の障害」「摂食障害」など，脳損傷に起因する身体機能の制約以外の困難が伴う児童の場合，上述の特性理解にさらに別の理解を重ねる必要がある（表 12-1）。これが伴う児童は脳性麻痺の子どもに圧倒的に多いが，生活経験や心理面への配慮に加えて，「命に関わる医療的なケア」や「学習や生活の中で，目を使ってよりよく外の環境を捉えること」など多方面に困難さを有する。園や学校の教諭だけではなく，医師や看護師，あるいは理学療法士・作業療法士・言語聴覚士など，パラメディカルのスタッフと連携をとり，より丁寧に実態を把握することが求められる。

3　病弱児や肢体不自由児に対する保育・教育での支援

　個々の状態が多様な病弱児，肢体不自由児の場合，個々の実態に合わせて支援の目的や対応方法を検討していく。ただし，図 12-4 に示したように，「安心・安全な生活」「環境に働きかける体」などの土台があったうえで，さらには「自身に対する肯定的なイメージ」が中軸としてあったうえで，「よりよい学び」が子どもたちにもたらされるという理解は，すべての病弱児や肢体不自由児に対して，もつべき重要なポイントである。以下，それぞれの内容について，求められる支援を述べる。

（1）当たり前の安心・安全な「生活」を送るための配慮

　子どもたちの多くは，治療の時間や種々の活動制限により，当たり前の生活

図12-4　病弱児や肢体不自由児への支援の考え方
出所：筆者作成。

そのものが不安定な状況にある。当たり前の生活を考えるうえで欠かせないのが，24時間の生活と多様な場・人とのつながりである。24時間の生活時間の安定は「昨日こうだったから，今日はこうしよう」「明日はどうしようかな」という活動意欲を引き出し，多様な場での多様な人とのつながりや関わりがそれを充実させる。生活時間と場や人とのつながり，これを理解してこそ専門的な支援や治療が活きる。

　保護者や支援者との間で「衣食住を含めた，一日や週のデイリースケジュール」や「生活地図」を作成し，生活・学習上のリスクや強みを明らかにし，支援や治療の内容・方向性を検討したい。その際，子どものよりよい生活を陰ながら支えている，しかし他人にはわかりにくい「家族によって行われている配慮」に目を向けることも重要である。

（2）「体」を使い，よりよく環境へ働きかけることへの配慮

　どんなに魅力的な環境があっても，それにアクセスできなければ，活動の楽しさや充実感を味わうことはできない。病弱児の場合は病気のために屋外での遊びや心肺や筋肉に負荷をかける遊びなどが制限され，また肢体不自由児の場合は姿勢保持の難しさや上肢・下肢の運動機能の制約から，物理的に活動ができない，皆と一緒に参加できない，という事態が起こりやすい。図12-5は，ある二分脊椎のある幼児が幼稚園の保育活動で示した困難についてまとめたものである。[1] この幼児の下肢の運動機能の制約は車いすによって保障されていたが，しかし逆に車いすに乗っているからこそ「届かない・入れない・友達との

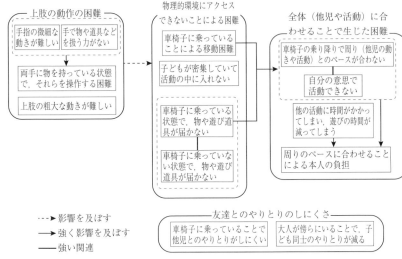

図12-5　ある二分脊椎幼児が示した保育活動での困難

出所：真鍋健（2008）「運動に制限のある幼児の保育活動への参加に関する研究——統合保育でいかに主体的な参加を支えるか」『広島大学大学院教育学研究科紀要』3(57)，321〜326頁。

（使用例）

握りやすい輪状のはさみ　　　　　いすに取り付け姿勢安定を促すマット

図12-6　手指操作や座位保持を保障するための特別な道具・装置の例

出所：株式会社内田洋行「令和3-4特別支援教育教材カタログ」より。

やりとりがしにくい」ことなどももたらされることに気づきたい。

　活動機会が限られているとしても，楽しく充実した時間を過ごすことができるよう，「物理的・時間的・社会的環境の工夫」「活動の簡略化」「特別な道具（図12-6）の用意」など，その子に合わせた**活動の修正・調整**が必須である。

（3）よりよい「学び」に向けた**配慮**

　学校教育での学びに関連して「**学習レディネス**」という用語がある。レディネスとは"準備性"を意味しており，つまり就学前の生活や遊びに積極的に関

「七ならべ」を行っている様子	「七ならべ」を行うために求められる一連の行為	脳性麻痺児が抱えやすい困難
	（活動の前に）札を配る	右回りと左回りの意識がなく，均等に配れない
	①渡されたカードを数字順に並べる	手指の麻痺によりうまく並べられない
	②机上に目を移す	スムーズに眼球を動かすことができず時間がかかる
	③出されたカードの数字を見て，出せる数を決める（7の場合は「6」か「8」）	（知的障害もある場合）数のつながりを覚えておらず，数字を抜き出せない
	④「6」か「8」を自分の手札から探す	スムーズに眼球を動かすことができず時間がかかる
	⑤机上に再度目を移し，出せる場合には正しい位置に置く	4列に並んだ数字カードにおいて，上下左右が混乱して正しい場所に出せない

図12-7　とある脳性麻痺児が「七ならべ」の遊びを行っていた際に抱えた困難

出所：筆者作成。

わることを通して，子どもたちは抽象的な読み書き計算の世界に向けた準備を得て，円滑な移行を果たしていく。ところが，病弱児や肢体不自由児は身をもって知る経験が少なく，「知ってはいるけど，触ったことはない」「やったことはあるけど，ちょっとだけ」ということが頻繁に起こる。また随伴障害を伴っている脳性麻痺児の場合には，空間認知や方向概念の困難などの認知特性により，二重に学びにくさを抱えている子どももいる（図12-7）。

　抽象的な学習内容を言葉で伝え教える際には，全般的な知的発達の確認に加えて，個々の生活実態・経験を踏まえて，実物や視聴覚教材を用意することが重要である。また検査を行うと，一人の子どもの中で得意な認知能力と苦手な認知能力に差がある子どももいる。「聴覚入力－言語表出」と「視覚入力－運動表出」という様式（モダリティー）の間で，もし前者が得意な子どもがいるならば，「折り紙を折るときに手順表を用意しておき，作るステップを個別に言葉で伝えておく」「漢字を覚える際には，書き順を言葉で伝える」とか，上述の七ならべでは「カードを配る順番（人の名前）を順番で言わせてから配ってもらう」「4列だと視覚的な混乱が助長されるので，ハートとスペードの2列に減らす」など，認知特性に応じた「長所活用型の指導」も心がけたい。

（4）自分自身に肯定的な「気持ち」をもつことへの配慮

　子どもの病気や体の動かしにくさを目の当たりにしたとき，大人はぱっと見える障害や困難の部分にばかり目が行きがちである。しかし，当たり前の生活の中で，自らの体を動かし，そして様々な学びを得ていくプロセスのいずれにおいても，その子どもの「気持ち」は揺れ動いている。安定的な生活や学びが得られにくい子どもであるからこそ，内面の気持ちに寄り添い，肯定的な自己への態度が導かれるよう対応を心がけたい。そうした意図も込めて，図12-4では各プロセスの中軸として位置づくよう図示した。

　この実現のためにも，子どもの興味・関心を把握し，前項までで指摘した配慮を総合的に捉えながら，子どもの「できた！」「やりたい！」を支えたい。

4　病弱児や肢体不自由児が関わる機関と求められる「連携」

（1）就学前の専門機関との連携

　病弱児，肢体不自由児ともに医療・療育の専門機関を利用することが多い。その経緯は，疾病や障害の内容・程度によって様々であり，また年齢によっても通園状況は異なるが，病弱児は医療機関，肢体不自由児の場合は児童福祉法上の児童発達支援事業に基づく医療型児童発達支援センター（通所／入所）を利用する。また地域の幼稚園や保育所，認定こども園とこれら専門機関との同時利用，つまり並行通園を行うものも多い。

　治療や訓練を目的とする医療・療育施設と，生活や遊びを中心に全人的な発達を目指す幼稚園等とは，その理念や立場が重なる部分もあれば，異なる場合もある。ただし，どちらが優先されるというよりも，子どもの健康状態や発達状態，家族の願いなどに応じて，方向性を揃え，役割を分担するなどして連携することが望まれる。

（2）就学後の専門機関との連携

　就学後，病弱児の場合は引き続き医療機関を利用するが，就学先としては地域の小中学校の通常学級（＋通級指導教室），特別支援学級（病弱），特別支援学校（病弱）のいずれかが考えられる。病弱の特別支援学校は医療機関に併設されていることが多く，相互に連携が図られている。なお慢性疾患を抱える子どもの保護者は，専門機関や学校の対応を含めて，症状の安定化や悪化を繰り返

す子どもへの生活全般にわたる調整役を担っていることも多い。子どもと専門機関と学校との間で，あるいは配偶者や親族など家族との関係の中で，板挟み状態にならないよう，それぞれの機関が子どもと家族を中心に，相対的に位置づく必要もあるだろう。

　肢体不自由児も同じく，就学先は地域の学校（通常学級（＋通級指導教室）・特別支援学級）と特別支援学校（肢体不自由）のいずれかとなる。知的障害の有無や運動障害の程度によって，教科を中心とした学習，領域・教科を合わせた指導（生活単元学習など），自立活動と呼ばれる児童一人ひとりの実態に即した教育活動のいずれをベースとするかは変わってくる。ただしいずれの場合も，学習を支える姿勢・運動面への配慮について，たとえば座位を保つ座位保持いすの調整などにおいて，理学療法士や作業療法士と連携を要したり，痰の吸引・経管栄養・導尿など医療的なケアにおいて看護師等との連携が日常的に行われたりする児童もいる。

注

(1)　真鍋健（2008）「運動に制限のある幼児の保育活動への参加に関する研究——統合保育でいかに主体的な参加を支えるか」『広島大学大学院教育学研究科紀要』，3(57)，321〜326頁。
(2)　Sandall, S. & Schwartz, I. (2008) *Building Blocks for Teaching Preschoolers with Special Needs 2th Edition*, Brookes Publishing.
(3)　藤田和弘・青山真二・熊谷恵子編著（1998）『長所活用型指導で子どもが変わる——認知処理様式を活かす国語・算数・作業学習の指導方略』図書文化社。

参考文献

国立特殊教育総合研究所（2017）『病気の子どもの教育支援ガイド』ジアース教育新社。

学習課題

①　メディア（テレビや市販の DVD など）で，肢体不自由や病弱をテーマとしたものがどのくらいあるのか，どのような内容のものがあるか調べてみよう。
②　生活経験の制限を保障するために，どのような手段が考えられるだろうか。コラムも参考に，様々な対象や場面を想定して，具体的に考えてみよう。

キーワード一覧表

☐　**病弱**　慢性疾患など何らかの病気によって継続的に医療的な治療を要している状態に加えて，そうした状態により日々の生活に固有の規制や制限が課せられる状態。　　162

☐　**身体虚弱**　明確な疾患をもっていない状態ではあるが，複合的な要因のもとで，何らかの病気にかかりやすく，生活規制や制限が課せられる状態。　　162

☐　**肢体不自由**　四体（手や足並びに体幹）に不自由なところがあり，そのままでは歩行や筆記などの日常的な動作が困難な状態。　　165

☐　**脳性麻痺**　子どもが母親のおなかにいるころから，生後4週目あたりまでの間に脳にダメージを受けることにより発生する運動や姿勢の障害。　　165

☐　**活動の修正・調整**　大人が提供する環境や活動などを，個々の子どもの特性に合わせて変更したり調整すること。特に，子どもが活動に興味をもっているにもかかわらず，うまく活動に入れない場合には検討が求められる。　　170

☐　**学習レディネス**　経験に基づく具体的な生活から，抽象的な教科学習に円滑に移行していくにあたって，子どもたちに求められる資質や能力の準備状況。　　170

～～コラム　子どもたちの未来の可能性を広げる ICT 機器への注目 ～～

　サディ・ポールソンさんという方をご存じでしょうか。重度の脳性麻痺のある女性で，某年，動画サイトにて，あるコンピュータ会社の一つの宣伝プレゼンテーション（動画）を作成した方です。この動画では，視覚障害や聴覚障害，運動障害など様々な障害のある人たちが最先端の IT（Information Technology：情報技術）機器や ICT（Information and Communication Technology：情報通信技術）機器を用いて社会生活を送っている姿（動画）が描かれています。驚くのは，この見るものすべてを魅了する素晴らしい動画は，サディさん自らが，麻痺のある上肢ではなく，車いすの頭部に設置されたスイッチを頭の左右の動きで操作し，パソコンや動画編集のソフトウェアを用いてつくったということです。

　かつて言葉をもたない重度の子どもたちに対しては，「この子は何も考えていないのだから，わざわざ選択肢を与えて，選んでもらう必要もないだろう」と決めつけ，彼らの意思に反した様々な処遇を勝手に行ってきました。しかし，科学技術が発展した，あるいは現在進行形で発展している現代にあっては，彼らがもつ「こっちがいい」という気持ちは，そうした技術のおかげで，よりよく他者に伝わるようになりました。そして，日々の生活で「これをしたい」「あれをしたい」という選択の可能性も限りなく広がっているのです。

　乳幼児期，学童期，青年期，成人期……と，各ライフステージでよりよい生活と自立を図っていくにあたっては，こうした科学技術の進歩をうまく保育や教育や福祉の領域に取り込んでいくことができるよう，私たち自身の態度や価値観の変容も問われているに違いありません。

第13章

視覚・聴覚・言語障害の児童に対する理解と支援

　本章では，視覚・聴覚・言語障害についての基礎的な知識（程度・分類・発達との関連）と，これらの障害のある子どもを対象にする療育や教育制度と支援についてまとめる。あわせて，それぞれの障害と現代社会の状況や課題について述べる。

　人間の五感の中で，聴覚・視覚は外界の様々な情報を知覚し認識する重要な感覚である。したがって乳幼児期からのこれらの障害は，単にその感覚だけでなく，言語やその子どもの全体像，また周囲とのコミュニケーションに大きな影響を及ぼす。また言語障害についても，それぞれの正確な知識とともに発達に伴う具体的な見通しをもつ必要がある。

1　視覚障害児への理解と支援

（1）視覚障害の基礎知識

①　見えることの仕組み

　人間は外界から入る光によって，物の色や形・遠近感・動き等を認識している。光は眼球の角膜や水晶体を通過して網膜に届き，電気信号に変換され視神経を経て脳に伝わる。眼球は直径約2.4センチメートルの球体であり，瞳孔の伸縮によって虹彩が目に入る光の量を調節し，レンズの役割をする水晶体がピントを調節し，網膜が眼球の内面を覆い，光を感じとっている（図13-1）。

　新生児の視力は焦点がぼんやりし色覚も限られているが，人間の顔に注目する

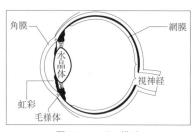

図13-1　目の構造

表 13 - 1　障害者手帳（視覚障害）

級別	判定基準
1級	視力の良い方の眼の視力（万国式視力表によって測ったものをいい，屈折異常のある者については，矯正視力について測ったものをいう。以下同じ。）が0.01以下のもの
2級	1　視力の良い方の眼の視力が0.02以上0.03以下のもの 2　視力の良い方の眼の視力が0.04かつ他方の眼の視力が手動弁以下のもの
3級	1　視力の良い方の眼の視力が0.04以上0.07以下のもの（2級の2に該当するものを除く。） 2　視力の良い方の眼の視力が0.08かつ他方の眼の視力が手動弁以下のもの
4級	1　視力の良い方の眼の視力が0.08以上0.1以下のもの（3級の2に該当するものを除く。）
5級	1　視力の良い方の眼の視力が0.2かつ他方の眼の視力が0.02以下のもの
6級	視力の良い方の眼の視力が0.3以上0.6以下かつ他方の眼の視力が0.02以下のもの

注1：視力の測定は，万国式試視力表によって測ったものをいい，屈折異常がある者については，矯正視力について測ったものをいう。手動弁とは，検者の手掌を被検者の眼前で上下左右に動かし，動きの方向を弁別できる能力をいう。
　2：他に視野障害の等級判定基準も用いる。
出所：身体障害者障害程度等級表（身体障害者福祉法施行規則別表第5号）に筆者加筆。

能力があることが知られている。その後，視力は生後6か月で0.1，3歳で1.0，6歳ごろで大人とほぼ同じになる。視力は日常生活の中で様々なものを見ることによって発達する。学童期までには両眼視機能が急速に伸び，距離や奥行きを知覚する。視覚の発達を確認するために，3歳児健診には視覚検査が含まれている。

　②　視覚障害の程度と種類（盲・弱視・斜視）

　視覚の機能として，視力（ものの形がわかる）・視野（目を動かさないで見える範囲）・光覚（光を感じる）・色覚（色を感じる）・屈折（網膜に見たものを映す）等がある。このうち，視力・視野のどちらか，または両方の機能が不十分で，眼鏡やコンタクトレンズ等を使用しても，よく見えない状態を視覚障害という。

　視覚障害の身体障害者手帳には1～6級までの等級がある（表13-1）。視覚障害1級所持者には全盲（全く見えない。視覚で明暗の判別ができない）が多いが，わずかに見えている例もある。視覚障害者の大半は多少の残存視力があり，弱視（ロービジョン）と呼ばれる。WHO（世界保健機関）によるロービジョンの定義は「両眼に眼鏡をかけた矯正視力が0.05以上0.3未満」であるが，原因やその見え方は千差万別である。身体障害者手帳をもたない弱視者も多い。

　子どもの視覚障害の原因は，かつて衛生面の悪さから感染症によるものが多

単眼鏡（ダイヤル式・スライド式）　　拡大読書器（据え置き型）　　　　　書見台

図13-2　多様な視覚援助機器

かったが，社会的環境により大きく変化した。現在は小眼球・虹彩欠損[2]など先
天性のもの，また未熟児網膜症[3]や周産期由来のものが多い。学齢期になる
と網膜色素変性症[4]，その後は糖尿病網膜症等[5]が原因となる。

　一方，子どもの弱視には，遠視や乱視といった屈折異常が原因となり，視機
能の発達が途中で止まっているものが多い。子どもの２％に斜視がみられるが，
眼鏡や治療，また次項で示すような見ることの支援により小学校低学年までに
過半数が治癒する。

（2）視覚障害児への支援

　視覚障害児への支援方法は，全盲児には**点字**指導，弱視児には拡大読書機等
の指導等幅広くある。現在世界で用いられている点字は，自身に視覚障害の
あったフランスのルイ・ブライユによって考案された。日本では1890（明治23）
年に石川倉次の案が採用された。盲学校（盲学校は特別支援学校の一つであり，校
名は様々だが，ここでは盲学校に統一して用いる。次節，聾学校の名称も同様とする）
小学部では全盲児の児童を対象に点字の読み書き指導を始めることが多い。幼
稚部等ではその準備段階として，運動機能・手指機能について幅広く支援する。
たとえば，遊具や日常用品の手触り・固さ・形状・大きさの変化に気づかせ，
「つかむ」「たたく」「はめる」「回す」などを楽しませる。

　弱視児に対しては単眼鏡・ルーペ・拡大読書器・書見台等，多様な機器を用
いる。文字等を視認しやすい大きさで表示し，情報量を調整し，色覚面でコン
トラストを高める等を目的とする（図13-2）。

　また触覚や音声を活用する**視覚障害者用拡大機器**等の製品が幅広く販売等さ
れている。最近では ICT 機器の音声による読み上げ機能や，点字情報端末を
利用することが多い。必要に応じて白杖を用いた歩行指導も行う。

（3）療育・教育の実際

　全国各都道府県に視覚障害児を対象とする特別支援学校があるが，2007（平成19）年からの特別支援教育への改編により，校名が多様化し視覚以外の障害のある子どもを併せて対象にする学校が増加している。

　盲学校幼稚部では，人との関わりを楽しみ，遊びや様々な体験活動を通して物の触り方や見分け方ができるように援助する。また，3歳未満の乳幼児やその養育者への教育相談を行う。

　小・中学部では，小中学校と同じ教科等を視覚障害に配慮しながら学習する。全盲の子どもへは，よく触って物の形や大きさ等を理解すること，聴覚や嗅覚等も手がかりとして周りの様子を予測し確かめる学習や，点字の読み書き等の学習をする。また，白杖を使って歩く力や ICT 機器等で様々な情報を得る力を身につけていく。

　弱視の子どもには，見える状態に合わせ，拡大や白黒反転する等見えやすい教材を用意する。視覚を最大限活用し，見やすい環境のもとで事物をしっかりと確かめる学習，弱視レンズの使用や ICT 機器操作の習得も行う。

　高等部・専攻科では，普通科のほか，あん摩マッサージ指圧師，柔道整復師，鍼灸師，理学療法士等の国家資格の取得を目指した職業教育を行う。音楽科のある学校もある。

　弱視特別支援学級・弱視通級指導教室では，拡大文字教材，ディスプレイ画面に文字等を大きく映して見る機器，照明の調節等，一人ひとりの見え方に適した教材・教具や学習環境を工夫して指導する。各教科，道徳，特別活動のほか，機器活用や視覚によってものを認識する力を高める自立活動を行う。

　現在，多くの盲学校が直面している課題は，児童生徒数の減少と障害の重複化・多様化である。医学の進歩による視覚障害児の発生率の低下とインクルーシブ教育の潮流から地域校へ進む割合が高くなっている。また，視覚障害と知的障害・発達障害等を併せ持つ割合が高まっている。さらに，教員の視覚障害教育に関する専門性の維持も課題である。今後の盲学校には，地域校で学ぶ視覚障害児が，簡便で効果的な視覚援助機器等の情報を得られるよう，ニーズに合わせて発信できるセンター的機能が求められている。

（4）視覚障害と現代社会

　ライトハウスとは，視覚障害者が文化的な社会生活を確立するために必要な

情報を取得し，障害によって派生する課題を解消・軽減して円滑な日常生活が営めるよう支援することを目的とする総合的な社会福祉施設である。個々のニーズに応じて，生活や歩行，就労の支援を行うリハビリテーション事業や，盲導犬育成事業，点字や録音図書の制作や普及，啓発に努めている。

2　聴覚障害児への理解と支援

（1）聴覚障害の基礎知識

①　聞こえの仕組み

私たちが聞く「音」や「声」は，外界の空気の振動である。これが耳介から外耳道を経て鼓膜を震わせる（外耳）。鼓膜の奥には空気に満ちた鼓室があり，鼓膜から３つの小さな耳小骨が連結し（中耳），その奥にある蝸牛に効率よく振動を伝える。蝸牛内のリンパ液の振動から周波数（音の高さ）ごとに電気信号を生じ（内耳），聴神経を通じて大脳へ伝わる。大脳で初めて音を識別し，意味のある言葉として理解される（図13-3）。

聴覚は，他の感覚器より早い段階の胎児期から使われ，生後１年で急速に発達し，音声言語の獲得に深く関わる。聴覚器は胎生24週ごろまでに完成し，胎児は羊水を通して外界の音を知覚している。新生児から音に対する反射があり，徐々に養育者の表情や声に反応し，母語のカテゴリー知覚が形成されていく[6]。生後１年を過ぎると意味のある初語を発し，就学前には音声言語でのやりとりがほぼ可能になるが，大人の言葉を聞いてわかる「理解言語」と子ども自らが発する「表出言語」には大きな差がある。

②　聴覚障害の程度と種類

聴覚障害の程度は平均聴力レベル，デシベル（dB）で表す。20歳の聴者の平均最小可聴閾値を０dBとし，70dB以上

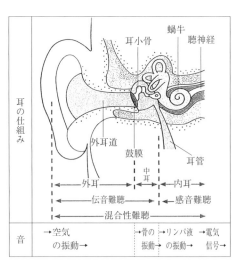

図13-3　耳の構造

表13-2　障害者手帳（聴覚障害）

等　級	判定基準
2級	両耳の聴力レベルがそれぞれ100デシベル以上のもの（両耳全ろう）
3級	両耳の聴力レベルが90デシベル以上のもの（耳介に接しなければ大声話を理解し得ないもの）
4級	1．両耳の聴力レベルが80デシベル以上のもの（耳介に接しなければ話声語を理解し得ないもの） 2．両耳による普通話声の最良の語音明瞭度が50パーセント以下のもの
6級	1．両耳の聴力レベルが70デシベル以上のもの（40センチメートル以上の距離で発声された会話語を理解し得ないもの） 2．一側耳の聴力レベルが90デシベル以上，他側耳の聴力レベルが50デシベル以上のもの

出所：身体障害者障害程度等級表（身体障害者福祉法施行規則別表第5号）。

（通常の会話音が聞こえない）であれば身体障害者手帳の対象になる（表13-2）。

　聴覚器官の障害部位によって聴覚障害の種類が分かれる。外耳・中耳に障害があると，音が小さく聞こえる**伝音難聴**になる。乳幼児の多くが罹患する中耳炎は大半が治療可能だが，反復を繰り返す慢性・滲出性中耳炎になると，伝音難聴の状態が続くことになる。言語発達に重要な時期であることを考えると日常場面での聞こえに注意が必要になる。また，口唇口蓋裂・ダウン症・小耳症等の子どもたちは，喉や口腔の構造特徴から伝音難聴の割合が高い。一般的に伝音難聴では補聴効果が高い。

　一方，補聴器や人工内耳を装用している子どもの多くは**感音難聴**である。鼓膜や中耳ではなく，その奥にある内耳（蝸牛内の神経細胞）や，大脳への伝達経路に障害がある。音や言葉が小さくなると同時に歪んで聞こえるので，補聴器を装用してもすべての「音声」が明瞭に弁別できない。

　先天的に聴覚障害のある子ども（感音難聴）は1000人に1〜2人の割合である。現在日本では，出産時の入院中に行われる新生児聴覚スクリーニング検査の普及率が約9割に達し，超早期発見につながっている。一方，遅発性難聴や軽中等度難聴の場合，大きな音には反応するため発見が遅れる例もあり，保育所や幼稚園等，家庭外の保育者に指摘されてわかることもある。乳幼児の正確な聴力検査と補聴器の調整には，高い専門性と豊富な経験が求められる。

　最近，純音聴力は正常だが言葉の聞き取りに課題がある　APD（聴覚処理障害）・LiD（Listening Difficulties），また聴覚過敏についても注目されている。

（2）聴覚障害児への支援

①　コミュニケーション

　乳幼児期のコミュニケーションは視覚・触覚すべての感覚を使って楽しむことが基本となる。安定した生活基盤と，養育者との情緒豊かな信頼関係が言語の獲得につながる。感音難聴のある子どもの親の9割は聴者であることを踏まえ，支援者は養育者の心情に寄り添うとともに，幅広い支援の情報や子どもの成長の見通しを示し，養育者同士をつなぐことが期待される。

　聴覚は視覚などの他感覚と共同して働く。聴覚障害児も，補聴器等から受け取る音声情報と同時に，視覚に入る話者の口形を手がかりにしながら言葉を受け取ることが多い。音声日本語は単音節では「ア・イ・ウ・エ・オ」の5つの母音の口形になる。これは，諸外国語と比較してシンプルで口形を読み取りやすい。聴覚障害児と対話をするときは，顔を正対し，子どもの視線を確認しつつ，自然な声の抑揚で少し大きめの声とはっきりした口形で表情豊かに話すことが重要である。マスクで口形が隠れることは聴覚障害のある子どもにとって大きな弊害となるので，透明マスクやアクリル板などの工夫が必要となる。

　コミュニケーションは相互交渉であり，豊かな情感を基盤とする。子どもに対して，当初から正しく聞き取ることや正確な発話や構音を求めるのではなく，楽しいやりとりや韻律情報の模倣を大切にしながら，子ども主体のコミュニケーションを支援する姿勢が求められる。

②　補聴器・人工内耳

　聴覚障害が確定診断されると，早ければ生後数か月から**補聴器**装用が始まる。補聴器は外界からの音や声を増幅し耳に届ける装置であり，聴力や音環境に合わせた調整（フィッティング）が必要である。補聴器は，障害者の日常生活および社会生活を総合的に支援する「補装具」に含まれ，身体障害者手帳所持者は5年ごとに原則1割負担で購入できる。耳掛け型が最も多いが，耳穴型や箱型もある。

　一般には平均聴力が約40 dB 以上で補聴器装用の対象とされるが，言語獲得期である子どもの場合はそれより軽い聴力であっても推奨され，手帳交付基準の数値との差が生じることも多い。現在，各地方自治体では障害者手帳をもたない軽中等度難聴の子どもへの補聴器等の助成制度が整備されつつある。

　また，聴力が重度で補聴器では補聴効果が十分に得られない場合，**人工内耳**を選択する子どもが増加している（図 13-4）。人工内耳とは，手術によって蝸

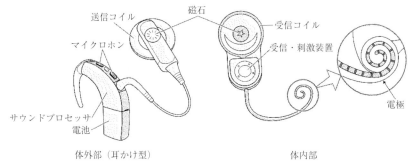

送信コイル　磁石　受信コイル

マイクロホン

受信・刺激装置

サウンドプロセッサ
電池

電極

体外部（耳かけ型）　　　体内部

図13-4　人工内耳の構造例

出所：藤田郁代監修（2021）『標準言語聴覚障害学　聴覚障害学（第3版）』医学書院，167頁。

牛に細い電極を挿入し，聴神経を電気的に刺激するシステムである。近年では国内で年間約1000件の手術が行われ，約半数が小児でありその半数以上は2歳未満である。両耳人工内耳装用も否定されていない。

　人工内耳は，補聴器では届きにくい高音域を軽度難聴程度にまで補うことができ，子音の弁別が容易になる等の利点が多いが，補聴効果の個人差が大きい。聴覚障害そのものがなくなるものではなく，言語発達の時期の定期的な調整（マッピング）は欠かせない。また，思春期・成人に至るまでの言語発達の見通しをもち，発達段階に即した継続的な支援として言語聴覚士等専門家との連携が求められる。

　補聴器・人工内耳とも音響環境によって補聴効果が著しく変わる。共通する課題は大勢が一度に話す教室のような場所での聞き取りである。反響の大きな部屋には，防音効果のある柔らかいカーペットやカーテン等の使用が望ましい。机やいすにも防音の工夫ができる。

　特に乳幼児期の補聴器・人工内耳装用指導には見通しのよい支援計画が必要である。装用初期は機嫌のよいときを選び短時間から始め，徐々に慣らし終日装用を目指す。養育者の声や好きなキャラクターの音声等，子どもが喜ぶ状況の中で装用し，音が聞こえると一緒に喜び，子どもが声を出すと笑顔と声で返す等の経験を重ねて，音がある世界が楽しいと感じるような環境調整をすすめる。支援者には，日々の子どもの聴性行動反応（音に対する行動や反応）の変化を見逃さない鋭い観察力が求められる。

　幼児期後半になると，子ども自身で補聴器や人工内耳についての管理が少し

ずつできるように支援する。補聴器の着脱（スイッチの入切），電池残量への気づき，汗をかいた後，降雨時，プール場面等での取り扱いについて留意する。就学前から基本的な保守管理知識をもち，家庭と園とでの約束事や，細やかな連絡が重要になる。就学後に無線補聴援助機器を使用する場合等，支援者間の情報の共有も不可欠である。

③　手話・情報保障

聴覚活用と同時に，自然な身振りや**手話**を積極的に活用することも多い。デフファミリーで手話が母語になる子どももいる。補聴機器と並行し，視覚言語である手話の社会認知が広まっている。かつて手話を「手まね」と呼ぶなど偏見をもたれた時代があったが，手話は聴覚障害者の豊かな言語であり，各地で手話言語条例等が制定されている。

配慮が必要な視点は生活言語から学習言語へとつなぐことである。書記言語のスムーズな獲得のためには，手話でのコミュニケーションの場合も，口形・指文字などを効果的に用いて音韻意識を培う視点が必要になってくる。就学前の多少早い段階から，楽しみながら文字情報を併用したい。50音に対応する指文字を利用するなど，手話の語彙拡充も意図的になされている。また，テレビの字幕等の文字情報提示システムが一般化し，簡便な音声認識システム等の**情報保障**に資する技術も普及しつつある。

前述の補聴器・人工内耳から「環境音を享受する」ことと併せて，生活の場面や相手・状況により主体的に手話言語を含めたモードチェンジができる聴覚障害児・者が増えてきている。

（3）療育・教育の実際

聴覚障害のある子どもの療育・教育の場は多様である。就学前の療育の場としては，医療（病院併設の人工内耳センター等）・福祉（児童発達支援センター）・教育（0歳からの聾学校超早期教育相談等）があり，地域ごとにネットワークを構成する。また，言語習得の重要性から多くの聾学校に幼稚部がある。一般の保育所・幼稚園等との並行通園も行われている。

2020（令和2）年現在，聴覚障害児を対象とする学校は各都道府県にあり，計80校余（国立1，私立2を含む）だが，盲学校同様に他の障害も対象とする学校が増加している。また，小中学校には，難聴学級（難聴特別支援学級）と，難聴（きこえ）の通級指導教室がある。この2つは学籍の有無によって区別され

るが，実態は多様である。インクルーシブ教育の潮流もあり，現在多くの聴覚障害児が地域の小中学校に通っている。

　義務教育修了後は，聾学校のセンター的機能を活かした支援例もあるが，聾学校高等部以外の一般高等学校での支援は緒に就いたところである。また，大学で学ぶ聴覚障害のある学生も2000人を超え，セルフヘルプグループをつくり大学での情報保障活動に取り組んでいる。国立筑波技術大学は，聴覚障害・視覚障害それぞれの学生を対象とした，日本で唯一の国立大学である[7]。

　視覚と聴覚の両方に障害のある子どもはそれぞれの障害の程度により「盲聾」「盲難聴」「弱視聾」「弱視難聴」に分かれる。またどちらの障害を先に有するかによってコミュニケーション手段が異なる。丁寧に時間をかけた関わりから，手書き文字・触手話・指点字等，子どもに応じて最適なツールの獲得を目指し，関係機関の連携で子どもの伸びゆく力を支援することが望まれている。

（4）聴覚障害と現代社会

　聴覚障害に関する全国的な組織としては，全日本ろうあ連盟・各都道府県聴覚（言語）障害（情報）センター・難聴者・中途失聴者団体・人工内耳友の会・全日本ろう学生懇談会，その他，難聴児親の会・盲ろう者協会等がある。また4年に一度，聴覚障害者対象のデフリンピックがあり，各種のデフスポーツも盛んである。

3　言語障害児への理解と支援

（1）構音障害の基礎知識と支援

　構音障害とは，その言語環境で育っていながら年齢相応の発音の操作ができないことをいう。口蓋裂等発声発語器官の異常によるもの（器質性構音障害），中枢神経系の麻痺等によるもの（運動性構音障害）のほか，原因が明確ではないもの（機能性構音障害）がある。

　①　発声・発語の仕組み

　語音は，呼気が声道（喉・口・鼻）を通過する際に様々に加工されることによって産生される。声帯振動を伴うものを「有声」，伴わないものを「無声」という。語音は母音と子音に分かれ，構音障害のほとんどは子音の問題である。子音は「破裂」「摩擦」等，構音様式（音を作る方法）と構音位置（音を作る場

所）で分類される。

② 構音障害の程度と種類

構音障害をその誤り方でみると次のようになる。

> ・置換…ある音が他の音に置き換わっているもの（例：「サカナ（魚）」を「タカナ」と発音する）。
> ・省略…ある音が省略されている（例：「ハッパ（葉っぱ）」を「アッパ」と発音する（子音［h］が省略））。
> ・歪み（異常構音）…ある音が，日本語にはない雑音を伴った音で発音される（例：「イキマシタ」の「キ音」等が，どの音ともいえない雑音を伴って構音される）。

③ 構音障害の発見と支援と合理的配慮

構音は子どもの全体的な発達に伴うものであり，3歳児が「サル」を「タウ」と言ったからといって構音障害とはいえない。また，構音の発達は個人差が大きい。専門機関への紹介が望ましい例は次のような場合である。

> ・構音発達の基準（表13-3）よりも2年以上の遅れがみられる場合。
> ・構音の誤り方が「歪み」タイプである場合。
> ・口蓋裂や粘膜下口蓋裂等器質的な問題，鼻咽腔閉鎖機能不全が疑われる場合。
> ・本人が構音の誤りを気にしていて早期の改善を希望している場合。

逆に，しばらく様子をみてもよい例は次のような場合である。

> ・直近の半年程度の中で正音獲得に向けた変化がみられる場合。
> ・小学校1年生で「ランドセル」を「ダンドセル」と言うが，「ダ音」も「ラ音」も単音では言える場合（文字の学習を通じて誤りがなくなる可能性がある）。

構音の正しさよりも優先すべきはコミュニケーションである。子どもの構音の誤りをそのつど指摘することは，子どものコミュニケーション意欲を損ないかねない。

構音は聴覚的弁別に支えられて発達する。子どもに話しかけるときは意識的に明瞭かつややゆっくりと話し，その場で子どもの発話を復唱するような形で正しい音を聞かせるのがよい。たとえば「タクラがタイタね」と子どもが言ったときには，「本当だね。サクラがサイタね」と「サ音」を心持ち強調して返事をする。また，クラスで構音の誤りのために他の子どもに発言内容が伝わりにくい場合は，担任が「〇〇さんは～だそうだよ」等と内容を補うとよい。

表13-3　構音発達の基準

3歳半までにほぼ獲得	マ行・パ行・タ行・ガ行・ワ・ヤ
4歳までにほぼ獲得	チャ・ジュ・ナ行・フ
4歳半までにほぼ獲得	ハ行・カ行
4歳半以降に獲得	サ行・ザ行・ラ行・シュ・ツ・ヅ

出所：国立特別支援教育総合研究所「ネットで学ぶ発音教室」（http://matisse.nise.go.jp/kotoba/htdocs/index.php?page_id=23　2019年1月15日閲覧）をもとに筆者作成。

（2）吃音・流暢性障害の基礎知識と支援

①　吃音についての基礎知識

流暢性障害とは，発話において，なめらかでない特異な話し方になるために，話すことへの不安や社会参加に制限をもたらすことであり，その代表が吃音である。類似する流暢性障害として「クラタリング（早口言語症）」がある。

吃音の言語症状は「繰り返し（連発）」「引き延ばし（伸発）」「阻止（難発）」が主である。付随する症状として，「異常呼吸」「頭部・頸部・四肢や体幹の運動や緊張」等がある。吃音を避けるための言い換えや発話の回避，吃（ども）るのではないかとの予期不安等も二次症状として挙げられる。

現在，吃音の原因については特定されていない。遺伝については，多くの研究が「遺伝的要因がまったく関与していない可能性は少ない」としている。現在では否定されている「診断起因説（＝養育者が，言語獲得途上の非流暢性を吃音と捉えて，注意や叱責を加えることで真の吃音となる）」のように，養育者に無用な不安を与えるものには注意が必要である。養育者の育て方で吃音になることはない。

吃音の発症年齢は通常2～5歳，発症率は約5～8％で，そのうちの約80％は自然治癒する。男女比は発吃時では差が小さいが，成人期では4～5対1で男性の方が多い。

幼児期の吃音は，言語症状としては「繰り返し」中心で，発話を躊躇することは少ない。学齢期に入ると，言語症状としては「阻止」が多くなり，話すことへの抵抗感を示す子どももいる。思春期には心理的な問題が顕在化しやすく社交不安障害を発症する例もある。

成人になると就労に関わって電話等の場面への苦手意識が強くなるケースがある。一方，自分なりに吃音とうまく付き合い，セルフヘルプグループに参加

する人も多い。

②　吃音への支援と合理的配慮

吃音に対する治療・支援は，環境調整と周囲の吃音理解・楽な話し方の練習の両面から構成される。

環境調整とは，吃音のある本人が，吃ったままで過ごしやすくするもので，次のような視点が挙げられる。

> • 話の聞き手は話し方に注目するのではなく，話の内容に注目する。
> • 子どもと話すときは，ややゆっくりとした柔らかな発声で話しかけ，子ども本人の発話には一切注文をつけない。
> • 本人が，吃音についての苦しさを訴えたときは，曖昧にせず受け止める（「こうしたらよい」との助言は適切ではない）。
> • いじめ，からかい等があったときには，本人には「君はなにも悪くない」と伝えたうえで相手を指導する。

発達段階によって多少内容が変わるが，吃音は話し方の特徴のようなものであり，悪いものではなく，吃りながらであっても積極的に話すことが大切であることを共通理解することが重要である。

話し方（言語症状）そのものへの支援は，言語聴覚士等の専門家と連携するのがよい。言語症状にアプローチするには自らの発話に注意を向ける必要があり，そのことにはリスクを伴うからである。

吃音に対する合理的配慮の前提として，間違った助言を本人や養育者にしないことである。たとえば幼児吃音に対して，「放っておいたらそのうち治ります」「意識させないように気づかないふりをしましょう」等は間違った助言である。本人に対して「落ち着いてゆっくり話しなさい」等と伝えることも過度に自分の話し方を意識させるので望ましくない。

発表や音読への対処法について，本人や養育者と前もって話し合い確認しておくことが望ましい。吃症状が出ても構わないので一人で読みたい，他児や先生と一緒に読みたい，そのときの調子で異なる対応をしてほしいのでサインを決めておく，等である。非流暢な話し方が不利にならないような取り扱いも重要である。九九の暗唱や，国語の「聞く・話す」の観点評価での配慮が求められる。

高等学校入試での面接における配慮の実例として，面接において吃音がマイナス評価にならないこと，時間が延びることを許容することを事前に確認し，

安心して受験に臨めた例がある。英語検定試験では吃音について配慮する旨が明記されている。

（3）言語障害児の療育・教育制度（通級指導教室）

　言語障害児の療育や教育は原則個別での支援となり，必要に応じて集団での関わりが組み合わされる。

　幼児期には児童発達支援センター等，学齢期には小学校等に設置されていることばの教室（通級指導教室）で支援・指導を行うことが多い。放課後デイサービス等児童発達支援事業で個別の支援を提供したり，病院で言語聴覚士が対応する事例も増えている。

　小中学校で通常の学級に在籍しながら障害に応じた特別の指導を受ける通級指導教室は，2020（令和2）年度は全国で約4万人の児童生徒を対象としており，増加傾向にある。

（4）言語障害と現代社会・セルフヘルプグループ

　言語障害のある人にとって，現代社会は過ごしやすくなった面もあるといえる。プレゼンテーション等の音声言語によるコミュニケーションが重視されるようになった反面，セルフ式マーケット，自販機，電子メールや SNS 等の音声言語なしでも用が足せる機会も広がっているからである。

　全国的な組織をもつ NPO 法人全国言友連絡協議会は，各地の**言友会**（吃音のある人のセルフヘルプグループ）のネットワークを作り，吃音のある子どもや中高生を対象に「吃音キャンプ」や「中高生の集い」を行っている。吃音が自分の人生を縛る絶対的な問題ではなく相対的な問題であることを実感するよい機会となっている。

注
(1)　先天的に眼球が小さい遺伝性疾病であり，発生頻度は約1万人に1人である。角膜，水晶体，網膜・硝子体などの発生異常に伴って眼球の発達が障害されて起こるものも多く，状態や程度は様々である。
(2)　先天的に虹彩が完全または不完全に欠損している遺伝性疾病である。
(3)　早産児や低出生体重児に発症する網膜病変の一つである。発症率は出生体重1500

グラム未満で約60％，在胎28週未満ではほぼ100％と高い。

(4)　網膜に異常がみられる遺伝性疾病であり，日本では約１万人に対し２人である。夜盲（やもう），視野狭窄，視力低下などの症状がある。

(5)　糖尿病が原因で網膜が障害を受け，視力が低下する病気である。糖尿病腎症，糖尿病神経症と並んで，糖尿病の三大合併症といわれる。

(6)　母語が日本語であれば，「la」も「ra」も「ら」と聞き取るように，聴覚を母語の音節のカテゴリーにあわせるようになること。

(7)　産業技術学部（聴覚障害）の入学条件は，両耳の聴力レベルがおおむね60 dB 以上のもの，または補聴器等の使用によっても通常の話声を解することが不可能もしくは著しく困難な程度のもの。保健科学部（視覚障害）の入学条件は，両眼の矯正視力がおおむね0.3未満のもの，または視力以外の視機能障害が高度のもののうち，拡大鏡等の使用によっても通常の文字，図形等の視覚による認識が不可能または著しく困難な程度のもの，もしくは将来点字等の特別の方法による教育を必要とすることとなると認められるもの。

参考文献

青柳まゆみ・鳥山由子編著（2020）『新・視覚障害教育入門』ジアース教育新社。

吃音ポータルサイト（金沢大学小林宏明によるサイト）（https://www.kitsuon-portal. jp/　2022年９月１日閲覧）。

菊池良和編著（2022）『ことばの教室の吃音指導』学苑社。

小林宏明・川合紀宗編著（2013）『特別支援教育における吃音・流暢性障害のある子どもの理解と支援』学苑社。

藤田郁代監修（2021）『標準言語聴覚障害学　聴覚障害学（第３版）』医学書院。

藤田郁代監修（2021）『標準言語聴覚障害学　発声発語障害学（第３版）』医学書院。

文部科学省（2018）「特別支援学校幼稚部教育要領　小学部・中学部学習指導要領（平成29年４月告示）」。

American Psychiatric Association／高橋三郎・大野裕監訳（2014）『DSM-5　精神疾患の分類と診断の手引』医学書院。

学習課題

①　点字や視覚障害への援助機器，また手話・補聴器や聴覚障害への援助機器について，身近なものでどのようなものがあるのかを調べてみよう。

②　あなたが先生（保育士・教師）として担任をしているクラスに，視覚障害・聴覚障害・言語障害（構音障害／吃音）のある子どもがいる場合，どのような合理的配慮を考えるか，できるだけ具体的に書いてみよう。

キーワード一覧表

- [ ] **点字**　視覚障害者が指先の触覚によって読み取る文字。ひらがなに対応する。横2点×縦3点の6点式。ICT によりディスプレイや読み上げに対応する。　　178

- [ ] **視覚障害者用拡大機器**　点字機器類／文房具類／時計・計器類／生活機器類／図書類（録音・再生）／読み上げ機器／ゲーム類／単眼鏡・拡大読書器・電子ルーペ／パソコンのアプリ等。　　178

- [ ] **伝音難聴**　外耳や中耳の損傷や炎症によって起こる。音量を大きくすれば聞き取りやすくなり補聴器の使用が効果的である。　　181

- [ ] **感音難聴**　内耳・聴神経・脳の中枢などの感音系の障害によって起こる。先天性・加齢性・騒音性等があり蝸牛の有毛細胞の数が減少するなどして機能が低下する。小さな音が聞き取りにくい，大きな音が響く・ひずむ，聞こえても言葉の意味がわからない，等の特徴がある。　　181

- [ ] **補聴器**　聞こえを補う医療機器。医薬品，医療機器等の品質，有効性及び安全性の確保等に関する法律（薬機法）で基準を設定し JIS（日本工業規格）で管理されている。集音器とは異なる。マイクから入ってきた音を，聞こえにあわせた音に加工し，聞きやすい音にしてイヤホンから出力し，聞こえを補助する。　　182

- [ ] **人工内耳**　世界で最も普及している人工臓器の一つ。手術で側頭部（蝸牛）に埋め込む体内部と，音をマイクで拾って体内部へ送る体外部とからなる。主に補聴器での装用効果が不十分な人を対象とする。有効性に個人差があり，継続的なハビリテーションが重要である。　　182

- [ ] **手話**　手指動作と非手指動作（NMS：non-manual signals）を同時に使う視覚言語。独自の文法体系をもつ。実態としては，音声や口形を併せて用いる・用いないなど柔軟な使用がなされている。　　184

- [ ] **情報保障**　聴覚（補聴器・補聴援助機器・スピーカーシステム）・視覚（手話・文字）また，それらを組み合わせる様々な方法がある。必要な人の聴力・言語力・発達段階・情報の内容や状況によって異なる。自ら必要な情報保障を求めるための自己権利擁護意識を育てる姿勢も大切である。　　184

- [ ] **構音障害**　広義には発音に誤りがある状態のことである。発音に関わる舌や唇などの動きが様々な原因で異なっていることや動きにくいことが原因である（①運動麻痺・形態の異常や欠損，②難聴や知的障害，③その他明確な原因がない機能性構音障害）。ここでは①と③を対象とする。　　185

- [ ] **吃音**　話すときに最初の一音に詰まってしまうなど，言葉が滑らかに出てこない言語障害の一つ。幼児期に発症する「発達性吃音」と，疾患や心的ストレスなどによって発症する「獲得性吃音」に分類され，大半は前者である。　　187

□　**言友会**　成人吃音者のセルフヘルプグループの一つ。各地にあり，全国の言友会の連絡調整を図る組織が全国言友会連絡協議会（全言連）である。吃音についての啓発や社会的支援の拡充を求める活動をしている。　189

＊＊＊コラム　共生社会の具現化を目指す中学校の取り組み（聴覚障害）＊＊＊

　現在，聴覚障害のある児童生徒の過半数は，地域の小中学校に在籍し，地域で学べる利点とピアグループの不在という課題を併せ持っています。それは時に，周りに同級生はいるが自分だけ情報が届かない「集団の中の孤独」に陥りがちです。こうした中で京都市の学年別固定制難聴学級は子どもの発達に応じた集団を保障するという観点からみて興味深いものがあります。京都市立二条中学校は，市内約80校の公立中学校の中で唯一，学年別固定制の難聴学級があります。全校生徒約300人中20人（50年間の平均）の聴覚障害のある中学生が在籍しています。教科授業は数人の学級で各教科担任が行います。すべての教師が手話に堪能ではありませんが，大型ディスプレイや視覚的資料を活用し，顔を生徒に向けて，はっきりとした口形で伝えます。「読む・聞く・書く・話す・考える」にメリハリのある授業構成は，聴覚障害生徒だけではなくすべての生徒にとって理解しやすいものです。また，義務教育後を予想し，通常の学級で教科授業を受ける期間もあります。英語や音楽など音声情報を重視する教科の評価には，読み替え資料を作成しています。たとえば定期テストでは，英語のリスニングが始まると同時に読み原稿を渡し，終わると回収する，という方法をとります。学校行事では，大型スクリーンによる文字情報，難聴学級担任による手話通訳，音声文字認識システム等の方法を用いています。特筆すべきは，生徒会等の生徒による発信は，聞こえる生徒がその情報保障を担当している点です。体育的な行事は通常の学級に「交流」として入って行う一方，文化祭等は3学年の難聴学級と通常の学級等の生徒とのミックスグループで手話劇を行う等，目的と内容に応じた集団で取り組んでいます。部活動の参加も幅広いものがあります。思春期かつ義務教育最終段階の時期に，聴覚障害のピアグループと同学年の聴者グループの両方が日常的に存在する教育環境の意義は深いものがあります。その複層的な集団を主体的に選択しながら，幅広い中学校生活を送ることは，聴覚障害のある若者が主体的に生きる力と言語運用力を高めることにつながっています。

第14章

知的障害の児童に対する理解と支援

　本章では知的障害の発見，判定の手続きについて説明する。そして知的障害のある子どもも共に楽しめる保育をつくり出していくときの3つの視点「子ども理解」「子どもへの願い」「手だて」の循環とその実際を紹介し，具体的な活動を取り上げる。日々，子どもと生活を共にする保育者は，子どもの育ちを敏感に捉える。そこで発達の遅れに気づく場合もある。保育者には日常の関わりを丁寧に積み重ねていくことが求められる。また知的障害のある子どもの親の思い，きょうだい，友達の葛藤をドキュメンタリーの絵本から学ぶ。学齢になってからの生活の様子も知り，生涯にわたる支援のあり方を考え続けてほしい。

1　知的障害とは

（1）知的障害

　知的な発達の遅れ，知的機能が明らかに低い状態を総称して，知的障害という。以前には精神薄弱という語が使われていたが，差別感を含む語感であることから，一旦，精神遅滞，知的発達障害という用語が使われるようになった。さらに精神薄弱の用語の整理のための関係法律の一部を改正する法律（1998年）により，地方自治法，児童福祉法で知的障害の表記に改正され，精神薄弱者福祉法は知的障害者福祉法に改題された。これらの関連法の改正により1999（平成11）年から教育・行政用語として知的障害が使用されるようになった。

　WHO（世界保健機関）の国際疾病分類（ICD-10）では，認知，言語，運動および社会的能力の障害を知的障害と定義し，発達期（18歳まで）に診断されるとしている。2019年に採択された国際疾病分類（ICD-11）では Disorder of intellectual development と表し，知的発達症と訳されている。一般的には，

知能検査（田中ビネー知能検査，新版 K 式発達検査，WISC-IV など）により測定，算出される知能指数（IQ：Intelligence Quotient）（精神年齢／生活年齢×100）をもとにし，IQ70を境界として診断される。一方，アメリカ精神医学会作成の精神障害の診断と統計マニュアル第5版（DSM-5）では，IQ による診断評価を脱し，概念，社会性，実用性の総合的診断がなされ，知的発達症または知的能力障害と診断される。

　知的障害の原因は，染色体変異によるもの（ダウン症など），代謝障害によるもの（フェニルケトン尿症など）の出生前の内因要素，出生前のウイルス感染，有害物質の摂取といった出生前の外的要素，出産時の無酸素症，低酸素脳症，出生後の脳炎など，原因の特定されるものがある。また，子育て，保育の過程で，保護者，保育者によって発達の遅れとして気づかれる，原因が特定できない知的障害もある。その他，虐待や放置など劣悪な心理社会的環境で育てられることによって発達が遅れてしまう場合もある。

（2）障害の発見・気づき

　まず，生後4～7日の新生児に対して行われる新生児マススクリーニング検査について触れておく。これは新生児のかかとから少量の血液を採取し行う検査である。フェニルケトン尿症，メープルシロップ尿症，ホモシスチン尿症，ガラクトース血症，先天性甲状腺機能低下症（クレチン症），先天性副腎皮質過形成症の6つの先天性代謝異常による疾患がないかを調べるものである。これらの疾患は知的障害を伴うこともあるが，発見された場合，確立した治療法があり，早期に治療ができる。

　乳幼児期の運動能力の発達について概観しておこう。これは順次性をもつ。生後3か月で首がすわり，その後，寝返り，ハイハイで移動することなどを経て，おすわりができるようになる。これは重心が下方に降り，自力で腰，背筋を支えている姿であり，二足歩行に向かうべくコンディションが整ってきたことを示す。つかまり立ちを経て一人で立ち，1歳ごろになり歩くようになると目線が上がり，手で物を操作するようになる。自分でしたいという意欲をもち，興味を向けたものに手を伸ばして体験していく。見たこと，してもらったことを模倣し，手にしたものを何かに見立てる模倣遊びが盛んになっていく。

　このように乳児期には体の動きがめざましく発達する。一つひとつの発達項目は，次への準備段階として意味をもつ。たとえば，這う，という動きを取り

上げてみる。腹這い姿勢から手の平と膝を床につけて，腹部・胸部を床に平行になるように支え前進する。これによって腕の力を強くし，背筋を強くする。同時に忘れてはならないのは，指を広げて 5 本の指先それぞれに体重をのせていることである。つまり手の平，指全体をしっかりと使っていることである。このことをもとにして，指先での細かい操作ができるようになり，粗大運動から微細運動へと発達していく。

　言葉の発達もみてみよう。乳児期に，上唇と下唇を合わせて空気を破裂させる Ba，Ma，Pa の声は喃語と呼ばれ，声遊びとして始まる。喃語を反復して発するようになり，喜びの感情をのせたり，注意を引いたりするような発声がみられるようになっていく。身近な大人が同様に声を発して乳児の声に応えると，手足をばたつかせてさらに声を出し続けることもある。次第に「ダーダ」「マーマ」のような声がそれぞれに抱っこを求め，母親に側にいてほしいことを求めるなど，意味を込めて言うようになっていく。気づいたものや一緒に見てほしいものを**指さし**で示し身近な大人に応答してもらうことを楽しむようになるころ，一語文で気持ちを伝えたりする。名前を呼ばれると応え，**二語文**を話し，語彙が増えると，大人との会話が盛んになっていく。絵本の 1 フレーズを繰り返し言ったり，お人形に語りかけることを経て，「これなに？」「なんで？」と質問が増えてくる。

　子どもを育てる保護者は，わが子との関わりを重ねる。そして成長に伴う変化を喜ぶ。一方，成長の早い遅いといった個人差はあるものの，なかなか変化がみられない場合，不安を感じるものである。同じ年ごろの他児に追いつけと願い，そしてゆっくりでもそれなりにできるようになってくると不安を緩める。

　複数の子どもの保育にあたる保育者は，子どもの成長発達の順次性，方向性を体験的に知っている。そこで発達を支え，促す遊びを提供する。保育者は，子どもの意思を読み取ろうとし，また子どもの育ちへの具体的な願いを託して援助する。そこでは子ども同士のやりとりを経験させる。そして子どもが育つのを待つ。この中で，発達が遅いと気づく場合がある。その内容は，認知，物事の了解，言葉，運動や手指の器用さ，社会性に関わるものである。

（3）障害の判定

　1 歳 6 か月児・3 歳児健診（健康診査）をきっかけに発達の遅れが疑われた場合，児童相談所での発達検査を経て，障害の判定へと進む。知的障害児と判

定された場合には，療育手帳が交付される。これは法で定められた制度ではな
く，各都道府県および政令指定都市の独自の発行である。このため，「療育手
帳」以外の名称を使う自治体もある。障害の程度の区分は，Ａ：重度，Ｂ：軽
度の２分類であるが，分類や明記方法は各自治体により異なる。知的障害は一
般に18歳以前の発達期に現れ，それによってコミュニケーション・身辺自立・
健康・安全・学業などに制約が生じるとされる。これらの状況を総合的な視点
で捉えて障害の程度が判定される。この判定により，特別児童扶養手当，税の
諸控除および減免税，旅客運賃や料金の割引など，知的障害児・者への援助措
置が定められている。

（4）知的障害児への支援

　発達に不安をかかえているケース，そして知的障害があると判定された子ど
もが受けられる支援について説明する。前者は，つまりまだ障害の判定に至ら
ない乳幼児期の子どもを指す。養育者は子どもの発達の遅れを感じつつ不安を
かかえているゆえ，丁寧な支援が求められる。障害児通所支援の親子通所でも
育児相談を含めた発達支援がなされている。後者については，各市町村に置か
れた児童発達支援センター，児童発達支援事業といった障害児通所支援で，障
害に応じた支援とその家族に対する支援を受けることができる。または保育所
等で地域の子どもと共に保育を受けることもできる。ここでは，保育所等訪問
支援として，支援員が保育所を訪問し集団生活への適応をサポートしている。
これらの制度は，2012（平成24）年の児童福祉法改正により整えられた。

2　知的障害のある子どもへの保育，支援の実際

（1）保育実践のための３つの視点

　保育者は，複数の子どもたちの保育を担う専門職である。堀は，障害のある[(1)]
子どもの保育を再考する際，目の前の子どもをよく「理解する」こと，次にこ
の子どもがどのように育ってほしいのか，その「願い」を具体的に考え，それ
を具現化するための「手だて」を工夫して行うという３つの視点の循環がポイ
ントとなると述べている。そして同時に，集団として「子どもたちを理解す
る」こと，「子どもたちへの願い」をもち，そのための「仲間づくりの手だて」
を行うのである（図14-1）。

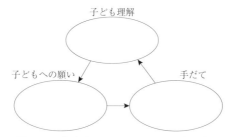

図 14-1　保育実践における 3 つの視点の循環
出所：堀智晴（2004）『保育実践研究の方法』川島書
店，31頁を参考に筆者作成。

　障害のある子どもを受け入れた保育の現場は，一斉に子どもたちを動かすよ
うな保育の形でなく，一人ひとりの違いを認め，一人ひとりの子どものあり方
に合わせて保育を考える方向に，保育を変えていくように実践する。まさに，
その子どもへの「子ども理解」を絶えず問い続けながら，その子の育ちに向け
て「子どもへの願い」をもち続け，具体的な「手だて」を試みる。サラマンカ
宣言[2]では，「すべての子どもは，ユニークな特性，関心，能力および学習の
ニーズをもっており」，その教育は「インクルーシブ志向をもつ通常の学校」
の中で「特性やニーズを考慮にいれて計画・立案され」るとうたわれる。保育
者は障害のある子どもを含んだクラスづくりに取り組むことによって，子ども
同士の育ち合いを育てる保育を目指していくのである。

（2）保育と支援の実際
　保育の場で保育者は，複数の子どもがそれぞれの個性を発揮しながら，みん
でいることが楽しい，と思えるように子ども同士の関わり合いを支援してい
く。障害のある子どももほかの子どもの活動を見てあこがれ真似をすることも
あるし，時にはトラブルも起きる。その解決のために試行錯誤を重ねつつ，皆
でする活動の雰囲気を感じながら少しずつ参加するようになる。同じ空間にい
る子どもは，ほかの子どもたちの活動が少しずつ変化していく様子をよく見て
感じ取っているであろう[3]。保育者は，子ども自らが活動したくなるときがくる
ことを願って保育行為を続けるのである。知的障害のある子どもはゆっくりと
状況をつかみ，参加をしていく場合が多い。そこで，注視を促す，自由な動き
を促す遊びの例を取り上げてみる。

図14-2　ずくぽんじょ（筆者採譜）

① 注視を促す遊び

　おもしろそう，何だろうと心が動き，それが行われているところに気持ちを向けてじっと見るという経験を子どもたちには重ねてほしい。わらべうた「ずくぽんじょ」（図14-2）を歌いながらカップ人形を使って注視を促す活動を紹介する。中に人形を収めたままのカップを子どもたちの前に歌いながら出すと（図14-3），子どもたちはじっと見ている

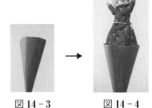

図14-3
「ずくぽんじょ」
（筆者撮影）

図14-4
「ぬいてちょうだい」
（筆者撮影）

のであるが，「ぬいてちょうだい」のタイミングでカップの中から人形を出すと（図14-4），はっとして笑顔になる。そして再びカップの中に人形を収めてしまうと，驚きを声にして表す子どももいる。再び人形が飛び出してくるのを期待するのである。心臓の鼓動に近い拍感の歌を歌いながらすることによって，同じリズム感への共感をし，遊びへの期待を持続することができる。

② 自由な動きを促す遊び

　広げた新聞紙を6×5枚，端をのりで貼り合わせた「大新聞」をたたんで用意しておく。子どもたちの頭の上で広げ，屋根のようにかぶせ，端を保育者が持って上下に揺らすと，バリバリという音と風が起こり，子どもたちは手をあげて飛び跳ねたり歓声をあげる。大新聞の中に入ってくる子が増えてきて，にぎやかに楽しめる。上下に揺らすことを続けると，子どもたちは新聞をつかんで，びりびりと破ってしまい紙吹雪のように散らして遊ぶ。

（3）保育者の葛藤

　上記は，障害のある子どもも共に楽しめる遊びの実際として紹介した。興味を向けて，手を伸ばし，体の動きとともに心の動きが生じてほしいという願いをもって，実践を続けるのである。興味を向けていないようにみえても，その

集団への実践を続けていくことにより，その子の気持ちが少しずつ変容し，参加へと向けられてくるのを待つ。その中で，子どもの育ちを見出すことができる。

　しかし，保育者が配慮しながら関わってもなかなか変化がみられないこともある。変わらないと感じてしまう時期が長くなり，やってもやっても子どもの成長への見通しがみえないと感じてしまうとき，保育者は葛藤する。この葛藤は，保育者としての立ち位置をゆるがすほどのものである。そのことに耐えられずに，この子の障害が重度だからしかたがないと考えがちだが，保育者として葛藤するときこそ，子ども理解を問い直すことに努めたい。同僚と感じていることを語り合い，子どもの育ちへの願いを確かめたい。

3　知的障害のある子どもと家族，仲間関係

　知的障害のある子どもとその家族，仲間関係について，障害のある子どもが登場する絵本から学んでいくことにする。これらの絵本の登場人物は実際に存在する。

（1）親の思い

> **星川ひろ子『となりのしげちゃん』あらすじ**
>
> 　保育園の3歳児クラスにいるしげちゃんは，あらたちゃんの声かけにも知らんぷりで葉っぱと戯れたり，皆が呼んでも動かないでいる。しげちゃんのようすを不思議に思っていたあらたちゃんは，ある朝しげちゃんのお母さんに尋ねる。「なんでしげちゃんはみんなみたいにおしゃべりしないの？　びょうきなの？」と。お母さんは「びょうきじゃないのよ」「なんでもゆっくりおぼえていくから」と答えた。そして，体をつくるための地図におまけのところがあって，お兄ちゃんになるのに時間がかかってしまうの，と説明した。「かんじる心はいっしょよ」ときいたあらたちゃんはほっとした。

　「なんで，しげちゃんは」と問うたあらたちゃんに，しげちゃんのお母さんは「地図におまけのところがあって」と説明する。しげちゃんは染色体21トリソミーによるダウン症である。あらたちゃんはしげちゃんを気遣い，しげちゃんは少しずつあらたちゃんに信頼を向けていく。そのような関わりをみて，お母さんは，しげちゃんはこんなふうに育っていくんだという見通しをもった。

それはお母さんにとっては喜びであり，育児を支える力となっていく。

（2）きょうだい関係

星川ひろ子『ぼくのおにいちゃん』あらすじ

　ぼくには6歳違いのおにいちゃんがいる。小さい頃のおにいちゃんは，体がくにゃくにゃで一人で座れず，病院に通って特別な運動をしてようやく歩けるようになったらしい。生まれる前から頭の中に傷があったからだとママは言っていた。ときどき気を失って手足をばたばたさせることもある。おにいちゃんは，ブランコが好き。言葉はほとんど話さないけれど，何でも「ブ，ブ」「ネンネ」と言って伝えようとし，笑い続け，カラスの鳴き真似をしてとても賑やかである。デパートで迷子になったときは探し回ってさんざんだった。急に怒り出してミニカーや本，電話，植木鉢を投げることもある。そんなとき，ぼくはウルトラマンに変身しておにいちゃんにタックルをしてやる。野球のできるおにいちゃんだったらいいのに。「ぼくのおにいちゃんは，なんでみんなのおにいちゃんとちがうの？」

　きょうだいというのは，毎日一緒に生活し，助け合うこともあれば，お互いの気持ちをぶつけ合ってけんかすることもある。親に甘え，親の思いを受け，それぞれが自立に向かって育っていくのだが，障害のある子どものきょうだいは，きょうだいが平等でないような違和感をもって過ごしていく。「ぼく」は，お兄ちゃんが頼りがいのある存在と思えず，兄といると理不尽さを感じることもある。しかし，一緒に暮らしていると面白いと思えることもある。上記のようにてんかんの発作を起こすときには心配が募るのだろう。複雑な心境で過ごしているのである。きょうだいの気持ちを 慮（おもんぱか）ることが大切になる。

（3）子ども同士の関係

長谷川集平『はせがわくんきらいや』あらすじ

　「長谷川くん」は，ヒ素入り粉ミルク事件の被害にあった子どもである。「長谷川くん」は「ぼく」によく近寄ってくる。「ぼく」は先生にもお母さんにも「大事にしてあげて」「仲良くして」と言われ，わかったような気にはなるものの，「長谷川くん」と一緒にいると手間がかかることが続いて面白くない。納得できず，「ぼく」の思いには，なぜ，という疑問がわき上がり，「長谷川くんなんかきらいや」と何度も言い放つ。同時に「ぼく」は「長谷川くん」に愛着も感じるようになっていることに気づく。

　作者の長谷川集平自身を「長谷川くん」として登場させた絵本である。細い
体でみんなの後をついてくる「長谷川くん」をめぐり，子どもたちは心穏やか
ではない。仲良くして，と大人に言われることは理解できるものの，本心では
面倒なのである。この正直な感情を封印することなく葛藤しながら生きている
子ども同士の関係性が，少しずつではあるが変容していく。

　ヒ素入り粉ミルク事件は1955（昭和30）年に実際に起きた事件である。125人
の赤ちゃんが死亡（1957年当時）し，政府の認定患者，未確認患者は後遺症を
かかえることになった。後遺症により知的障害となった者，体の弱い者も含め，
本人と家族はこの事件によって人生を変えられてしまったのである。

　体が細く，弱い，不器用な「長谷川くん」は，のちに絵本作家として活躍す
るようになった。どんな子も排除しないインクルーシブな関係性というのは，
この絵本に描かれているように葛藤を含みながらも少しずつ変容していく過程
そのものである。だからこそ，交わって関わりをもつことがまず大切なのであ
ろう。

4　知的障害のある子どもへの教育

　学校教育においては，日常生活上必要となる言語，数量の認識とともに，社
会生活に必要な自立を課題として教育活動がなされている。特別支援学校また
は特別支援学級での個別指導と集団指導，通常学級において支援を受けながら
行う場合，とその形態は多様である。たえず，学校と教師が子どもの発達と実
態と照らし，指導内容の問い直しをしながら行われている。学習面においては
文部科学省検定済み教科書を用いる場合と，教科書以外の教育用図書を用いる
場合がある。後者は学校教育法附則第9条に定められており，個別支援計画の
ねらいに沿って教師が選び，個々の子どもに提供される。最大限の工夫のもと
に，学修する喜びを得てほしいと願うところである。また，子ども同士の仲間
意識を育てるべく，毎日の給食や行事の実施方法が再考されることを願う。

　放課後の過ごし方についても課題となる。子ども自身が興味をもって取り組
めるものを見つけていけるような余暇活動と仲間づくりに関する支援は，生涯
にわたる生活を豊かにしていくことにつながるからである。

注
(1)　堀智晴（2004）『保育実践研究の方法』川島書店，31頁。
(2)　スペインのサラマンカで行われた特別なニーズ教育に関する世界会議（1994年）
　　　において採択された。
(3)　このような学習のあり方を「正統的周辺参加」として紹介している。ジーン，
　　　R・エティエンヌ，W.／佐伯胖訳（1993）『状況に埋め込まれた学習――正統的周
　　　辺参加』産業図書。

参考文献
長谷川集平（1984）『はせがわくんきらいや』すばる書房。
星川ひろ子：写真・文（1999）『となりのしげちゃん』小学館。
星川ひろ子：写真・文／星川治雄：写真（1997）『ぼくのおにいちゃん』小学館。

学習課題
①　これまでに知的障害のある人と出会ったことがあるだろうか。どうして知的障害
　　がある，と思ったのか，考えてみよう。
②　担当するクラスに知的障害のある子どもがいたら，どのように保育実践をすると
　　よいだろうか。造形活動の場面，運動遊びの場面など具体的な場面を想定して考え
　　てみよう。

キーワード一覧表

□　指さし　見たことのあるもの，興味のあるものに向けて指を伸ばして指示し発
　　　声すること。そばにいる大人に，見て，とアピールして伝えたい気持ちを表
　　　現する。指さしは言葉を話す前段階の行為で重要である。　　　　　195
□　二語文　「マンマ　モット」「ブーブ　ナイ」「ワンワン　キタ」のように，2
　　　つの言葉を並べて話すこと。助詞はまだ使われない。1歳半〜2歳にかけて，
　　　二語文で話すようになると，ずいぶんしゃべるようになったという印象を受
　　　ける。　　　　　195
□　1歳6か月児健康診査　母子保健法第12条に基づき，自治体が乳幼児に対して
　　　行う健康診査。身長・体重の増加，歩行の獲得，コミュニケーションの芽生
　　　え，微細運動の開始，う歯の有無，アレルギーの有無など，健康状態と発育
　　　状態を診査する。　　　　　195
□　3歳児健康診査　母子保健法第12条に基づき，自治体が乳幼児に対して行う健
　　　康診査。健康状態と運動機能，発育状態の診査のほか，視力検査も行う。
　　　　　　　　　　　195

コラム　トイレトレーニングと日常の関わり

　末松たか子は『おむつのとれる子，とれない子』という本の中で「おはなしもでき，一人歩きができるようになり，おしっこの間隔が2〜3時間あくようになったらおしっこトレーニングをはじめよう」と勧めています。末松が挙げたおむつはずしの3つの条件を読み解くと，①物事の理解と人に伝えようとする意欲，②脚力，腹筋力，③膀胱の機能のことではないかと考えられます。知的障害のある子どものおむつはずしはタイミングを見出しにくいのですが，①と②は楽しく遊ぶ中で育てられます。

　②については，しっかり跳んで両足で踏みしめる経験ができるように遊びを工夫してみましょう。そこで両足跳びを一緒にしようと，小型フープを床に並べて跳ぶことにしました。保育者が両足を揃えてぴょんぴょん跳んでいきます。Aちゃんも両足で跳ぼうとします。両足は揃っていないけれども，Aちゃんは両足跳びをしている気分です。何回も保育者は跳び続けます。ほかの子もやってきて跳んでいます。笑い声や歓声があがってにぎやかです。こんな遊びを毎日重ね，脚力，腹筋力，人と関わる楽しさを少しずつ得ていきましょう。

　そして一緒にトイレに行ったら「おしっこしーしー」「しーこっここーい」と唱えの言葉をかけてあげましょう。こうした関わりの積み重ねが大切です。おもらしをしてしまったら，濡れてしまったね，と着替えを促します。放尿感に気づいてほしいからです。よく見ていると，尿が溜まったときにその子なりにサインを出してくれることがあります。そしてトイレでできたら喜んであげましょう。トイレトレーニングは，保育者が子どもをよく見て，願いを向けて少しずつの関わりを続けていく過程が続きます。そんな中で確実に子どもと保育者が近しくなれるのです。

　このように，知的障害のある子どもの育ちを支援することは，ごく普通の関わりを丁寧に積み重ねていくことなのです。

小型フープの上を跳ぶ

参考文献：末松たか子（1994）『おむつのとれる子，とれない子——排泄のしくみとおしっこトレーニング』大月書店，34頁。

第15章

重症心身障害の児童や医療的ケアを要する
児童に対する理解と支援

　重度心身障害児・医療的ケア児は，医療や福祉の対象という印象が強く，障害児保育の中でも意識される場面に乏しく，保育士が関わる場も限定的であった。近年，当事者や当事者家族の社会運動と障害者の権利に関する条約（障害者権利条約）の批准による障害を理由とする差別の解消の推進に関する法律（障害者差別解消法）の施行，医療的ケア児及びその家族に対する支援に関する法律（医療的ケア児支援法）等の施行も相まって，障害・疾患があったとしても，地域の中で本人の多様な可能性を信じ，療育・保育から教育へ，そして将来の就労も視野に入れた，「既存の重度心身障害児者のライフコースイメージ」を覆していく取り組みが少しずつ積み重ねられている。しかし，そういった取り組みはまだまだ限定的であり，本人の可能性を広げるも狭めるも，どのような出会いがあるかにより左右されるという現状がある。本章を読んだ人が，重い障害があるといわれる子どもたちにとっての重要な出会いの一人になることができるよう，近年の動向や支援制度，それを支える理念，そしてネットワークについて学んでほしい。

1　重症児から医療的ケア児までの名称の歴史

（1）行政用語としての「重症心身障害児」

　「重症心身障害児」という言葉は医学的な用語ではなく，児童福祉行政において福祉サービスを活用する際の基準となる行政用語である。日本では1967（昭和42）年に「重度心身障害児施設」が誕生した。これは1963（昭和38）年に研究モデル事業として開始され制度化されたものである。その入所判定には，1971（昭和45）年に考案された，横軸を運動障害の状況，縦軸を知的障害の状況として組み合わせ25分類する「**大島の分類**」（表15-1）を基準として参照す

表 15-1　大島の分類

21	22	23	24	25	
20	13	14	15	16	75
19	12	7	8	9	50
18	11	6	3	4	35
17	10	5	2	1	20
走る	歩く	歩行困難	座れる	寝たきり	

知的能力（ＩＱ）

- 重症心身障害児（者）：重度肢体不自由と重度知的障害の重複したもの。医学的診断名ではなく、児童福祉行政上の措置を行うための定義。
- ①1，2，3，4の範囲が重症心身障害児。②5，6，7，8，9は周辺児と呼ばれる。

出所：大島一良（1971）「重症心身障害の基本的問題」『公衆衛生』35 (11)，648～655頁より筆者一部改変。

るようになった。

　制度上では、大島の分類で用いられる、WHO（世界保健機関）の ICD-11 の基準で IQ35 を下回る「重度の知的障害」があるとされ、かつ運動機能が座位を保つことまでしかできないという2つの条件を満たした1～4の分類パターンに当てはまる者を「重症心身障害児者」とみなしている。したがって、重症心身障害児の運動機能の状況は身体障害者手帳の取得が可能であることが大半であり、また、知的障害の状況は療育手帳が取得できる対象になっている（しかし、どちらの制度も「申請主義」であるため、必ずしも両手帳を取得しているとは限らず、その点に留意する必要がある）。つまり、重症心身障害児とは、身体・知的双方の様々な疾患や障害に起因した、症状・状態・状況を表現したものである。また各年代において合併症や二次障害についても考慮に入れる必要がある。大島の分類は、重度の知的障害と身体障害を併せ持つ障害児者に対して、手厚い障害福祉制度を利用できる対象者の基準とするためにつくられたものである。重度心身障害児者の多くを占めるといわれているのが、脳性麻痺といわれる障害である。脳性麻痺は、1968（昭和43）年に策定された厚生省脳性麻痺研究班の定義では「受胎から新生児期（生後4週間以内）までの間に生じた脳の非進行性病変に基づく永続的な、しかし変化しうる運動および姿勢の異常である。その症状は満2歳までに発現する。進行性疾患や一過性運動障害、または将来正常化するであろうと思われる運動発達遅滞は除外する」とされている。脳性麻

痺の概念は，運動麻痺のみではなく非常に多くの障害を包含しており，単一の疾患や障害ではない。また「脳性麻痺」という言葉は「臨床医，セラピスト，教育関係者，研究者，行政職，さらには一般の人たちにも広く使われており，それが使用される場所および状況によっては，異なる対象を意味している(2)」。

　一般的に医学における診断名は，様々な病的な症状に対して，同じウイルスが関与しているとか，臓器の特定の箇所が機能していないことであるとか，原因や経過が同一と推定するものに対して1つの病名がつけられる。ところが脳性麻痺の原因は様々で，症状も多様であり，脳性麻痺という単一の疾患ではなく，筋肉の異常を特徴とする症候群である。母親の胎内にいるときに脳の発達過程で起きた脳の奇形や，酸素欠乏や感染症等が原因で起きた出生前，出産時，出生直後に起きた脳の物理的損傷が原因とされ，脳の異常という点は共通している。しかしその症状は，手足の硬直等による運動機能障害，本人の意思とは関係なく体が動いてしまう「不随意運動」のほか，てんかん，知的障害，コミュニケーション障害が随伴する場合もある等，多岐にわたる。

　さらに，四肢麻痺となって関節拘縮や変形など整形外科での治療が必要になる場合や，嚥下障害による経管栄養の必要性，呼吸障害（気管切開，人工呼吸器療法が必要になる）等を合併することもある。つまり，脳性麻痺は重度心身障害児・医療的ケア児の両方に該当するケースもあれば，片方のみであるケース，どちらにも該当しないケース等，症状により様々なタイプに分類される。脳性麻痺の症状の表れ方による分類には，体の様々な部分に筋肉の痙直（強いこわばり）が起き，筋力が低下し，視覚障害や嚥下障害，肺機能の障害等も起こる「痙直型」，本人の意思とは関係なく，体が動いてしまうことや言語障害が伴う「アテトーゼ型」，手や足などの体の各部位を協調させて体を動かすことができず，手の震えもあり素早い動作や精密な動きをすることが難しい「運動失調型」，3つのタイプのうち2つが混在している「混合型」等がある。

（2）「超重症児・準超重症児」という言葉の誕生

　一方，1970年代後半以降，医療技術や医療機器の発達により，従来は出産時や母親の胎内で死亡していた子どもたちが出生し，生存できるケースが急増した(3)。救命できる子どもが急増したことで，生きていくために医療機器を常時活用し，医療の管理下になければ生きていけない子どもたちをケアし続ける必要が生じた。しかし，大島の分類が作成されたときには医療への依存度合いは考

表 15 - 2　超重症児スコア

呼吸管理
レスピレーター（10）　気管内挿管, 気管切開（8）
鼻咽頭エアウエイ（8）　酸素吸入（5）
1 時間 1 回以上の吸引（8）　1 日 6 回以上の吸引（3）
ネブライザーの 6 回／日以上または常時使用（3）
食事機能
IVH（10）　経口全介助（3）　経管（経鼻, 胃瘻）（5）
腸瘻（8）　腸瘻・腸管栄養時に注入ポンプ（3）
他の項目
継続する透析（10）　定期導尿, 人工肛門（5）
体位変換 1 日 6 回以上（3）
過緊張で発汗し更衣と姿勢修正 3 回／日以上（3）

- 大島分類に医療ケアを加味したもの。
- 医学的管理下におかなければ, 呼吸・栄養摂取が困難な児童。
- 以下のスコア25点以上。準超重症児は10点以上。

出所：『診療点数早見表（2014年 4 月版）』医学通信社, 109頁より筆者一部改変。

慮されていなかったため,「重症心身障害児」とはならず, 支援の対象とならない事態が生じた。

　そこで, 東京小児療育病院の医師鈴木康之らが大島の分類をベースにして, 経管栄養や呼吸器などの継続的な医療の必要性を加味した「**超重症児・準超重症児**」（表15 - 2）という概念を打ち出し, 診療報酬の加算にも関係する重要な判定基準として確立した。「超重症児・準超重症児」の概念の提起は, 大島の分類で評価されていなかった医療の必要性を評価し, 病院の診療報酬に反映させ, 従来よりは充実した医療を提供できるようになった。

（3）障害児教育（特別支援教育）の制度の谷間にある医療的ケア児

　その後, 医学がさらに進歩すると, 呼吸器官・消化器官・循環器などに慢性的な疾患や障害があり, 継続した高度な医療が必要であるものの, 運動機能に大きな支障がなく, 知的障害も確認できないケースが学校現場等で問題となった。1988（昭和63）年に東京都心身障害教育推進委員会が「就学措置の適正化について（報告）」において, たんの吸引や経管栄養など, いわゆる医療的ケアを必要とする児童・生徒について「該当児童・生徒の就学措置は, 原則として訪問学級とする」という見解を出したことから, 学校教育現場での受け入れ

表15-3　主要な医療的ケア

	ケアの方法	概　要	特徴・課題・考慮リスク
呼吸管理	人工呼吸	呼吸困難時に人工的に肺に酸素を送り込む。	容易に取り外し可能 気管切開と併用あり
	気管切開	気管に穴をあけて管を刺し，気道を確保する。最も呼吸が楽。	発声が困難・不可能 嚥下障害の悪化
	経鼻エアウェイ	鼻からのどまで管を挿入し空気の通り道を作る。睡眠時使用が主。	容易に取り外し可能
	喀痰吸引	呼吸困難を防ぐため頻繁に唾液やたんを専用の機器で吸引する。	家族等介護者の負担大 気管切開と併用あり
栄養管理	経鼻経管栄養	鼻から管を入れ胃まで届くようにする。食物の経口摂取に戻す前提。	見た目による心理的負担 装着時の不快感・誤嚥等
	中心静脈栄養法	心臓近くの太い血管の中に設置したカテーテルから輸液を点滴。	血糖値の急上昇・感染症 取り扱いに難
	口腔ネラトン法	食事のときだけに口からチューブを入れる。	容易に取り外し可能 見た目の違和感軽減
	胃ろう	手術で腹と胃に穴を開けて管を付け，食事の際に栄養を注入。	体の負担・リスク低 手順煩雑・高コスト
排泄	導尿	膀胱神経障害時に尿道からカテーテルを入れ，尿の排出を補助する。	膀胱機能を維持できる
	ストーマ	人工肛門・膀胱。腸や尿管から直接外のタンク（パウチ）に排出。	見た目の心理的負担 排出場所が限定

出所：日本訪問看護財団（2020）「学校における医療的ケア実施対応マニュアル　看護師用」を参考に筆者作成。

の難しさの問題がより表面化し，さらに1991（平成3）年に医療的ケアを必要とする児童・生徒の教育措置検討委員会が出した「医療行為を必要とする児童・生徒の教育のあり方について（報告）」では，たんの吸引や経管栄養等を学校の教職員が行うのは違法行為ではないかと危惧されるようになった。[6]

「医療行為ではないか」「しかし学校で学ぶためには必須の行為」という疑問や葛藤が渦巻く中で誕生した言葉が**「医療的ケア」**である。そして，運動障害・知的障害の有無にかかわらず，人工呼吸器や胃ろう等を使用し，たんの吸引や経管栄養などの常時医学的管理が必要な子どもを「医療的ケア児」と呼ぶようになった。医療的ケア児は病名も症状も多様であるが，何らかの医療機器を用いて身体的機能を補っている状態であることは共通しており，主要な医療

的ケアについては表15-3で説明している。医療的ケアの中には手順を覚えれば比較的簡単にできるものから、一定の技術を要するもの、研修を受けないと実施できないものがある。また、随時行うものや一定時間ごとに行うものがある等、難易度や頻度も個別事例によって多様であるので注意が必要である。

「医療的ケア」という言葉が最初に自治体文書に載ったのは、1991（平成3）年の大阪府教育委員会設置「医療との連携のあり方に関する検討委員会」報告書といわれている。当時、家族等が行っていたたん吸引等の医療的な行為を、教員が研修を受けて「教育の場で教育行為の一環」として実施しており、「医療行為」「医療類似行為」「生活行為」等、様々な呼び方をしていた。医師法等に医療行為についての詳細な規定はないが、医師の医学的判断および技術をもってするのでなければ人体に危害を及ぼし、または危害を及ぼすおそれのある行為（医行為）を、反復継続する意思をもって行うことと一般的に解釈され、必要な免許を所持していない者が医療行為を行えば違法になるおそれがある。子どもたちの命を守るための経管栄養管理や喀痰吸引等は、一日に何度も実施する日常的行為であり、そのたびに医師が実施することは現実的ではなく、家族・教員・介護職等が担わざるを得ない。もし、これらの日常的行為が「医療行為」とみなされれば違法となるという実態は、教育現場では周知の事実でありながらも黙認されていた。そこで、それらの行為を現場に即したものとするため「医療的ケア」という言葉が誕生した。

また「医療的ケア」という言葉が初めて公式の場で使われたのは、1990（平成2）年1月に実施された「全国肢体不自由養護学校会」での大阪府立茨木養護学校校長の松本嘉一の言葉だといわれている。学校は、子どもが健康・安全に過ごせる教育環境を整え、保護者が学校に付き添わずとも子どもの教育を受ける権利を守る責務がある。その中で生み出されたのが「医療的ケア」という言葉であった。「医療ケア」という語だと医療職以外が医療を行うことと捉えられるため、「的」を付け、「医療に近いものだが日常的に必要な行為であり、医療そのものではない」と「生活援助の側面」を強調し、医療行為とは区別しようという苦肉の策として生まれた「教育現場発の用語」だといえる。

2012（平成24）年4月、社会福祉士及び介護福祉士法の一部改正により、介護福祉士及び一定の研修を受けた介護職員等（含む教員）においては、医療や看護との連携による安全確保が図られていること等の一定の条件の下で、医療職以外が①口腔内の喀痰吸引、②鼻腔内の喀痰吸引、③気管カニューレ内の

表15-4　教員等が行うたんの吸引等に関する法制化前後の比較

	法制化前	法制化後
法的根拠	なし（違法性阻却の考え方）	あり
対象範囲	口腔，鼻腔内吸引 経鼻経管，胃ろう，腸ろう	口腔，鼻腔内，気管カニューレ内吸引， 経鼻経管，胃ろう，腸ろう
実施要件	研修修了	研修修了（認定）特定事業者
看護師との関係	常駐	連携（常駐を必須としない）
実施場所	原則校内	限定なし

出所：下川和洋（2022）「医療的ケア児支援法成立の背景——『医療的ケア』誕生30年の節目の年に」
『新ノーマライゼーション』42(469) より筆者一部改変。

喀痰吸引，④胃ろうまたは腸ろうによる経管栄養，⑤経鼻経管栄養の５つを実施することを合法的に可能とするための法制化が実施された。法制化以前では喀痰吸引等は医療行為であり，医師・看護師以外の実施は違法である可能性があるものの，正当な理由のあるやむを得ない場合は違法ではないとの解釈だったが，法的根拠がある行為として認められたのである（表15-4）。

　このように「医療的ケア」という言葉は学校教育の現場から生まれた言葉であるが，障害福祉サービスを利用する際に日常的に必要な医療的ケアの大変さを測る指標の一つとして活用される「医療的ケア判定スコア」も誕生し，教育・福祉の現場に「医療的ケア」という言葉が根づいていき，後の医療的ケア児を支援するための法律の制定へとつながっていった。

2　必要な社会環境と「支援」のあり方

（1）重症心身障害児者に向き合うということ

　戦後間もないころ，孤児があふれていた日本で，障害児を受け入れる施設「近江学園」を創設した糸賀一雄の実践とその背景にある理念をおさえておきたい。近江学園は後に，重症心身障害児施設「びわこ学園」の創設につながった。

　糸賀は“この子らを世の光に”という理念を掲げている。気の毒な境遇とみなされる重度の障害児者に対し，「障害がある子どもに光を当ててあげよう」といった同情的なキャッチフレーズではない。糸賀の理念は，意思表示すら難しい状況にある子どもたちと向き合い，その育ちを見出す中から生まれた言葉

だと考えられる。

　子どもの発達というと，一般的に，身長や体重，歩く，走る等の運動能力，学力につながる知的能力等の「発達」を思い浮かべるであろう。糸賀はこれら一般的なイメージの「発達」を「縦の発達」とし，別の視点から「横の発達」という観点を提起した。この横の発達は，多くの研究者や実践者によって多様な解釈がなされているが，子どもが今もっている身体能力・知的能力のままで，できること，可能性が広がっていく様子を表した言葉であると考えられる。

　筆者は以前，保育所で保育士として2歳児を担当していた。日々の発達が目に見えて著しい2歳児クラスでは「昨日できなかったことが今日できるようになった」という喜びを感じやすいこともあり，保育士としてのやりがいを実感していた。そのころ，重症心身障害児施設の見学に行く機会があった。筆者は，発達の喜びの共有どころか，意思疎通もできない重症心身障害児の施設で仕事をしている保育士はどんな思いなのか，自分ならとても耐えられない，と考え，「仕事のモチベーションをどう保っているのですか」と恐る恐る尋ねてみた。するとその施設の保育士は躊躇なく笑顔で，「今日そこにいるAさんはとても緊張されていますが喜んでいますよ」「そちらのBさんは少し緊張されていますがあなたに興味があるみたいですよ」と答えた。医療機器を外せない子どもたちを前に，最初はその意味がわからず面食らってしまった。そんな筆者の心を見透かしたように「Aさんはうれしいときに息づかいが変わるんです」「Bさんは相手に興味があるときに瞼がわずかに動くんですよ」と続けたのである。

　筆者は学生時代に授業で聴いた糸賀の言葉を思い出した。初めて聞いたときは，すごいことを言う人だと感じたもののどこかピンとこなかった。しかし，その保育士の言葉を聞いた瞬間，糸賀の本を無性に読みたくなり，改めて糸賀の著書『福祉の思想』を手に取りとても感銘を受けた。少し長くなるが引用したいと思う。

　　この世の役に立ちそうもない重度や重症の子どもたちも，ひとりひとりかけがえのない生命をもっている存在であって，この子の生命はほんとうに大切なものだということであった。「人間」という抽象的な概念でなく，「この子」という生きた生命，個性のあるこの子の生きる姿のなかに共感や共鳴を感ずるようになるのである。ちょっと見れば生ける屍のようだとも思える重症心身障害のこの子が，ただ無為に生きているのではなく，生き抜こうとする必死の意欲をもち，自分なりの精いっぱいの努力を注いで生活しているという事実を知るに及んで，私たちは，いままでそ

> 　の子の生活の奥底を見ることのできなかった自分たちを恥ずかしく思うのであった。この事実を見ることのできなかった私たちの眼が重症であったのである。脳性小児麻痺で寝たままの15歳の男の子が，日に何回もおしめをとりかえてもらうおしめ交換のときに，その子が全力をふりしぼって，腰を少しでも浮かそうとしている努力が，保母の手につたわった。保母はハッとして，瞬間，改めて自分の仕事の重大さに気づかされたという。[11]

　重症心身障害児施設のその保育士は単に生命を維持するだけの仕事ではなく，一人ひとりが発しているメッセージを受け取り損なわないようにアンテナの感度を常に高め，目の前の子どもがもつ可能性を信じ，その可能性を広げるために自分にできることがないかと真摯に粛々と考え，実行していた。筆者は，その思いに全く気がつかなかった自身に深く恥じ入った。そして，「保育士の専門性を遺憾なく発揮している」「保育士だからこそできることがあるのではないか」と，重症心身障害児施設を保育士の専門性を発揮できる場所だと考えるようになった。

　また糸賀は NHK の番組内で横の発達について以下のように語っている。

> 　はえば立て，立てば歩めという「縦軸」の発達だけじゃなくて，横に豊かなものがいくらでも発達していくんだということ。それは何かというと感情の世界をね，豊かに持っているということ。縦の発達だけじゃなくて，横の発達があるということに，私たちは希望を持つんですよ。私たちは，重症の子供との共同の生き方，共感する世界ね，そういうものを大切にしたいと思います。[12]

　森は糸賀が言う「横の発達」の意味を，「発達段階や能力が同じままでも，同じ能力を発揮できる場面や関係が広がるような変化」「発達段階の高次化が困難な重度障害児の「発達の無限の可能性」を示す概念」だと語っている。[13]

　重症心身障害者と呼ばれる人々に対し，"できる"ようにする「縦の発達」の観点だけでなく，目の前にいるその人をあらゆる視点で見つめて声をキャッチし，光の根源を見つけ出し可能性を広げる「横の発達」を支えることは，保育士の固有の専門性を活かすことができるフィールドではないだろうか。

（2）重症心身障害児・医療的ケア児をめぐる法制度の動向

　1967（昭和42）年に児童福祉法が改正され，**重症心身障害児施設**が法制化された。児童福祉法を根拠とする障害児入所施設の一つでありながら，医療法を根拠とする病院でもあるという2つの根拠規定がある施設として位置づけられ

たが，児童福祉法の対象外となる18歳を過ぎた後の施設入所の継続や，18歳以上での新たな施設入所もできる仕組みとして運用されていた。当時，家庭や地域で重症心身障害児者が暮らすことは困難が多く，その他の支援の仕組みもほぼなかったため，成人以降も入所施設で生活継続をすること以外の選択肢が事実上ない状況であった。そのため，重症心身障害児施設を多く作り，すべての重症心身障害児が入所できるようにする方向性が打ち出された。その後，入所者の高齢化が進行し，重症心身障害者が60歳以上になるケースも増えてきた。そして，地域生活を支える仕組みも徐々にでき始め，訪問診療や訪問看護，学校教育現場での受け入れが拡大していくと，小児期からの施設入所希望者が減少し，重症心身障害児施設では，成人の割合が小児を上回るようになった。

　そのような中，国際的な動きがあった。1994年スペインのサラマンカで開催された「特別なニーズ教育に関する世界会議」で，障害のある子どもを含めたすべての子どもが分けられることなく学ぶ場を作るべきという「サラマンカ宣言」が採択された。国連から「障害者の権利に関する条約」（2014年）が出され，日本も批准を目指したが，同条約を批准するためには，国内の法律の中に条約にそぐわない内容であるものが多く，法改正の必要性に迫られた。

　2013（平成25）年に教育分野では学校教育法施行令の一部改正が行われ，文部科学省は2015（平成27）年10月「障害のある児童生徒の学校生活における保護者等の付添いに関する実態調査の結果」を発表し，「小・中学校における保護者の付添いは，今後も合理的配慮の提供において一つの論点」となるとし，2016（平成28）年度から特別支援学校への看護師配置補助事業に加え，地域の小学校・中学校でも活用できるようになり，地域の学校に保護者同伴がなくても通える可能性が広がることになった。

　また，福祉分野では2013（平成25）年に障害を理由とする差別の解消の推進に関する法律（障害者差別解消法）の制定があり，事業者に対して障害を理由に差別することの禁止と合理的配慮の提供義務が課された。さらに2012（平成24）年4月，児童福祉法の改正と障害者自立支援法の改正によって制定された障害者の日常生活及び社会生活を総合的に支援するための法律（障害者総合支援法）により，重症心身障害児施設は18歳までは児童福祉法に依拠する「医療型障害児入所施設」に，18歳以上の重症心身障害者は，障害者総合支援法に基づく介護療養施設事業所にと分かれることになった。また，1996（平成8）年より国のモデル事業として実施されていた「重症心身障害児（者）通園事業」があっ

たが，児童福祉法を根拠とする「医療型児童発達支援事業所」が創設され，重症心身障害児・医療的ケア児の地域生活を支える制度充実が図られた。

（3）権利としての教育と地域生活を支える「医療的ケア児支援法」成立

　2016（平成28）年の児童福祉法の改正（2017年施行）では，法律上，初めて「医療的ケア」の文言が明記され，**努力義務**として認可保育所等で医療的ケア児の受け入れ体制を積極的に整備する旨が明記され，保育と保健・医療・障害福祉・教育等との連携についても提起された。

　翌2017（平成29）年の児童福祉法改正では，障害児の多様化するニーズに対応するために，通所のみであった児童発達支援事業所の新形態として「居宅訪問型児童発達支援事業所」が創設され，従来児童養護施設や乳児院等の入所施設等は対象外であった「保育所等訪問支援」が利用可能になった（2018年施行）。

　さらに国のモデル事業として2018（平成30）年度から「医療的ケア児保育支援モデル事業」が開始された。モデル事業の実践を通して，ノウハウを蓄積した施設等を将来的には市区町村内の中心拠点とし，そのノウハウを医療的ケア児の受け入れに消極的な保育所等に還元することで，受け入れの促進を図り，医療的ケア児が地域で安心して生活を送ることができるモデルケースを作ることを目指し，開始された。

　具体的には，医療的ケアに関する技能および経験を有した者（医療的ケア児保育支援者）で特定の研修を受講した者を配置し，保育所等への医療的ケアに関する支援・助言や，訪問看護ステーションから保育所への看護師派遣の実施，喀痰吸引等研修の受講等を勧奨する等の取り組みが実施され，市区町村等において医療的ケア児の受け入れ等に関するガイドラインを策定する等，医療的ケア児への安定的・継続的支援体制の構築が始まった。

　そして，2021（令和3）年，医療的ケア児及びその家族に対する支援に関する法律（医療的ケア児支援法）が成立し，医療的ケア児の日常生活・社会生活を社会全体で支援することと，個々の医療的ケア児の状況に応じ，切れ目なく行われる支援の構築を図っていくことが明記された。従来，医療的ケア児に対する国・地方自治体の取り組みは努力義務とされており，自治体の取り組みに大きなばらつきが出ることが懸念されていたが，本法律では「責務」として明記され，不足していた社会制度の整備に期待が寄せられている（図15-1，図15-2）。

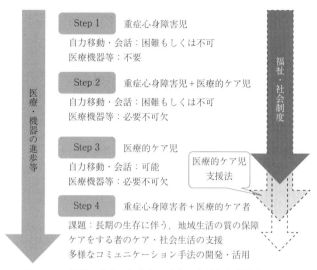

図15-1　科学の進歩で変化する病態・生活と社会制度の課題

出所：前田浩利（2016）「在宅医療総論　対象となる子どもの特徴」
『小児科診療』79（2），163～167頁より筆者一部改変。

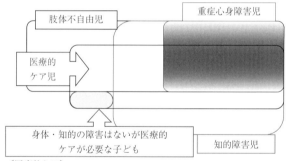

〔医療的ケア〕

人工呼吸器，気管切開，吸引，経管栄養（経鼻，胃ろう，腸ろう）
酸素療法，導尿，IVH 等

図15-2　児童福祉法における医療的ケア児の概念整理

出所：「日本重症心身障害福祉協会医療問題検討委員会報告（平成29年
　　　5月19日）」より筆者一部改変。

3　教育・地域生活を支える社会資源とネットワークのあり方

　サラマンカ宣言や障害者権利条約等の国際的な潮流を踏まえた児童福祉法の改正や，医療的ケア児支援法の制定により，重度心身障害児や医療的ケア児が病院や施設で暮らすという選択肢しかなかった時代から，地域で暮らすことを当たり前の社会にするということに，少なくとも国の方針としては舵を切った。たとえ重度の障害や疾患があっても，子どもは周囲の大人に守られるだけの存在ではなく，権利の主体者として，学校で学び家庭での日常生活を送りながら，好きなことや得意なことを見つけ，多様な肯定的経験をする機会が保障されることが重要である。

（1）重症心身障害児・医療的ケア児から考えるインクルーシブな教育・保育
　保育（福祉）・教育の分野では，障害の有無にかかわらず，地域での社会生活を支えていく視点をもつことが重要だという理念に基づき，障害児教育・保育から，発展的にインクルーシブ教育・保育という考え方が提唱されてきた。堀は障害児保育の実践課程で起こっていたことを以下のように整理している[14]（下線は筆者）。①まず，障害のある子どもを受け入れる。②どうしてよいのか模索する中で，障害のある子どもの保育に追われる。③これまでの保育のあり方を問い直す必要を認識することになる。④子ども同士の育ち合いに気づき，育ち合いを育てる保育の大切さを認識する。⑤保育実践研究の中で，個の育ち，仲間関係の形成，クラス集団の形成，保育所ぐるみの取り組み，保育環境の整備の５つが保育の課題となり，これに組織的に取り組む必要が出てくる。⑥保育から学校教育へ，そして卒業後の地域生活につながる長い取り組みが必要になる。
　障害児と関わる専門職者は，日々起こる目の前の業務に追われ，インクルーシブ教育・保育について考える余裕がない状況に陥っているケースも少なくない。特に医療的ケア児の場合は少しでも気を抜くと命にかかわる緊張感もあり，さらにその傾向が強くなりがちである。保育所・学校等の専門職者として，時には立ち止まり子どもたちと普段活動しているフィールドを振り返り，重症心身障害児・医療的ケア児も含めた子ども集団での子ども同士の関わり合いを見つめると，多様な子どもたちがいるからこそ生じた「気づき」「学び合い」が

あることに気づかされるだろう。

　児童福祉法の適用を外れる18歳以降は，医療的ケア支援法の対象ではなく，活用できる社会資源も限られる。「障害」がないとみなされる子どもは，成人になれば親の手を離れ，経済的自立を果たしていく者もいる一方，重症心身障害児や医療的ケア児の多くが食事や排泄に関する支援を要し，命を守るため一時も気を抜くことのないケアが継続して必要となる。加えて，子ども期とは質的に異なる「生活の質」の保障，生涯学習の機会の確保等，成人だからこそ必要な本人が本来もっている力を見出し，それを活かす舞台を創り，「生きがい」を見出す支援も重要となるだろう。

（2）医療的ケア児支援センターにおける相談支援専門員の役割

　医療的ケア児支援法の成立に先立ち，文部科学省等の関係府省部局長連名の2016（平成28）年の通知の中で「一人一人の医療的ケア児のためには，福祉や医療等の関係分野について一定の知識を有した者により，その暮らしの設計を手助けできる調整者が必要である。そのため，地方公共団体等において重症心身障害児者等及び医療的ケア児の支援をコーディネートする者の育成を進めていく[15]」と記載され，厚生労働省は2017（平成29）年の告示で「医療的ケア児に対する総合的な支援体制の構築に向けて，市町村においては，関連分野の支援を調整するコーディネーターとして養成された**相談支援専門員**等の配置を促進することが必要である[16]」と述べている。相談支援専門員という言葉は保育・教育関係者からするとあまり聞きなれないかもしれないが，障害福祉サービスや障害児の入所・通所サービスを活用する際に計画相談支援・障害児相談支援（ケアプランの作成）の役割を従来から担っている職種である。相談支援専門員は高齢・障害・児童の分野での一定期間の実務経験と法定研修受講が必須となっており，相談支援専門員がさらに医療的ケアコーディネーター研修を受け，障害児者の相談先である児童発達支援事業所や相談支援事業所等に配置されてきた。保護者の負担を少しでも軽くし，当事者の思いを汲み取り，「障害が重い子どもは守るべき存在」との認識から，「私たちが思いもつかない様々な可能性を秘めた存在」という前提に立ち，本人のやりたいことや大切にしていることを踏まえ，多職種でアイディアを出し合うこと，さらに制度政策をよりよいものとするために当事者や家族の現状を踏まえた提言を行う等の「ソーシャルアクション」の取り組みも，専門職者の役割であるだろう。

注

(1)　市民が行政サービスを利用する前提として，自主的な「申請」を必要とすること。たとえば，福祉サービスの受給要件に該当していても，申請をしなければ受給はできない等。

(2)　日本リハビリテーション医学会監修（2014）『脳性麻痺リハビリテーションガイドライン（第2版）』金原出版。

(3)　1970（昭和45）年のわが国の乳児死亡率は13.1％であったが，1979（昭和54）年には7.9％まで低下している（厚生労働省（2019）人口動態調査より「年次別にみた出生数及び性別乳児死亡数並びに乳児死亡率（出生1000対）・乳児死亡性比及び総死亡中乳児死亡の占める割合」）。

(4)　鈴木康之・田角勝・山田美智子（1995）「超重度障害児（超重障児）の定義とその課題」『小児保健研究』54(3)，406～410頁。

(5)　下山直人（2006）「国の動向と盲・聾・養護学校における実施体制整備について」『学校保健研究』48(6)，376～384頁。

(6)　全国心身障害児福祉財団（2005）『医療的ケアへの対応実践ハンドブック』。

(7)　玉村公二彦ほか編著（2019）『キーワードブック特別支援教育――インクルーシブ教育時代の基礎知識（新版）』クリエイツかもがわ，142～143頁。

(8)　松本嘉一（2006）「医療的ケアの断章――私的観点から」大阪養護教育と医療研究会編著『医療的ケア――あゆみといま，そして未来へ』クリエイツかもがわ，74～85頁。

(9)　1946（昭和21）年11月に糸賀一雄らによって創設され，1949（昭和23）年4月の児童福祉法の施行に伴い滋賀県立の児童福祉施設となっている。ウェブサイト（https://www.pref.shiga.lg.jp/oumi/）参照。

(10)　ウェブサイト（https://www.biwakogakuen.or.jp/）参照。

(11)　糸賀一雄（1968）『福祉の思想』日本放送出版協会。

(12)　NHKスペシャル（2007年3月20日放映）「ラストメッセージ　第6集　この子らを世の光に」。

(13)　森和宏一（2021）「近江学園における『ヨコへの発達』概念の再検討――実践における集団編成に着目して」『教育学研究』88(4)，622～633頁。

(14)　掘智晴（2017）「インクルーシブ保育の意義とその実践上の課題」『保育学研究』55(1)，84～99頁。

(15)　文部科学省（2016）「医療的ケア児の支援に関する保健，医療，福祉，教育等の連携の一層の推進について」（平成28年6月3日，関係省部局長連名通知）。

(16)　厚生労働省（2017）「障害福祉サービス等及び障害児通所支援等の円滑な実施を確保するための基本的な指針」（平成29年厚生労働省告示第116号）。

学習課題

①　みなさんの住んでいる地域と学校が所在している地域それぞれで重症心身障害児や医療的ケア児が利用できる福祉施設やサービスがどのようなものがあるかできるだけ多く調べ，特色や違いを検討してみよう。

②　多職種における医療的ケア児や重症心身障害児の支援のあり方や考え方を調べ（たとえば日本訪問看護財団（2019）「学校における医療的ケア実施対応マニュアル」）子どもの主体的な生活を応援するための自分が関わる地域での教育・福祉・医療の連携のあり方や課題について考えてみよう。

キーワード一覧表

☐　**重症心身障害児**　重度の肢体不自由と重度の知的障害とが重複した状態を重症心身障害といい，その状態にある子どもを重症心身障害児という。医学的診断名ではなく，行政上の手続きを行うための定義である。判定は現在，大島の分類によるのが一般的である。　　　　204

☐　**大島の分類**　重度の知的障害と重度の肢体不自由が合併した状態を定義づけるため，大島一良によって考案された分類法。　　　　204

☐　**超重症児・準超重症児**　超重症児とは，運動機能は座位まで，呼吸管理，食事機能，胃・食道逆流の有無，補足項目（体位変換，定期導尿，人工肛門など）の各々の項目のスコアの合計が25点以上で，それが6か月以上続く場合判定される。準超重症児は，それに準じるもので10点以上の場合判定される。　　　　207

☐　**医療的ケア**　身体障害や知的障害の有無にかかわらず，生きるために必要な医療的なケア（人工呼吸器，胃ろう，喀痰吸引等）。　　　　208

☐　**近江学園**　1946（昭和21）年に，糸賀一雄らにより滋賀県大津市に創立された知的障害児，孤児収容施設。1948（昭和23）年，児童福祉法施行により児童福祉施設となる。1971（昭和46）年，石部町（現在の湖南市）に移転している。　　　　210

☐　**糸賀一雄**　戦後間もない孤児であふれる混乱期に，重度の知的障害児の支援の重要性を提起し，知的障害児施設「近江学園」，重症心身障害児施設の先駆けとなった「びわこ学園」を設立した。また乳幼児健診のシステムづくりや人材育成にも尽力する等，今日に至っても障害児者の福祉関係者等に大きな影響を与えている。　　　　210

☐　**びわこ学園**　1953（昭和28）年，近江学園の中に特に医療を必要とする療育グループ「杉の子組」が編成され，1962（昭和37）年，前身となる社会福祉法人一麦寮が設立。翌1963（昭和38）年，第一びわこ学園が開設され，し1966（昭和41）年には第二びわこ学園が開設された。　　　　210

□　**重症心身障害児施設**　児童福祉法に基づく施設で,「重度の知的障害及び重度の肢体不自由が重複している児童を入所させて, これを保護するとともに, 治療及び日常生活の指導をすることを目的とする施設」（児童福祉法第43条の4）である。　　　　　　　　　　　　　　　　　　　　　　　212

□　**努力義務**　法律上義務ではあるが, 必ず行わなければならないという実施義務とは違い, あくまでも努力する義務で罰則はない。　　　　　　　　　214

□　**相談支援専門員**　障害者総合支援法, 児童福祉法に基づく相談支援事業所に配置すべき相談支援とケアプランの作成を行う職種。ソーシャルワーカーとしての役割が期待されている。　　　　　　　　　　　　　　　　　　217

コラム　医療的ケア児の就学時の壁・卒業後の壁

　医療的ケア児支援法について，特筆すべきは，医療的ケアを担う職員配置の予算措置の対象として認可保育所や学校教育の現場だけでなく，放課後児童クラブについても触れられている点である。医療的ケア児の就学後の地域生活の困難を表した言葉として「小 1 の壁」という言葉がある。乳幼児期に保育所や医療型児童発達支援事業所に通所していた医療的ケア児が小学校や特別支援学校に入学する際，放課後の居場所をどうするかという問題が生じる。現在でも障害児等が利用する児童福祉法における障害児通所サービスである「放課後等デイサービス」の利用が制度的には可能ではあるが，医療的ケア児を預かった経験がなく，十分なケアを行うだけのスタッフが確保できない事業所が大半であり，利用できる場所が限られ，保護者は就労などの社会活動が制限される。本人も保護者ありきの生活になることで人や環境との関わりが大きく制限され，子どもの主体性が保てない状況になってしまう。放課後児童クラブという選択肢が加われば，「小 1 の壁」に風穴を開けられるかもしれない。

　医療的ケア児支援法は画期的な法律ではあるものの，いくつかの課題もある。企業主導型保育施設等では職員配置の予算措置が対象外となっていることも一つである。企業主導型保育施設は，企業の従業員の子どもを保育することを主な目的とした認可外保育施設ではあるが，内閣府が所管し，補助金を拠出している事業である。受給要件として認可保育所並の設備や職員配置の基準があり，地域の子どもが利用可能な「地域枠」を設けている施設もあるため，一般利用者にとっても有力な選択肢になっている。企業主導型保育施設が医療的ケア児に関する職員配置の予算措置対象外となれば，適切な職員配置は難しいものとなり，利用先の選択肢が狭まってしまう。また，医療的ケア児支援法が対象にしているのは18歳未満の児童であり，成人期の支援ついての施策は未解決の課題が多く，特に大学進学や就労を希望する場合の支援はさらに乏しく，本人・保護者ともに「親亡き後の不安」も残される。この「18歳の壁」に対して課題を洗い出し，問題提起をしつつ，今できることを考える必要がある。保護者の思いに寄り添いながら，障害当事者の希望を大切にするためにも，ケアワーカーとソーシャルワーカーのより一層の協働が求められる。

参考文献：厚生労働省（2020）「第 6 期障害福祉計画に係る基本方針について（抜粋）」。

第16章

発達障害の児童に対する理解と支援

　本章では，自閉スペクトラム症（ASD），注意欠如／多動症（ADHD），（限局性）学習症（LD）といった発達障害の定義と種類について簡単に解説する。支援についてはこれらの発達障害による一次障害ではなく，一次障害による特性がもたらす生きにくさとはどんなものか，そしてそのような生きにくさに対して周囲がどのように環境を整えることで対応すべきかについてまとめる。発達障害の診断があるかないかにかかわらず，このような生きにくさを抱える子どもたちすべてを支援するヒントになれば幸いである。

1　発達障害の定義と種類

（1）発達障害の定義

　「発達障害」という言葉の定義は様々であり，使われる文脈によって異なっているのが現状である。最も包括的な定義としては，日本発達障害連盟による『発達障害白書2022年版』の冒頭部分にある「発達障害は，知的障害を含む包括的な障害概念であります。すなわち，知的能力障害，脳性麻痺などの生得的な運動発達障害（身体障害），自閉症スペクトラム障害，注意欠如・多動性障害及びその関連障害，学習障害，発達性協調運動障害，発達性言語障害，てんかんなどを主体とし，視覚障害，聴覚障害及び種々の健康障害（慢性疾患）の発達期に生じる諸問題の一部も含みます[(1)]」である。この定義によれば，（「発達期」を一般に使われる18歳以下と考えると）ほとんどすべての青年期以前の障害が発達障害ということになる。

　一方，法的な定義としては，2005（平成17）年に施行された発達障害者支援法第2条で「この法律において『発達障害』とは，自閉症，アスペルガー症候群その他の広汎性発達障害，学習障害，注意欠陥多動性障害その他これに類す

る脳機能の障害であってその症状が通常低年齢において発現するものとして政令で定めるものをいう」とされており，知的障害や身体障害，慢性疾患などは除外されている。

　このような定義の曖昧さについては，滝川が指摘しているように，発達障害が今や社会現象として広く捉えられていて，それぞれの立場からの定義が必要とされているためであろう。滝川はこのような現状を踏まえて，「精神発達になんらかのおくれがみられ，そのために生きにくさにぶつかっている状態」と発達障害を定義している。

　しかし，多くの「発達障害」と捉えられている事例では発達の遅れは一様なものではなく，むしろ反対にいくつかの能力が進みすぎているがゆえに生きにくさが生じていることもある。そこで，本章では発達障害を，「定型の精神発達からの何らかのズレがみられ，そのために生きにくさにぶつかっている状態」と定義したい。

　実際に現場で子どもと関わる立場の人間にとって最も大切なことは，目の前の子どもがこれからどのように生きていくか（発達），そしてこれから生きていくうえで妨げとなるようなこと（生きにくさ）をどうやって共に乗り越えていくかであるとすると，このような大まかな定義で十分なのではないだろうか。

　また，この定義から汲み取るべきものとして，人間にとって「発達」とは何か，そして「ズレ」とはどういうことなのか，そして「生きにくさ」にぶつかっている本人と本人を取り巻く環境とを，常に考え続けつつ，目の前の子どもと向き合っていくことが必要だろう。

（2）発達障害の種類

　本章では，上述した定義を踏まえつつも，他章で取り扱う知的障害，身体障害，感覚障害などを除いた，「生きにくさ」をもたらすものを取り上げる。そして，とりあえず主な診断名としていくつかの種類を挙げるが，上述したように，これらに当てはまらなくとも，「生きにくさ」にぶつかっている状態すべてが支援の対象であると考えてほしい。

• 自閉スペクトラム症（Autism Spectrum Disorder：ASD）…自閉スペクトラム症に関して，最も広く用いられている診断基準は，アメリカ精神医学会の『精神障害の診断と統計マニュアル第5版』（DSM-5）である。これを簡単にまとめると，①他者との対人関係（言語的・非言語的コミュニケーションを含む）の質

的な障害，②興味や関心の偏り・こだわり（基準A）となる。さらに，感覚刺激に対する過敏さ／鈍感さ（基準B）が新たに加わった。

• **(限局性) 学習症**（Learning Disorder or Disabilities：LD）…文部科学省（1999年7月「学習障害児に対する指導について（報告）」）での定義である「学習障害とは，基本的には全般的な知的発達に遅れはないが，聞く，話す，読む，書く，計算する又は推論する能力のうち特定のものの習得と使用に著しい困難を示す様々な状態を指すものである。学習障害は，その原因として，中枢神経系に何らかの機能障害があると推定されるが，視覚障害，聴覚障害，知的障害，情緒障害などの障害や，環境的な要因が直接の原因となるものではない」が現在よく使われているものであろう。実際に学校現場などで問題として取り上げられるのは，この中で「読む，書く」能力の障害であり，日本学生支援機構の『合理的配慮ハンドブック』では，(限局性) 学習症（LD）の一つとして取り上げられている「(発達性) ディスレクシア」であり，「単語や文字を音に変換する部分（文字レベルの段階）が正確に速くできない状態」とされている。

• **注意欠如／多動症**（Attention Deficit/Hyper Activity Disorder：ADHD）…DSM-5 の診断基準では，①集中すべき課題から気がそれるなどの不注意，②不適切な場面で走り回ったりしゃべりすぎたりするなどの多動性，③注意しないで道に飛び出すなどの衝動性の3つが特徴として挙げられる。就学前の主な特徴は②の多動であり，小学校では①の不注意が目立つ。青年期では，実際に動き回ることは少なくなるが，落ち着きのなさや不注意といった特徴は残る。

2　発達障害の特性

　前節では，発達障害の種類として ASD，LD，ADHD の3つを挙げたが，種類に分けて質的な特性を考えるより，以下の特性がそれぞれ量的にどれだけ現れているかを考える方が一人ひとりの生きにくさに対応しやすいのではないだろうか。つまり，ある1人の子どもの生きにくさにどのように対処していくかを，これから挙げる様々な特性をどれだけ備えているかの組み合わせで考えるということだ。そして，後述する検査はこうした特性の組み合わせを量的に表すものとして用いるべきである。

• **実行機能の障害**…実行機能（遂行機能）には様々な定義があるが，最大公約数的なものとして森口による「目標志向的な，思考，行動，情動の制御」が適

切だろう。子どもたちの実際の生活の中では，先生の指示に従って次の行動に移る，友達が待っているのを見て順番に遊ぶなど様々な場面で実行機能が使われている。ADHD の子どもの特徴として挙げられる，授業中に立ち歩く，順番が守れない，落ち着きがないなどは，この実行機能の障害と考えられる。また，ASD にみられる常同行動（手を目の前でひらひら動かし続ける，くるくると回り続けるなど）や激しい偏食なども，自分では抑えられないという点では，この実行機能の障害という側面からも捉えられるだろう。〈実行機能の障害の事例（Aくん，幼稚園年長クラス）：Aくんは，保育者がみんなの前で話をしている最中でも自分の言いたいことがあるとしゃべり始めてしまう。注意されるとその場ではやめるが，すぐにまたしゃべり始める。〉

・感覚（知覚）の異常…ASD での聴覚過敏や偏食，ADHD でのちょっとした刺激で注意がそれてしまうことなどは感覚過敏の問題として捉えられる。熊谷[7]は，ASD の大もとの特性として感覚過敏を考え，そこから対人関係の問題やこだわりなどが生じてくると論じている。ASD や ADHD では，単に感覚過敏だけでなく，特定の刺激に対して逆に鈍感であるようにみえる感覚鈍麻の問題もよくみられる。〈感覚の異常の事例（Bさん，幼稚園年少クラス）：Bさんは水洗トイレの流れる音が聞こえると耳を押さえて叫び声をあげてしまう。保育者がなだめてもおさまらない。〉

・報酬系の障害…発達障害の子どもたちには褒めることが何よりも大切である，ということはもはや常識といってもいいかもしれない[8]。ASD の療育でスタンダードになりつつある応用行動分析（Applied Behavior Analysis：ABA）でも，賞賛は望ましい行動を強化するものとして用いられる。しかし，日常的な場面などでは，「いくら褒めてもなかなか伝わらない」「どれだけ褒めればいいのかわからない」といった声もある。このような褒めることを含めた報酬の効きにくさ（報酬への感受性の低さ）については，ソヌガ-バークが ADHD の二重経路モデルを提唱している[9]（図16-1）。つまり，発達障害の子どもに対して単に褒めていればいいということではなく，後述するような効果的な褒め方を検討する必要がある。〈報酬系の障害の事例（Cくん，保育園年長クラス）：Cくんはゲームでの勝ち負けに強くこだわる。みんなでカルタをしているときでも，自分があまりとれないとだんだん不機嫌になってきて，途中で怒ってカルタをぐちゃぐちゃにしてしまう。〉

・愛着と三項関係の障害…「養育者と子どもとの情緒的な絆」である愛着はそ

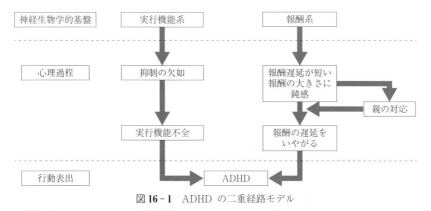

図 16 - 1　ADHD の二重経路モデル

出所：Sonuga-Barke, E. J. S. (2003) "The dual pathway model of AD/HD : an elaboration of neuro-developmental characteristics," *Neuroscience and Behavioral Reviews*, 27, pp. 593-604 より筆者作成。

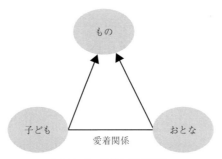

図 16 - 2　愛着と三項関係

出所：筆者作成。

の後の対人関係の基本であるだけでなく，コミュニケーションの基礎である三項関係(10)が形成されるためにも重要である。三項関係は，子どもが何か目新しいものを見つけたときに親の顔を見る「注意の共有」や，見せたいものがあるときに親に見せにいく「ものの提示」などの行動に表れている。これらは，ASD のスクリーニング検査として使われる M-CHAT(11) の項目として，「何かに興味を持った時，指をさして伝えようとしますか？」や「あなたが見ているモノを，お子さんも一緒に見ますか？」などでチェックされる。このような三項関係は，誰とでも成立するというわけではなく，愛着が形成されている他者との間で成立すると考えられる。しかし，ASD では，このような愛着が形成され

にくいこと，そこから三項関係がうまくできないことから，主症状である対人関係の質的障害やコミュニケーションの問題が出てくると考えられる。〈愛着と三項関係の障害の事例（Dちゃん，2歳）：Dちゃんは欲しいものがあっても言葉でお母さんに伝えることをせず，お母さんの手を欲しいもののところへ引っ張っていく。〉

• ボトムアップ処理とトップダウン処理のアンバランス…藤居・神谷は，人間が環境と関わるプロセスとして，外界からの感覚・知覚情報を取り込む「抽出処理」とその情報を取捨選択して重要なモノだけを扱う「一般化処理」とに分けて考えた。そして，ASD は抽出処理が一般化処理よりも強いために一般化処理がうまく働かない状態であるとしている。先述した ASD の定義②での「興味や関心の偏り・こだわり」に表れていて，商品のマークや自動車の型式などの細かい違いに非常に敏感にこだわったりする一方，全体的な場の雰囲気などがつかみにくいなどの行動が，これで説明できるだろう。また，これは，山口[13]が，発達障害では「ボトムアップ処理」は得意だが「トップダウン処理」は苦手であると論じていることと対応している。このように考えると，ASD の子どもが苦手とする人の顔の認知などは，顔の細部の知覚にとらわれてしまって全体の印象が捉えにくくなってしまうことなども理解できる。さらに，要点をまとめて話すことが苦手といった ADHD の大人の課題なども「トップダウン処理」の苦手さからみることもできる。〈トップダウン処理の苦手な事例（Eくん，幼稚園年長クラス）：Eくんはみんなの前で休みの日に何をしたかなどのお話をするのが苦手で，話をしているうちにどんどん違う話になっていってしまう。〉

• 「心の理論」の障害…ASD の子どもたちは「ごっこ遊び」に参加できにくい，ということがよくいわれる。「（本当は子どもだけれど）遊びの中ではお母さんのふり」というような，一緒に遊んでいる友達のもっているイメージを共有することができにくく，相手の期待している役割を演じることが難しいため，遊びに参加できない。このようなことを説明するのに用いられるのが「心の理論」である。私たちは直接他人の心を読むことはできない。その代わり，他人の行動から何を考え，何をしようとしているのかを推測する。定型発達の子どもでは4歳前後に獲得する「心の理論」が ASD では獲得しにくいということが指摘され，ASD の障害の中核と考えられてきた。しかし，認知・言語能力の高い ASD の子どもは社会性や対人関係に課題はあるが，この「心の理論」課題には正答できることや，逆に ASD の子ども以外でも「心の理論」課題に困難を示す例があることなどから，ASD の特徴である対人関係の質的障害を「心

の理論」の欠損だけで説明するのは難しいと考えられるようになってきた[14]。しかしながら，ASD やその他の発達障害の子どもたちでは，このような「相手の気持ちがわかりにくい」「暗黙のルールが理解できない」などによる対人関係のトラブルは大きな問題である。したがって，これらに対処するためには「心の理論」の獲得ができにくいという視点をもつことは重要である。〈「心の理論」の障害の事例（Ｆさん，保育園年長クラス）：Ｆさんは相手が嫌がることでも平気で口に出してしまい，友達から遊びに入るのを拒まれたり，グループでの活動でトラブルになったりする。〉

3　発達障害への支援

（1）乳幼児期の支援

　発達障害は出生前や出生直後に発見できるものではない。ホームビデオの解析などから乳児期前半での人に注意を向ける，抱かれることを予期するなどの対人行動が定型発達児と異なることなどが報告されてはいる[15]が，上述の三項関係の異常として気づかれるのが早くても10か月の乳幼児健康診査，また上述のASD スクリーニング検査としての M-CHAT が使われるのが 1 歳 6 か月児健康診査であり，そこから個別の鑑別診断が行われる。したがって，乳幼児期の支援としての療育が開始されるのは，早くても 1 歳台の後半以降になることが多い。知的障害を伴わない発達障害の場合，1 歳 6 か月児健診で気づかれることは少なく，実際には 1 歳 6 か月児健診で保健師などが少々気になっていて経過観察を行って 3 歳児健診で発見されるケース，幼稚園・保育所で先生が気になって発達支援センターへの相談を勧めて見つかるケース，就学後に小学校で気づかれるケースなども多く，そのため鳥取県や栃木県などのいくつかの自治体では 5 歳児健診が行われており，今後多くの自治体で実施されることが期待される。

　乳幼児期の支援は，主に保護者への支援を含めた療育によってなされる。療育は，医療などの専門的なアプローチにとどまらず，保育・教育・理学療法・作業療法・言語療法などの様々な分野から総合的に子どもと保護者を支援するもので，各地域にある公立・民間の療育施設に母子で通所することが多い。尾崎[16]が早期療育に関する留意点として挙げているように，子どもが楽しめる遊びを十分に取り入れて，保護者との愛着関係形成を視野に入れて，保護者が安心

して子どもと関われるように支援しつつ進めていくことが大切である。

　幼児期になると子ども同士での小集団による関わりが重要な発達課題になってくる。これまでも日本の幼稚園・保育所では障害のある子もない子も一緒に保育を受ける「統合保育」が実践されてきたが，近年ではさらにその理念を進めて，障害のあるなしにかかわらず，様々な背景・特徴をもった子どもたちをすべて包み込んで保育するという「インクルーシブ保育」という考え方が浸透してきている。もちろん単に障害のある子もない子もただ一緒の場を過ごすことではなく，一人ひとりに合わせた対応が必要であることはいうまでもない。そのために大切なものが「個別の指導計画」である。この「個別の指導計画」に基づいて，一人ひとりの支援を考えていくことになる。そこで重要になるのがわかりやすい環境の構成である。そもそも保育所や幼稚園での保育の基本は「子どもが自発的・意欲的に関われる環境を構成」すること（保育所保育指針），「幼稚園教育は，（中略）環境を通して行うもの」（幼稚園教育要領）とされていて，その点でも一人ひとりにわかりやすく環境を構成することは障害のあるなしにかかわらず，幼稚園・保育所では重要である。たとえば，ロッカーに一人ひとりの子どものマークや顔写真をつけるなどもわかりやすい環境構成であり，好きな遊びが十分にできるコーナーをつくることや遊びの切り替えができにくい子どもにタイマーなどで時間を示すことなどもわかりやすくなる工夫である。具体的な方法については藤原などの書籍を参考にしてほしいが，発達障害の診断の有無や障害の種類で支援を考えるのではなく，どのような点でその子どもが困っているかで支援の方法を考えることが大切である。

（2）児童期・生徒期の支援

　この時期に大切なことは，一人ひとりの特性を把握して，それぞれに応じた「個別の指導計画」をつくることである。そのためには，子どもを取り巻く社会や家庭などを理解し，包括的なアセスメントが必要になる。そのためのツールとしては，適応行動や感覚運動を測定する検査などがあるが，その中で比較的現場でよく用いられる，知能・発達検査として，WISC-V，KABC-II，DN-CAS，田中ビネー知能検査Vなどがある。これらの検査を活用するにあたっては，全体としての知的能力を測定することよりも，様々な認知能力を測定して，それぞれの得意・不得意を見つけていくことに重点を置くべきである。一例として，2022（令和4）年に日本語版が発表されたWISC-Vは，5歳から

16歳11か月までの児童の知能を測定するもので，言語理解・視空間・流動性推理・ワーキングメモリー・処理速度の５つの主要指標に加えて，５つの補助指標も測定でき，個人の認知特性を細かく評定できる。これらの得意・不得意によって，学業面での苦手さを支援する方針を考えることができる。

　ここで特別支援教育について考えてみたい。2007（平成19）年４月から始められた特別支援教育のスローガンは「一人一人の教育的ニーズを把握し，その持てる力を高め，生活や学習上の困難を改善又は克服するため，適切な指導及び必要な支援を行う」（文部科学省）である。一方，文部科学省が「共生社会実現のために構築する」としているのが「インクルーシブ教育システム」であるが，その本来の意味は「万人のための教育」を目指す1994年のサラマンカ宣言を受けて，「障害のある子どもとない子どもが一緒の学級で学ぶ」ことがゴールだという立場からは，この特別支援教育はあくまでも途中の目標であり，最終の目標ではないことを忘れてはならないことも指摘される。[18]

　さて，上述したような様々な認知特性の得意・不得意をもつ子どもたちの学習や生活を支援するうえでは，近年技術の進歩がめざましい，スマートフォンやタブレット端末などの ICT を活用することが有効であるが，もちろん ICT[19] を活用するまでもなく，たとえば目と手の操作の協応が難しい子どもに直線を楽に引かせるための「Q スケール15」などの道具の使用も有効である。また，[20] このような一人ひとり異なる認知特性に合わせて学習を支援するアプローチとしては「認知カウンセリング」などがある（コラム参照）。[21]

　学校以外の支援の場としては，放課後や長期休暇中の子どもたちの活動を保障する「放課後等デイサービス」が2012（平成24）年から国の事業として創設された。子どもたちの学習や生活を支えるだけでなく，家族を支援するという観点からも大変重要な制度であるが，活動の質が不十分な施設や運営費・利用者負担の問題，学校との連携など，今後解決しなければならない課題も多い。

（3）思春期・青年期以降の支援

　この時期に注意したいのは，障害そのものの症状である一次障害だけでなく，障害が引き起こす**二次障害**への対応である。反抗や非行などの行動上の問題である「外在化障害」や不安・抑うつなどの神経症状として現れる「内在化障害」に対して，すべての子どもがもつ思春期の不安定さを理解したうえで，適切に対応することが求められる。[22]

　このような二次障害に対応するためにも，一人ひとりの特性を生かした「ケアとしての就労支援」という観点が重要になってくる。労働を通じて社会に参加することは義務ではなく権利である。そして，本人の生き方を支えるために就労を支援することは，これまでの学習や生活を支援することと同じように重要である。さらに，上述した発達障害に多くみられる報酬の効きにくさからも，目に見えにくい自尊感情を高めることを目指すよりも，労働によって成果が見えることで「自己有用感」を高めることの方が大切なのではないだろうか。もちろん，そのためにはジョブコーチなどのしっかりした支援体制を整えることが重要である。

注

(1)　日本発達障害連盟編（2021）『発達障害白書2022年版』明石書店，xii頁。

(2)　滝川一廣（2015）「発達論的視点から見た自閉症スペクトラム」『そだちの科学』24，2〜12頁。

(3)　文部科学省が2021（令和3）年度から検討を始めた「特定分野に特異な才能のある児童生徒に対する学校における指導・支援」，いわゆる「ギフテッド教育」もこのような「生きにくさ」を支援することが含まれる。

(4)　American Psychiatric Association／高橋三郎・大野裕監訳（2014）『DSM-5　精神疾患の診断・統計マニュアル』医学書院。

(5)　日本学生支援機構（2018）『合理的配慮ハンドブック——障害のある学生を支援する教職員のために』。

(6)　森口佑介（2015）「実行機能の初期発達，脳内機構およびその支援」『心理学評論』58(1)，77〜88頁。

(7)　熊谷高幸（2015）『自閉症と感覚過敏』新曜社。

(8)　塩川宏郷監修（2015）『発達障害の子どもが伸びるほめ方・しかり方・言葉かけ』河出書房新社など。

(9)　Sonuga-Barke, E. J. S. (2003) "The dual pathway model of AD/HD : an elaboration of neuro-developmental characteristics," *Neuroscience and Behavioral Reviews*, 27, pp. 593-604.

(10)　岡本夏木（1982）『子どもとことば』岩波書店。

(11)　国立精神・神経医療研究センター（2010）「日本語版 M-CHAT」（https://www.ncnp.go.jp/nimh/jidou/aboutus/mchat-j.pdf　2022年8月15日閲覧）。

(12)　藤居学（そらパパ）・神谷栄治（2007）『自閉症「からだ」と「せかい」をつなぐ

新しい理解と療育』新曜社。

⒀　山口真美（2016）『発達障害の素顔』講談社。

⒁　内藤美加（2012）「自閉症スペクトラム障害の発達精神病理」『幼児期の理解と支援』金子書房、13〜26頁。

⒂　神尾陽子（2018）「初期発達」日本発達心理学会編『発達科学ハンドブック10　自閉スペクトラムの発達科学』新曜社、8〜21頁。

⒃　尾崎康子（2016）「発達障害の療育」尾崎康子・三宅篤子編『知っておきたい発達障害の療育』ミネルヴァ書房、1〜9頁。

⒄　藤原里美（2022）『多様な子どもたちの発達支援 園実践編——明日から使える支援メソッド』学研プラスなど。

⒅　榊原洋一（2017）「日本のインクルーシブ教育は本物か？」『お茶の水女子大学子ども学研究紀要』5、1〜6頁。

⒆　スマホ・タブレットのアプリについては、「魔法のプロジェクト」のアプリ紹介サイト（https://maho-prj.org/app/）が参考になる。

⒇　安部博志（2017）『発達障害の子のためのすごい道具』小学館。

㉑　市川伸一（1993）『学習を支える認知カウンセリング——心理学と教育の新たな接点』ブレーン出版。

㉒　齊藤万比古編著（2009）『発達障害が引き起こす二次障害へのケアとサポート』学習研究社。

㉓　斎藤環・松本俊彦・井原裕監修（2018）『ケアとしての就労支援』日本評論社。

㉔　文部科学省国立教育政策研究所（2015）『生徒指導リーフ「自尊感情」？それとも、「自己有用感」？』（https://www.nier.go.jp/shido/leaf/leaf18.pdf　2022年8月17日閲覧）。

学習課題

①　幼稚園・保育園や小学校などで、「気になる子ども」とはどんな行動をする子どもたちだろうか。具体的な行動を挙げてみよう。

②　「気になる子ども」の気になる行動はどのような発達障害の特性が表れているものだろう。その支援にはどのような方法が考えられるだろうか。

キーワード一覧表

□　**スペクトラム**　「連続体」という意味だが、従来アスペルガーや高機能自閉症などといわれていた症候群を連続したものと捉えるという意味と、これらの特性は健常者を含めて誰でもがもっていてその程度が異なるだけという意味の2つがある。

223

☐ **応用行動分析**　現在発達障害等の行動変容に最も効果的であるとされている技法で、ターゲットとなる行動の前後の状況を分析し、「褒める」「無視する」などの強化を与えることで望ましい行動を形成する。 225

☐ **三項関係**　定型発達の場合、生後 8 ～10か月ごろにはそれ以前の「自分 − 他者」との二項関係から「自分 − 対象 − 他者」の三項関係に発展する。それによって、外界の状況を、他者を通じて理解することが可能になり、ことばの理解にもつながる。 226

☐ **二次障害**　こだわりや対人関係の障害といった発達障害の一次障害が原因で、周囲の無理解や不適切な学習環境によって生じる自己肯定感の低下、心身の不調、反抗やひきこもりなど。 230

☐ **ジョブコーチ**　職場適応援助者ともいわれ、職場適応に課題がある場合に職場に出向いて、障害特性を踏まえた専門的な支援・助言を行う。 231

コラム　認知カウンセリングで様々な学習特性をもつ子どもを支援する

　一人ひとりの認知特性に応じた個別指導である認知カウンセリングは、今後のインクルーシブ教育を進めていくうえでも大変重要なアプローチになります。一人ひとりわかり方が違うのが当たり前ですから、それに応じた支援が求められます。したがって、教育者にはその力を追求してほしいと思います。武庫川女子大学教育学科では、教員を目指す学生たちを認知カウンセラーとして、小学生に算数を支援する学習援助プログラムを行っています。認知カウンセリングの基本的な技法として、「自分より下の学年の人にわかってもらうように説明してみよう」という「仮想的教示」というものがあります。これは、学ぶ子どもたちに理解を定着させるための技法ですが、教える側にとっても、正しい答えにたどり着かせることが目的であるという「正答主義」から抜け出して、児童の解決過程を重視した「児童中心主義」の教育を実践するためにも大切なものです。また、一人ひとりつまずき方が違うという「つまずきの個別性」に気づくことで、一人ひとりに合った教え方を工夫することもできます。10回のセッションを通して、学生カウンセラーたちはこれらのことに気づいていきました。実際に算数のつまずきに困っていた子どもたちを支援できただけでなく、これからのインクルーシブ教育を支えていく教員の卵たちにとって大変よい機会になっています。

参考文献：神原一之（2019）「学習援助プログラムは学生カウンセラーにどのような効果を及ぼすのか」
『武庫川女子大学大学院文学研究科教育学専攻教育学論集』14、9 ～16頁。

第17章

情緒障害・精神障害の児童に対する理解と支援

　本章では，「共通してみられる症状・障害」（表17-1）がある情緒障害と精神障害の児童に対する理解と，その発達期を通した支援について述べる。

　子どもの情緒障害と精神障害は，先天的・後天的要因が複雑に交わって生じ，成人の精神障害の前駆症状として現れることもある。今日の保育，教育や福祉の分野では，人の一生涯を連続してみる生涯発達心理学や精神障害の基礎知識を備え，早期からの継続的支援に対応できる専門性が求められている。

1　情緒障害児の種類と概要

（1）要　因

　情緒障害は，身体器官に物質的あるいは物理的に特定可能な器質的（先天的）要因はないが，環境的・心理的（後天的）要因によって生じ，日常生活に支障をきたすものである。また，教育的・福祉的援助のための概念であり医学的診断の概念ではないとされてきた。文部科学省による「学校教育法施行規則の一部を改正する省令」（2006年）では，「主として心理的な要因による選択性かん黙等があるもので，社会生活への適応が困難である程度のもの」で「通常の学級での学習におおむね参加でき，一部特別な指導を必要とする程度のもの」とされ，「自閉症」と明確に区別された。さらに，「障害のある子供の教育支援の手引——子供たち一人一人の教育的ニーズを踏まえた学びの充実に向けて」（2021年）では，「周囲の環境から受けるストレスによって生じたストレス反応として状況に合わない心身の状態が持続し，それらを自分の意思ではコントロールできないことが継続している状態」と明示された。

　情緒障害とは，"情緒（様々な感情）"の現れ方が極端に偏っていたり，現れる時期が様々で，何度も繰り返され，日常生活への適応を著しく困難にする情

表 17 - 1　情緒障害と精神障害の特徴

	症状・障害	共通してみられる症状・障害
情緒障害	※情緒の不安定 　選択性緘黙／選択性かん黙 　緘動症状（身体が動かない） 　過換気症候群（動悸，発汗，震え　など） 　パニック症 　チック症群（頻回な瞬き，不随意運動　など） 　吃音や発声の不明瞭 　神経性習癖（指しゃぶり，爪噛み　など） 　反社会的行動（易怒性，暴力，他害行為，非行　など） 　反抗挑発症 　排泄症群（夜尿，失禁，下痢，便秘　など）	※学業不振，集団行動不可，無気力，不登校，ひきこもり 　身体症状（嘔気，過敏性腸症候群，頭痛など） 　常同行動 　癇癪（発作） 　自傷行為（腕噛み，髪の毛を引き抜く，自分を叩く，リストカット　など） 　自殺念慮，自殺企図 反応性愛着障害 不安症群 　分離不安症 　社交不安症（社交恐怖） 　限局性恐怖症（広場，高所，閉所　など）
精神障害	※認知機能の障害（知覚・記憶・理解・判断） 幻覚・幻聴・妄想（陽性症状） 　奇妙な行動 　多幸，開放，易怒的気分 　集中力の低下 　衝動性，多動，多弁，過活動，注意散漫 　激しい攻撃性，破壊的・危険な行動 　誇大感，観念奔逸 思考・感情・意欲の障害（陰性症状） 　疲労感，罪責感，無価値感，希死念慮 統合失調症スペクトラム障害群 パーソナリティ障害群 双極性障害群 抑うつ障害群（うつ病など） 全般不安症 解離症群 身体症状症 神経発達症群	睡眠-覚醒障害群 強迫症群 物質関連障害および嗜癖性障害群 （アルコール，薬物，覚醒剤，ギャンブルなど） 素行症 摂食障害群（神経性やせ症，神経性過食症など） 心的外傷後ストレス障害（PTSD）

出所：筆者作成。

態である（表 17 - 1，※情緒の不安定）。この“情緒（様々な感情）”の問題による不適応は，家庭生活，学習や集団活動を行う学校生活，ひいては社会生活にお

いて，表17-1に列挙したような様々な行動上の問題を併発する。外在化問題行動としては，癇癪（発作），反抗挑発症等の反社会的行動（易怒性，暴力，他害行為，非行など）として現れる。内在化問題行動としては，選択性緘黙（または場面緘黙），社交不安症（社交恐怖）等の非社会的行動（表17-1，※学業不振，集団行動不可，無気力，不登校，ひきこもり）として現れる。"情緒（様々な感情）"の問題が行動として現れず，**過剰適応**に陥るとパニック症やうつ病を引き起こす場合もある。

　情緒障害を引き起こす環境的・心理的要因には，家庭内不和や虐待など家族の問題，いじめを含む友人関係，教師との人間関係，学習や集団活動を行う学校生活での問題などが挙げられる。しかしながら，乳幼児から成人や高齢者に至るまで，多くの人は環境的・心理的に困難な状況に置かれたら，不安，欲求不満や葛藤を生じ得る。災害，事故，虐待やいじめなどに遭い**心的外傷後ストレス障害（PTSD）**に至るような場合は別として，日常生活でのストレスや心理的打撃，それに伴う心理的苦痛は誰にでも起こり得るものであり，それで"情緒（様々な感情）"が一過的に激しく現れることがあっても異常とまではいえない。

　さて，情緒障害には単に環境的・心理的要因であるとするには悩ましい現症も多くみられる。人格心理学では，パーソナリティの基本的特性である気質は，個人の刺激に対する感受性や反応の習慣的な強さ・速さや，固有の根本的気分が含まれ，個体内部の生理学的過程との関連が深く，先天的に決定されやすいものとされている。また，脳を含む身体のどこかに特に損傷は見当たらないが正しく機能していない状態が疑われる機能性の問題には，心因性と内因性の両方が含まれる。したがって，教育，臨床現場では，情緒障害は環境的・心理的要因のみならず素因・素質や遺伝的要因の両方が相まって現れる場合もあり，その要因が常に明白で決定的であるとは限らないという柔軟な視点が必要とされる。

（2）選択性緘黙

　選択性緘黙とは，発声器官などの障害や言語能力に問題がないのにもかかわらず，特定の状況で音や言葉を一貫して発さない状態が1か月間持続していることをいう。一般に，乳幼児期は母子間や家族間で言語発達が促進される。したがって，家庭生活上の会話が円滑で，保育所や幼稚園での行動や，小学校で

の学習面に問題がない場合は，恥ずかしがり屋・引っ込み思案など内向的性格特性との区別が難しい。幼児期（2〜5歳ごろ）に発症しても児童期まで診断されなかったり，就学後も家庭で特に問題なくふるまったりする子どもは見落とされやすい。一方，症状は青年期まで残存し，改善には時間を要し，自然寛解は困難とされている。症状の中核は情緒的に著しく強固な選択性である。家庭では話すが保育所，幼稚園や学校などの特定場面や状況ではまったく，あるいはそれほど話さないという態度をとり続ける。表情，発語や回避行動などの不安反応・緊張度は，場所，状況や対面する人によって異なる。内気，消極的で対人コミュニケーションの欲求が乏しく，ときには緘動症状（高不安から身体が動かせなくなる）を伴い，集団活動や集団生活に不都合が生じる。その多くが，強迫傾向（治療抵抗を含む）や，後述する分離不安症や社交不安症（社交恐怖）と診断される。帰国子女や外国籍の親など言葉の問題に起因する場合や，いじめや虐待などによる心的外傷に起因する場合は，深刻な症状や心的外傷後ストレス障害（PTSD）に進行することもある。

（3）不登校

　不登校は，「何らかの心理的，情緒的，身体的あるいは社会的要因・背景により，登校しないあるいはしたくともできない状況にあるために年間30日以上欠席した者のうち，病気や経済的な理由による者を除いたもの」と定義されている。2020年代には8050問題がさらに深刻化した9060問題に至る社会問題が懸念される，ひきこもりとの関連性が指摘されて久しい。不登校は，学習や集団活動を行う学校生活，そこでの仲間との交友からの回避行動＝情緒的理由による「社会活動からのひきこもり」と捉えられている。文部科学省による「令和2年度児童生徒の問題行動・不登校等生徒指導上の諸課題に関する調査結果」では，過去5年間の傾向として，小学校・中学校ともに不登校児童生徒数およびその割合は増加している（小学校 2015年0.4% → 2020年1.0%，中学校 2015年2.8% → 2020年4.1%）。さらに，コロナ禍における生活環境の変化や一斉休校は，長期欠席者数のみならず，自殺者数に拍車をかけている。自殺した児童生徒数は415人，「自殺した児童生徒が置かれていた状況（複数回答可）」については，「不明」が218人で，いずれも調査以降最多となっている。

　不登校の情緒的理由としては，自信喪失や無気力につながりやすい高不安や高緊張という気質，乳幼児期からの家庭での基本的生活習慣の未形成や，家庭

内不和などによる自我の未発達がある。児童期以降は，友人や教師との関係不全や，協調および競争を含む，学習や集団活動を行う学校生活における不適応が挙げられる。このような不登校児は，分離不安症や社交不安症（社交恐怖）と診断されることがある。乳児期（8か月〜2歳ごろ）にみられる分離不安（人見知り）は正常な発達だが，分離不安症は，幼児期（3歳ごろ）に発症し思春期（11歳ごろ）まで続く。養育者からの分離に対し発達段階に不相応な過剰な恐怖，悲痛や身体的愁訴が4週間以上持続する状態をいう。社交不安症（社交恐怖）は，思春期女児に多く発症する。劣等感や羞恥心が強く，他者の期待や評価に過剰に反応する特徴があり，**対人恐怖症**が生起することもある。一般には不安や緊張を感じることのない状況で高不安や過換気症候群の症状（動悸，発汗，赤面，手足の震えなど）が現れる。また，不登校の直接的要因となる不安症群には限局性恐怖症（広場，高所，閉所など）やパニック症などがある。パニック発作が特徴のパニック症は原因不明の激しい**予期不安**を突然感じ，それが1か月以上繰り返される。一般に男性は青年期（25〜30歳），女性は成人期（35歳ごろ）に，男女同程度の割合で発症するとされている。

　さらに，不登校児には伝統的診断分類では小児神経症とされていた多様な症状が現れる。たとえば，乳幼児期（9か月〜5歳未満）に発症する過度の警戒や拡散した愛着を示す反応性愛着障害がある。非器質性の排泄症群（夜尿症，遺尿症など）は，幼児期に発症し青年期までに収束するが，約1％は成人期も続く。児童期（10歳以下）にみられる反抗挑発症は，権威的人物に対する怒りに基づく癇癪（発作），口論といった反抗的な態度や行動範囲が限度を越え，6か月以上持続する（非行には至らない）。多くが20歳以下で発症する強迫症群には，不合理な思考（強迫観念）や行為（強迫行為）を反復する確認強迫，洗浄強迫や醜形恐怖などが含まれる。チック症群，物質関連障害群および嗜癖性障害群（アルコール，薬物，ギャンブルなど）や摂食障害群（反芻症，神経性やせ症，神経性過食症など）も存在する。

2　精神障害児の種類と概要

（1）要　因

　精神障害は，器質的・機能的要因によって生じ，行動様式には異常や苦悩を伴う医学的診断の概念である。

　主に，統合失調症スペクトラム障害群，パーソナリティ障害群，双極性障害群，抑うつ障害群が挙げられる。統合失調症スペクトラム障害群は，思春期後半から成人期初期に発病し，児童期までの発病は稀とされてきた。しかし，発達途上の子どもの体験不足や未熟な言語能力からは明確な診断が困難という事情は否めない。パーソナリティ障害群も成人期に突然発病するわけではないが，年少児の診断には同様の難しさがある。一方，双極性障害群や抑うつ障害群は，近年，発病は珍しいとされてきた児童期から診断されるようになった。さらに，身体症状症は30歳未満，解離症群はあらゆる年齢で発病するとされ，児童期から青年期に発病する全般不安症や，物質関連障害群および嗜癖性障害群のように遺伝素因の可能性を含むもの，神経発達症群なども含まれる。

（2）統合失調症スペクトラム障害群とパーソナリティ障害群

　統合失調症スペクトラム障害群は，原因不明だが，胎児期から乳児期までの発達早期の脳の生物学的異常に起因し，複数の遺伝子が関与すると考えられている。超早期徴候には，乳児期での身体発達（始歩）の遅れや幼児期での言語発達の遅れなどがある。児童期には，衝動性，多動，多弁，過活動，注意散漫，激しい攻撃行動，破壊的・危険的行動など神経発達症群が疑われるような多彩な前駆症状がみられる。発病後は，知覚（幻覚），思考（妄想），対人関係（パラノイア）において異常を伴い（6か月以上持続），慢性化し，社会生活に支障をきたす疾患である。小児も成人と同様の病状とされ，青年期には感情の異常やひきこもりが顕著となる。薬物乱用，脳の感染症，外傷や腫瘍などの有無を検査し，一定期間の経過観察によって診断される。

　パーソナリティ障害群は，人の一貫して特徴的・持続的な行動様式の総称であるパーソナリティが社会的不適応になり，著しい苦痛や機能の障害をもたらす。限局できない深い問題が，抑うつ，不安感，厭世観や希死念慮など複数の慢性症状となる。パーソナリティ障害群には，強迫性・依存性などが顕著なもの，自己愛性・反社会性などが顕著なものや，妄想性・シゾイド・統合失調型などがある。妄想性・シゾイド・統合失調型などは，統合失調症スペクトラム障害群の家族や親族が存在し，統合失調症スペクトラム障害群の前駆症状の場合がある。先天的・後天的要因の両方があり，児童期，青年期や成人早期に好発するとされる。しかし，児童期の統合失調型の場合，すべてが統合失調症スペクトラム障害群になるわけではなく逆に防御しているという考え方もある。

また，成人期に発症する場合は心理的ストレスや脳の疾患などに伴って生じた可能性も考えられる。

（3）双極性障害群

　双極性障害群には，躁病症状（多幸的，開放的，易怒的などの気分が異常に持続する）と抑うつ症状（幸福や喜びを期待する能力の喪失）の両方の明確な病相期がある。近年，慢性的に経過する超急速交代型（短期間に躁うつが交代する）や日内交代型が児童期や思春期にみられるようになった。成人の双極性障害群には，10歳未満に前駆症状がみられたり発症している場合もある。児童期の特徴的な躁症状や軽躁症状は，情緒不安定，重篤なイライラ感，攻撃性，衝動性，破壊的行動，注意散漫，多動などである。9歳を過ぎると多幸感，誇大感や観念奔逸などが多く，思春期になると過活動，多弁，睡眠覚醒の乱れ，自傷行為（腕噛み，髪の毛を引き抜く，自分を叩く，リストカットなど），パニック発作（パニック症），解離性健忘(7)（解離症群）が現れやすい。青年期には精神病像を伴うこともある。有病率は男女同等で，早期発症の予後は悪く，自殺の危険率は高い。遺伝学的観点や家族歴などからは，統合失調症スペクトラム障害群と抑うつ障害群の中間に位置している。長期の抑うつ症状や気分の不安定などが社会機能面（対人関係，就労など）で深刻な障害となるが，精神病と診断するのが難しい。さらに，注意欠如／多動症（ADHD），素行症群（破壊，窃盗，規則違反など），薬物乱用を併存する場合が多いとされている。

（4）抑うつ障害群

　抑うつ障害群には，重篤気分調整症，うつ病などが含まれる。

　重篤気分調整症は，12歳までの子どもに適用され，その大部分が男児で，慢性的な易怒性（頻回の癇癪発作を伴う）や極端な行動のコントロール不全が特徴的である。欲求不満耐性が極めて低く，激しい攻撃性，危険行動，自殺企図などが，家族・友人関係の不全や学業成績の低下などと関連してみられる。双極性障害群や反抗挑発症との鑑別が難しいだけではなく，反抗挑発症と重複する場合も多く，併存疾患は広範囲にわたる。また，青年期や成人期になると単極性の抑うつ障害や不安症群が現れる確率が高い。

　うつ病は，感情，認知，自律神経機能の明確で反復性のある変化を伴う悲嘆，悲哀の状態が特徴的である。児童期や青年期には易怒的で気難しい気分が生じ

やすいとされる。体重変化と希死念慮を除く主たる症状（疲労感，罪責感，無価値感，集中力の低下，睡眠障害など）が一日中ある。うつ病を発症する要因として否定的感情を生じやすい気質があり，社会生活を送るうえでストレスになる出来事があると，それに反応して抑うつが生じる可能性が高い。すなわち，遺伝的・環境的要因の関与が大きいとされている。

（5）その他の精神障害群

　全般不安症は，過度で理由のない予期不安や心配をコントロールできず社会生活に不全を及ぼす状態である。身体症状（震え，筋肉の緊張，発汗，嘔気，過敏性腸症候群，頭痛など）を伴う慢性症状が寛解する比率は低いとされる。発症年齢は広範囲で，早期であるほど症状が顕著で併存症が多い。児童期や青年期では，過度に同調的，完璧主義である一方で，自信がなく過度の保証と是認を求める特徴がある。

　物質関連障害および嗜癖性障害群は，アルコール，覚醒剤，薬品，カフェインなどの過剰摂取によって病的な行動様式（コントロール障害，社会的障害など）が生じる。遺伝的・生理学的要因の可能性が高いが，環境的・心理的要因も強く影響する。早期の発症は児童期で，青年期も含め素行症が併存することが多い。多くは成人期までに発症するが老年期の身体変化に伴い発症する場合もある。具体的には，家庭，学校や職場での役割責任が果たせなくなり，対人関係上の問題，身体的（知覚障害，記憶障害，内臓疾患など）・心理的（抑うつ，不安，不眠など）問題が持続する。

　解離症群は，知覚，情動，意識，記憶，運動制御，同一性など心理機能の不連続および破綻が特徴的である。気質要因が認められるも，虐待やいじめなどの環境要因も大きく，心的外傷後ストレス障害（PTSD）を併存することが多い。フラッシュバック，解離性健忘，麻痺，離人感，自殺行動などの症状が現れ，集中困難，不注意，反抗的行動や限局性学習症との区別が難しい。児童期，青年期，成人期で発症し，適切な治療の遅れは予後不良と関連している。

3　情緒障害児と精神障害児への支援

（1）特別な教育的支援

　まず，小中学校は，通級指導教室と自閉症・情緒障害特別支援学級を設置し

ている。教育課程は小中学校の学習指導要領を原則とし，児童生徒の実態に応じて特別支援学校学習指導要領を参考に編成される。情緒障害児童生徒を対象とする通級指導教室では，在籍学級での情緒・行動・対人・社会面の問題から通級指導が望ましいと判断された児童生徒を対象に，個別の指導計画に基づく指導，在籍学級と連携し教科の補充や特別支援学校学習指導要領の自立活動の内容に基づく指導や，保護者への支援が行われる。自閉症・情緒障害特別支援学級は，通級指導では十分な効果が期待できないと判断された児童生徒を対象に個別の指導計画に基づく指導，チームティーチングや交流および共同学習が，児童生徒の実態や保護者の要望に応じて，組織的，計画的，具体的に行われる。

　選択性緘黙や不登校は，心理的安定，コミュニケーション，信頼関係（ラポール）の形成などが主要課題とされる。情緒障害は必ずしも年齢とともに自然寛解するわけではない。放置すると症状そのものが強化されることもあり，早期からの支援が重要である。したがって，特別な教育的支援では，一人ひとりの児童生徒に適したコミュニケーションで交流を図り，まずは児童生徒との信頼関係を形成する必要がある。心理的負担（プレッシャー）を与えず気長に接する，受容的・支持的態度が児童生徒に受け入れられたら，集団活動の構成や活用の工夫を視野に入れつつ，無理のない範囲の課題に段階的に誘導する。そこでは不安や緊張の軽減など心理的安定に配慮し，活動参加を十分に褒めて意欲を高める。保護者と連携しつつ，社会的体験に対して正当な評価を与え，自発的行動を促進し，有能感（コンピテンス）を高めていくなどの支援を，発達期を通して継続的に行うことが重要である。

　また，特別支援学校は，幼稚園，小中学校，高等学校に準ずる教育を行い，障害による学習・生活上の困難を克服し自立を図るために必要な知識技能を授けることを目的としている。したがって，教育課程は，その目的を達成するために，幼児児童生徒の障害の状態・発達段階・特性ならびに地域や学校の実態を考慮し，必要な教育内容を選択し，組織し，配列した教育計画となっている。

（2）子どもの精神保健

　情緒障害児や精神障害児に対しての支援は正確な診断に基づく適切な治療が基本である。診断は，親や教師による行動観察の聴取，身体検査や心理検査（知能・発達・性格の検査など）の結果，病相，併存症状などを，小児の精神障害に精通した医師が慎重に考査せねばならない。正確な診断に基づく適切な治療がなされなければ症状は消退せず，他の精神疾患との合併や思春期の心理発達

に悪影響を及ぼすおそれがある。しかし，児童精神科専門医が不足している現状もあり，乳幼児期や児童期での発症の診断について完全な 合 意 は得られておらず，成人発症型との連続性や鑑別は今後の課題とされているのが実情である。

　情緒障害児や精神障害児の治療において，薬物療法は，症状をコントロールする効果が期待される。しかし，児童期までは薬の副作用（震え，動作緩慢，運動障害，肥満など）が生じやすく，症状が悪化した場合は薬の用量の調整や安全確保のために入院も必要となる。心理療法は，教育・福祉・医療の専門機関で行われる。低年齢児には心理的安定を重視する遊戯療法を用いることが多い。行動変容を重視する行動療法（系統的脱感作法，モデリング法，モニタリング法，暴露療法）や，欧米では統合失調症スペクトラム障害群，抑うつ障害群や不安症群など多くの精神疾患への効果が実証されている認知行動療法も行われる。さらに，リハビリテーションや社会的スキルトレーニングに加えて，保護者や家族に対する心理・教育的支援がもれなく行われることが肝要である。

（3）社会的資源の利用

　社会的資源の利用に際しては，発達期にかかわらず，情緒障害児や精神障害児の隔離にならないような環境整備と人材確保が不可欠である。

　まず，小中学校のみならず高等学校を含む家庭訪問や院内学級の拡充，公的機関（保健所，精神保健センターなど）における児童生徒期対象のデイケアやフリースペースの設置など，制度や施設の充実といった環境整備である。病態水準に応じた学習支援やレクリエーション活動が行われたり，同年代の交流の機会が得られたりする場は，情緒障害児や精神障害児の日常生活を実りある豊かなものにし，病態の改善促進と再発予防につながると思われる。

　また，日常的に支援している教員や施設職員が，情緒障害児や精神障害児への誤解や否定的感情を抱くことがないよう，その保護者や家族，医療関係者とのコミュニケーションを図り連携協力できる場が重要である。医療従事者による研修制度や，すべての関係者が集う懇親会の開催などは，相互理解を深め，よりよい人材育成や人材確保に貢献すると思われる。

　さらに，成人した情緒障害児や精神障害児が公的機関で提供される様々な福祉サービスを受けるためには，成人に至るまで，どのような環境でどのような人的支援を受けてきたのかが鍵となる。情緒障害児や精神障害児，その保護者

や家族の中には自ら SOS を出さないことも多分にあり，不登校やひきこもりの支援にアウトリーチが必須であることは周知の事実である。環境整備と人材確保は，情緒障害児や精神障害児，その保護者や家族にとって，成人した後も社会的資源を継続的に利用することを容易にすると思われる。

注

⑴　文部科学省（2003）「不登校の現状に関する認識」（https://www.mext.go.jp/a_menu/shotou/futoukou/03070701/ 002. pdf　2022年 6 月13日閲覧）。

⑵　斎藤万比古（2010）「ひきこもりの評価・支援に関するガイドライン」厚生労働科学研究費補助金こころの健康科学研究事業「思春期のひきこもりをもたらす精神科疾患の実態把握と精神医学的治療・援助システムの構築に関する研究（H19-こころ - 一 般 -010）」（https://www. mhlw. go. jp/file/06-Seisakujouhou-12000000-Shakaiengokyoku-Shakai/0000147789.pdf　2022年 6 月13日閲覧）。

⑶　突発的，急速に，繰り返される不規則な運動，発声（瞬目，咳払いなど）。

⑷　食べたり食べさせたりした後に食物の吐き戻しを繰り返す。

⑸　異常で強い被害妄想や誇大妄想などにとらわれることをいう。

⑹　感情表出の乏しさや他者への無関心から社会的に孤立している人の性格特徴を表す。

⑺　心的外傷になるような強いストレスとなる出来事の記憶を思い出せなくなることをいう。

参考文献

齊藤万比古（2015）『子どもの精神科臨床』星和書店。

河合洋・山登敬之（2006）『子どもの精神障害』日本評論社。

American Psychiatric Association／高橋三郎・大野裕監訳（2014）『DSM-5　精神疾患の診断・統計マニュアル』医学書院。

International Statistical Classification of Diseases and Related Health Problems (2019) International Classification of Diseases 11th Revision, The global standard for diagnostic health information（https:// icd.who.int/en　2022年 8 月16日閲覧）.

学習課題

①　「ひきこもり」の原因について，あなたの考えを書いてみよう。

②　コラムにあるインスタグラムをチェックしてみよう。

キーワード一覧表

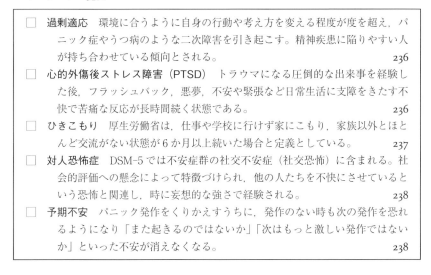

☐　**過剰適応**　環境に合うように自身の行動や考え方を変える程度が度を超え，パニック症やうつ病のような二次障害を引き起こす。精神疾患に陥りやすい人が持ち合わせている傾向とされる。　　　236

☐　**心的外傷後ストレス障害（PTSD）**　トラウマになる圧倒的な出来事を経験した後，フラッシュバック，悪夢，不安や緊張など日常生活に支障をきたす不快で苦痛な反応が長時間続く状態である。　　　236

☐　**ひきこもり**　厚生労働省は，仕事や学校に行けず家にこもり，家族以外とほとんど交流がない状態が 6 か月以上続いた場合と定義としている。　　　237

☐　**対人恐怖症**　DSM-5 では不安症群の社交不安症（社交恐怖）に含まれる。社会的評価への懸念によって特徴づけられ，他の人たちを不快にさせているという恐怖と関連し，時に妄想的な強さで経験される。　　　238

☐　**予期不安**　パニック発作をくりかえすうちに，発作のない時も次の発作を恐れるようになり「また起きるのではないか」「次はもっと激しい発作ではないか」といった不安が消えなくなる。　　　238

⚛ コラム　ポケット心理学者──アメリカのインスタグラムによる親支援 ⚛

　インスタグラムで子育ての正しい情報や実用的アドバイスを求める親への支援を行う
ロックハート博士（@dr.annlouise.lockhart）は「インスタグラムは，親が情報収集し
たり，感情や欲求不満が肯定されたり，パンデミック・ストレスやメンタルヘルス危機
において迅速な対応に有効」であるという。リーム博士（@psychedmommy）は，
フォロワーは新しい子育てや日常的支援を望んでおり，「孤独を感じている親のメンタ
ルヘルス支援」となるという。心理学者は，ユーザーの自己受容やガイダンスに焦点を
当て，ポジティブかつ穏やかな子育てを推奨し，対面と同様にアメリカ心理学会の倫理
規定に従っている。コメント欄での交流は支援的環境となり，率直なフィードバックは
教育への導入となり，個人療法への移行もあり得るが，心理学者は，"いいね"やシェ
ア数を求める傾向など自身のメンタルヘルスに気遣うことも重要である。マーカム博士
（Aha!Parenting.com）は「心理学者が自身の信念と価値観を保つことが重要」だという。
ソーシャルメディアは対面支援に代わるものではないが，親が一時的恩恵に与ることは
できる。パンデミックは子どものメンタルヘルスに多大な影響を及ぼし，今や診察室は
長蛇の列である。ポケット心理学者は，親がすべて一人で対処すべきという考えを払拭
するために有用だったといえる。

　　参考文献：Pappas, S. (2022) Supporting parents via Instagram（https://www.apa.org/monitor/2022/
　　　　04/career-instagram　2022年6月8日閲覧）。

第18章

DV家庭の児童や被虐待児童に対する理解と支援

　本章では，今日社会問題となっている DV（Domestic Violence）家庭の児童と被虐待児童について取り上げる。

　本来児童が安心して過ごし，安全基地としての役割をもつのが保護者（養育者）である。保護者による児童の面前での DV は，心身に大きな影響を及ぼす。養育環境として不適切であり，心理的に大きな傷つき体験となる。

　DV については，明確な定義はないが，日本では「配偶者や恋人など親密な関係にある，またはあった者から振るわれる暴力」という意味で使用されることが多い。そのような児童の面前での DV について，家庭での傷つき体験は，様々な形で，保育・福祉・教育の場で行動化されて表出されることが考えられる。実践者には，そのような児童の理解と心身の支援が求められる。そして，必要に応じて関係機関と連携・協働し，児童の最善の利益のために絶えずよりよい支援を考え，取り組まなければならない。

　本章では，そのような DV 家庭や被虐待児童の現状を理解し，具体的な支援ができるように，学びを深めていただきたい。

1　DV家庭の児童の理解と支援

（1）DV の現状

　2001（平成13）年，配偶者からの暴力を防止し，被害者の保護等を図ることを目的として「配偶者からの暴力の防止及び被害者の保護等に関する法律」（DV 防止法）（制定時の名称は配偶者からの暴力の防止及び被害者の保護に関する法律）が施行された。法の施行により，その社会的認知が進んできてはいるものの，被害に関する相談等件数は，継続して増加し，2021（令和 3）年は DV 防止法施行後最多となった。（図 18 - 1）。

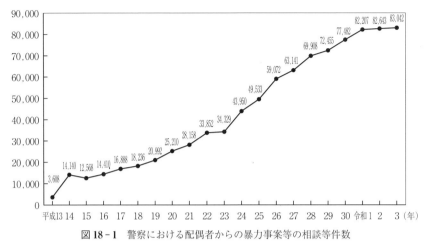

図 18-1　警察における配偶者からの暴力事案等の相談等件数

備考 1：配偶者からの身体に対する暴力又は生命等に対する脅迫を受けた被害者の相談等を受理した件数。
　　 2：平成13年は，ＤＶ防止法の施行日（10月13日）以降の件数。
　　 3：法改正を受け，平成16年12月 2 日施行以降，離婚後に引き続き暴力を受けた事案について，20年 1 月11日施行以降，生命等に対する脅迫を受けた事案について，また，26年 1 月 3 日施行以降，生活の本拠を共にする交際（婚姻関係における共同生活に類する共同生活を営んでいないものを除く）をする関係にある相手方からの暴力事案についても計上。
出所：警察庁「ストーカー，DV 等」(https://www.npa.go.jp/publications/statistics/safetylife/dv.html 2022年 9 月 8 日閲覧)。

　DV 防止法においては，被害者を女性には限定していないが，約75％の被害が女性である。また，男性の被害は少しずつ増えている。

　配偶者からの暴力には，身体的なもの，精神的なもの（経済的なもの，社会との隔離を含む），性的なものに分類される（表18-1）。このような行為は，人権を著しく侵害する重大な問題であり，相談件数や調査結果等から，DV 防止法施行時からのデータをみると年々増加傾向にあり，少数の人だけが被害を受けているのではなく，多くの人が被害を受けていることがわかる（図18-1）。

　このような現状において，子育て世代の相談者には，児童の目の前で DV が行われていた可能性を考え，その影響をかんがみた支援が重要になってくる。

（2）DV の実態および背景

　DV の実態として，内閣府では，1999（平成11）年から 3 年に一度，全国の20歳以上の男女5000人を無作為に抽出し，「男女間における暴力に関する調査」

表 18-1　暴力の形態と内容

身体的なもの	殴ったり蹴ったりするなど，直接何らかの有形力を行使するもの 具体例：平手で打つ，足で蹴る，身体を傷つける可能性のある物で殴る，げんこつで殴る，刃物などの凶器を体につきつける，髪をひっぱる，首を締める，腕をねじる，引きずりまわす，物を投げつける。
精神的なもの （経済的なもの，社会との隔離）	心ない言動等により，相手の心を傷つけるもの 具体例：大声でどなる，「誰のおかげで生活できているんだ」「甲斐性なし」などと言う，実家や友人と付き合うことを制限したり，電話や手紙を細かくチェックしたりする，何を言っても無視して口をきかない，人の前でバカにしたり，命令するような口調でものを言ったりする，大切にしているものを壊したり，捨てたりする，生活費を渡さない，「外で働くな」と言ったり，仕事を辞めさせたりする，「子どもに危害を加える」と言っておどす，殴るそぶりや物を投げつけるふりをして脅かす。
性的なもの	嫌がっているのに性的行為を強要する，中絶を強要する，避妊に協力しないといったもの 具体例：見たくないのにポルノビデオやポルノ雑誌を見せる。

出所：内閣府男女共同参画局ウェブサイトを参考に筆者作成。

を実施している。2020（令和2）年の同調査によると，これまでに結婚したことのある人（2591人）のうち，配偶者（事実婚や別居中の夫婦，元配偶者も含む）から「身体的暴行」「心理的攻撃」「経済的圧迫」「性的な行為の強要」のいずれかについて「何度もあった」という人は，女性10.3％，男性4％，「1，2度あった」という人は，女性15.6％，男性14.4％となっており，一度でも何らかの暴力を受けた経験がある人は，女性の約4人に1人，男性の約5人に1人となっている。

　暴力の背景としては，男性が女性を軽視するような男尊女卑の考え方，感情表現の一つとして，暴力を振るうのはある程度は仕方がないといった社会通念，どちらか一方に収入がない場合の男女の経済的格差など，個人の問題として片づけられないような構造的問題も大きく関係している。男女が社会で対等なパートナーとして様々な分野で活躍するためには，いかなる場合においてもその前提として，人に対する暴力は絶対にあってはならないことである。

（3）DV による子どもへの影響

　2004（平成16）年の「児童虐待の防止等に関する法律」（児童虐待防止法）の改正により，子どもの面前での DV も児童虐待（心理的虐待）に当たることが明

確化されている（第2条）。本来安心して過ごすことのできる安全基地としての家庭において，家族内の DV は，児童への影響がきわめて大きい。友田によると小児期のマルトリートメント（不適切な養育）経験は高頻度に精神疾患の発症を招き，脳の器質的・機能的な変化を伴うことがわかってきた。たとえば，暴言虐待による聴覚野容積の拡大や両親の DV 目撃による視覚野容積の縮小をもたらし，うつ病や PTSD，認知機能の低下を引き起こすことが明らかになっているという。家庭内は，プライベートな空間であり，多くの DV はみえにくく，児童がどのような場面を目にし，どれくらいの心理的負担があるかについては計り知れない。

　そのことで心身への影響は，様々な形で行動化され，表出される。それをしばしば児童の特性としての問題行動と捉えられることがあるが，実践者は，その背景を理解することが重要である。友田によると，解離症状をはじめとするトラウマ反応がもっとも重篤なのが，「DV 目撃と暴言による虐待」の組み合わせであり，身体的虐待やネグレクトを受けた人よりも，親の DV を目撃し，かつ自分も言葉でののしられた人の方が，トラウマ症状が重篤であるという。こうした虐待は脳へのダメージが大きく，知能や語彙能力につながる脳の部分の容積の減少が起きると考えられている。

（4）DV への対応

　DV 防止法では，その目的として前文で「配偶者からの暴力に係る通報，相談，保護，自立支援等の体制を整備することにより，配偶者からの暴力の防止及び被害者の保護を図る」ことを掲げている。そこで，具体的な対応を管轄する関係機関は，複数にわたっている。配偶者からの暴力全般に関する相談窓口として，各都道府県にある「配偶者暴力相談支援センター」，安全対策や緊急時の対応として「警察」，女性問題に関する相談窓口として「婦人相談所（センター）」，児童に関する相談も含めた場合「児童相談所」があり，このほか「福祉事務所」「保健所」「精神保健福祉センター」などの行政機関だけでなく，民間のシェルターなどもあり，被害者ならびに児童の安全な生活を確保するための社会資源が連動して，保護や支援，またその後の自立支援を行っている。

2　被虐待児童への理解と支援

（1）児童虐待の現状

　児童虐待とは，児童虐待防止法によると，「保護者（親権を行う者，未成年後見人その他の者で，児童を現に監護するものをいう。）がその監護する児童（18歳に満たない者をいう。）について行う」行為で，「身体的虐待」「性的虐待」「保護の怠慢・拒否（ネグレクト）」「心理的虐待」と定義されている（表18-2）。

　児童虐待は，DV の問題と同様に，近年大きな社会問題としてクローズアップされていることは，実感としてあるのではないだろうか。国民の子どもの権利意識への高まりや児童福祉法や児童虐待防止法の改正，悲惨な事件も含め，連日のメディアでの注目が大きく影響している。そのことは，児童相談所における児童虐待相談対応件数の推移からもうかがえる（図18-2）。

　また，児童虐待相談対応件数の内訳として，児童虐待の相談種別対応件数（表18-3）をみると心理的虐待の増加率が顕著で，前節に述べた DV の問題が密接につながっていることがうかがえ，児童虐待の相談の中で最も多い割合が心理的虐待であることもわかる。一方，性的虐待はここ数年増加していないようにみえるが，「見えない（見えにくい）虐待」といわれ，被害児童からの相

表18-2　児童虐待の定義と分類

身体的虐待	身体に外傷が生じ，又は生じるおそれのある暴行を加えること 具体例：殴る，蹴る，叩く，投げ落とす，激しく揺さぶる，やけどを負わせる，溺れさせる，首を絞める，縄などにより一室に拘束する　など
性的虐待	わいせつな行為をすること又は児童をしてわいせつな行為をさせること 具体例：子どもへの性的行為，性的行為を見せる，性器を触る又は触らせる，ポルノグラフィの被写体にする　など
ネグレクト	心身の正常な発達を妨げるような著しい減食又は長時間の放置，保護者としての監護を著しく怠ること 具体例：家に閉じ込める，食事を与えない，ひどく不潔にする，自動車の中に放置する，重い病気になっても病院に連れて行かない　など
心理的虐待	著しい暴言又は著しく拒絶的な対応，児童が同居する家庭における DV，児童に著しい心理的外傷を与える言動を行うこと 具体例：言葉による脅し，無視，きょうだい間での差別的扱い，子どもの目の前で家族に対して暴力をふるう（DV），きょうだいに虐待行為を行う　など

出所：児童虐待防止法および厚生労働省ウェブサイト「児童虐待の定義と現状」より抜粋。

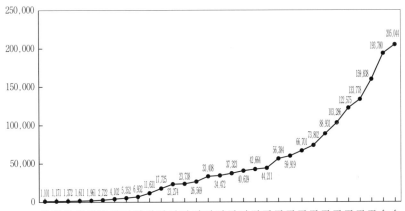

図18-2　児童相談所での児童虐待相談対応件数とその推移

出所：厚生労働省（2021）「令和2年度　児童相談所での児童虐待相談対応件数」（https://www.mhlw.go.jp/content/000863297.pdf　2022年9月8日閲覧）。

表18-3　児童虐待の相談種別対応件数の年次推移

年　度	身体的虐待	保護の怠慢 拒否（ネグレクト）	心理的虐待	性的虐待	総　　数
2016	31,925	25,842	63,186	1,622	122,575
2017	33,223	26,821	72,197	1,537	133,778
2018	40,238	29,479	88,391	1,737	159,838
2019	49,240	33,345	109,118	2,077	193,780
2020	50,035	31,430	121,334	2,245	205,044

出所：厚生労働省（2021）「令和2年度福祉行政報告例の概況——児童虐待の相談種別対応件数の年次推移」（https://www.mhlw.go.jp/toukei/saikin/hw/gyousei/20/index.html　2022年9月8日閲覧）。

談も難しく，表に現れにくいため，この数字は氷山の一角であることを知っておいてほしい。

　また，社会的養護を必要とする児童が入所する施設では，障害等のある児童が増加していることから，障害のある児童が，障害のない児童に比べ虐待のリスクが高いことが指摘されている。実際，児童養護施設に入所する児童の

表18-4　児童虐待相談における主な虐待者別構成割合の年次推移 (単位：件)

年度	総数	実母	構成割合(%)	実父	構成割合(%)	実父以外の父親	構成割合(%)	実母以外の母親	構成割合(%)	その他	構成割合(%)
2016	122,575	59,401	48.5	47,724	38.9	7,629	6.2	739	0.6	7,082	5.8
2017	133,778	62,779	46.9	54,425	40.7	8,175	6.1	754	0.6	7,645	5.7
2018	159,838	75,177	47.0	65,525	41.0	9,274	5.8	797	0.5	9,065	5.7
2019	193,780	92,426	47.7	79,786	41.2	10,473	5.4	839	0.4	10,256	5.3
2020	205,044	97,222	47.4	84,709	41.3	10,817	5.3	892	0.4	11,404	5.6

出所：表18-3と同じ。

36.7%が何らかの障害等があることが示されている。

（2）児童虐待の実態および背景

　児童虐待の実態として，表18-4の虐待者別構成割合について注目してみてほしい。一般に実母からの虐待や実父以外の父親からの虐待が取り沙汰されていることが多いが，増加しているのは，実父だということである。このことが何を意味するのか，一概に説明することは難しいが，共働きによる女性の社会進出に伴った，男性の育児参加による知識や技術不足，都市化・核家族化による家族機能の脆弱化など様々な問題が絡まり合っている。また，2020（令和2）年から続く新型コロナウイルス感染症の影響により，第三者が子どもを見守る機会の減少が懸念されるため，より一層，支援対象児童等の状況を定期的に確認し，必要な支援につなげるとともに，地域の見守り体制の強化を図っていく必要がある。

　相談件数の増加の背景には，先に述べたように国民の児童の権利に関する意識の変化や家族問題の社会化，児童虐待防止法等の改正により，相談窓口の拡大や**児童虐待通告ダイヤルの3桁化**（189），**オレンジリボン運動**の周知など様々な取り組みによるものと考えられる。しかし，虐待の顕在化だけが相談件数の増加につながるわけではなく，児童虐待自体が増加していることも考えられる。というのも今日では，家族機能が脆弱化し，さらには崩壊し，養育力の低下がみられている。さらに複雑な社会ゆえの様々な要因が絡む。たとえば，離婚率の増加に伴うひとり親家庭と低所得からなる貧困の問題，若年出産による未熟な子育てなど，重層的な課題を背景にしている。

（3）児童虐待の子どもへの影響

　児童虐待の子どもへの影響は，心身の多岐にわたり，身体的には，低身長・低体重といわれ発育に影響を及ぼすだけでなく，心身への深い傷つき体験となり，その後の成長に与える被害は極めて大きい。

　たとえば身体症状として，頭痛，腹痛，夜泣き，夜尿，夜驚（夜中に飛び起きて叫び声をあげる），うつ症状，情緒不安定，無気力，無感動，落ち着きのなさ，親への憎悪，人への不信感など，日常生活を送るうえで甚大な被害となる。自己（パーソナリティ）を形成することが困難となり，自尊感情や自己肯定感をもつことが難しく，自己否定により「どうせ，私なんて……」「生まれてこなければよかった」「死にたい」などの自傷行為，自殺企図の感情をもつことも起こり得る。

　また社会性，対人関係においても人との距離感がうまくつかめず，基本的信頼関係が築きにくいといったことになりかねない。アタッチメント障害や不登校，ひきこもり，他児へのいじめ，いじめられ，攻撃的な言動，粗暴な態度などがみられがちである。主たる養育者からの虐待により，不安や恐怖などの感情を癒すための安全基地がなく，行き場を失い，くっつけないでネガティブな感情の回復ができず，さらに虐待を受け常に不安や緊張・恐怖と向き合い防御・防衛することを強いられた生活を送ることとなる。

　また，落ち着きのなさや衝動的な行動，攻撃性などの児童虐待は脳への影響も大きく，杉山は，「第4の発達障害」と表現する。それほどまでに愛着や行動面にも影響を及ぼすことが示唆されている。前述の通り，面前 DV の目撃による心理的虐待の脳への影響だけでなく，身体的虐待であっても性的虐待であっても脳へのダメージが大きいことがわかっている。たとえば，記憶や視覚，感情や思考をつかさどる脳への影響がわかってきている。

（4）児童虐待の発生予防に向けた取り組み

　国連で採択され，日本も1989年に批准している児童の権利に関する条約（子どもの権利条約）には，児童はあらゆる暴力から守られ，一人の人間として尊重される権利が保障されている。国内法では，子ども・家庭の福祉を支える法律として児童福祉法や児童虐待の防止等に関する法律（児童虐待防止法）などにより，子どもの最善の利益，児童虐待の根絶，子どもの権利擁護，発生予防，発生後の対応などが法律等に明記されている。

厚生労働省の『子ども虐待対応の手引き[(3)]』では，次のように示されている。

　　児童虐待は，誰にでも，どこにでも起こりうるという認識をもち，子育て支援サービスを充実させることが重要であり，その中でも特に，**虐待に至るおそれのある要因（リスク要因）**が3つ抽出されている。その要因として，保護者側のリスク要因，子ども側のリスク要因，養育環境のリスク要因がある。保護者側のリスク要因には，妊娠，出産，育児を通して発生するものと，保護者自身の性格や精神疾患等の身体的・精神的に不健康な状態から起因するものがある。また，子ども側のリスクとして考えられることは，乳児期の子ども，未熟児，障害児，何らかの育てにくさを持っている子ども等である。養育環境のリスク要因は，リスキーな家庭環境として考えられるものは，未婚を含む単身家庭，内縁者や同居人がいる家庭，子ども連れの複雑な再婚家庭（ステップ・ファミリー等），夫婦をはじめ人間関係に問題を抱える家庭，転居を繰り返す家庭，親族や地域社会から孤立した家庭，生計者の失業や転職の繰り返し等で経済不安のある家庭，夫婦の不和，配偶者からの暴力等不安定な状況にある家庭である。

　　それらのリスク要因を持ち，養育支援を必要としている家庭であるかどうかを把握し，アセスメントを行い，早期に支援につなげることが大切である。もとより，仮にリスク要因を多く有するからといって，直ちに虐待が発生するものではないが，より多くの機関からリスク要因を有している家庭の情報を収集するよう努め，虐待の発生を予防することが大切である。

　児童虐待への対応は，できる限り早く気づき素早く対応することが，児童にとっても保護者にとっても最善の支援へとつながる（**早期発見・早期対応**）。保育所等や学校に通園・通学している場合は，毎日出会う中で，児童・生徒の小さな変化に気づく目をもっていなければならない。就学前の児童の通う保育所等では，排泄や衣服の着脱，年齢相応の語彙や言動など変化に気づく機会が多い。送迎時の保護者とのコミュニケーションや児童の様子などからも感じ取れる部分は多い。このような日々の関わりから，子育ての不安や子どもの変化に気づいていくことで，早期発見となり，速やかに援助や関係機関と連携することで早期対応ができる。

　具体的な窓口には，各都道府県，政令指定都市に設置された児童相談所を中心とした相談援助等の対応があり，市町村では，地域子ども・子育て支援事業として，様々な家庭のニーズに応じたサポートにより，訪問や相談支援，子育てのリフレッシュ支援，児童養護施設等での子育て短期支援事業（ショートステイ，トワイライトステイ）によるレスパイト支援など，様々な取り組みが行わ

れている。

　保育所等では，園庭開放などの子育て支援を充実させ，未就園児など在宅の児童の子育て支援を行い，家庭養育の見える化と子育て家庭を孤立させないために多彩な内容の子育て支援に努めている。保育者等が子育てサークル活動をサポートし，子育てのアドバイスなどを行い，子どもへの愛情を高めることができるような愛着形成支援なども行われている。このほか，子育て世代包括支援センター（母子健康包括支援センター）では，妊娠期から子育て期にわたるまでの切れ目のない支援を実施しており，連続的かつ包括的な支援により関係機関との連携を図り，子育ての拠点を担っている。

3　DV家庭の児童や被虐待児童とその保護者への支援の課題

（1）DV家庭の児童に対する支援の課題

　DV家庭の支援において，単純に児童を家族と引き離すことが支援，解決策ではない。児童の最善の利益を考え，第一に児童の安全を確保したうえで，気持ちを受容する専門職としての役割が必要となってくる。しかし，家族が加害者であるため心理的なケアは重要であり，離婚などによる二次的な影響とリスクも含んでいる。さらに，被害を受けた側の親の精神的・身体的状態により治療が必要となれば，継続して児童の様子に注視していく必要がある。また，日常的に暴力を目の当たりにしていた場合，トラウマを抱えることや逆に暴力に対して肯定的になり加害側へと移る場合もある。いずれにせよ，面前でのDVを経験した児童に対しては，一人の専門職・一つの機関でかかえるのではなく，多様な専門職の視点で，複数の関係機関（保育・教育，医療，福祉，司法，心理，警察，行政）が連携協働して支援していくことが求められている。

（2）DV家庭の保護者に対する支援の課題

　DV家庭の保護者に対する支援の課題として，一つの機関で解決が困難な場合が多いため，関係機関との調整などの中核を担うコーディネート機能やサポート機能を配偶者暴力相談支援センターが果たす役割が極めて重要である。また，発見や相談で安堵するのではなく，アセスメントし，プランニングへと続けていくソーシャルワークのプロセスを描いた支援により，自立までの総合的支援を行うことが必要となってくる。そのため，担当する婦人相談員などの

職員には高い専門性が求められる。また家庭内でみえにくいため，地域住民への啓発や理解にも努めなければならない。そして，必要に応じて一時保護や施設入所（母子生活支援施設など）など，その後の生活を支えていくこととなる。

（3）虐待被害の児童に対する支援の課題

　児童虐待は4つに分類され，その具体的な被害や影響はそれぞれ異なる。身体的な傷だけでなく，心身や脳への影響は明らかである。友田⁽⁴⁾によると脳の傷は決して治らない傷ばかりではなく，環境や体験，ものの見方や考え方が変わることで脳も変化する。子どもの脳は発達途上であり，可塑性という柔らかさをもっている。そのため，児童への対応は，形骸化されたものでなく，一人ひとりの状況に合わせた対応が必要である。本人の気持ちの整理（言語化）を行ったうえで，虐待を受けた期間や内容によってアセスメントし，支援計画を立てていく。実践者として，児童の被虐待経験を理解し，自尊感情や自己肯定感，他者との関わりの回復に向けた養育者としての関わり，生きる力を育む心の教育を行うことである。トラウマに対する心のケアを行う心理的な治療やカウンセリング，様々な社会資源との調整を行うソーシャルワークなど，地域の関係機関の専門職が慎重に時間をかけて行っていく必要がある。

　虐待等により保護者に監護させることが適当でないとされた児童（要保護児童）は，児童養護施設等への入所となるが，多くの場合は，地域での継続した支援を行う要支援児童となる。家庭というみえにくい空間に介入して支援していくためには，インフォーマルな社会資源とも連携して，地域全体で見守り支え，育てていかなければならない。このような地域での取り組みとしては，昨今全国各地で展開されている「子ども食堂」がその一助として期待され，活躍がめざましい。児童が傷つくことがない未然予防への取り組みを基本に「ひょっとしたら」の気づきが早期発見につながることを意識しておきたい。

（4）虐待する保護者に対する支援の課題

　児童虐待をする保護者を断罪することでは，この問題は解決しない。児童虐待の背景として挙げたようなリスクのある家庭に対しての早期のアプローチ，積極的介入が鍵となる。これまで，「虐待かも……」と気づいても，「家庭の問題だし，よっぽどであれば，だれかが通報するだろう」と考えられていたことも，児童虐待防止法第6条にある通り児童虐待と思われる場合や，疑わしい場

合は通報し，未然予防や早期発見のために地域が子育て家庭を包むきめ細やかなネットとなり，機能していかなければならない。それこそ子育ての社会化，広義の社会的養護である。

　保護者側のリスク要因として挙げられるものに，望まぬ妊娠や若年での妊娠があり，その結果，子育てに意欲がもてないことや，子どもを受容することが困難な場合がある。また，保護者が妊娠，出産前後の時期に精神的に不安定な状況に陥ったり，元来性格が攻撃的・衝動的であったり，医療につながっていない精神障害，知的障害，発達障害等がある場合も考えられる。特に，保護者が精神的に未熟である場合は，育児に対する不安やストレスが蓄積しやすい。

　さらに，児童虐待をする保護者もまた虐待の被害者である場合も多い。このように児童虐待が世代間で連鎖することは，しばしば起こり得るといわれている（**虐待の世代間連鎖**）。そのようなことも含め，保護者を否定すること，養育力を否定することは，適切な支援とはいえず，保護者の気持ちに寄り添い，一緒に子育てをすることで，保護者もまた傷を癒し，適切な子育てへとアップデートしていきたい。専門職の姿をモデルとすることで，保護者の養育力の向上が期待できることもある。

注
(1) 友田明美（2016）「被虐待者の脳科学研究」『児童青年精神医学とその近接領域』57(5)，15頁および17頁。
(2) 杉山登志郎（2007）『子ども虐待という第四の発達障害』学研プラス。
(3) 厚生労働省（2009）『子ども虐待対応の手引き』。
(4) (1)と同じ，22頁。

参考文献
秋田喜代美・馬場耕一郎監修／松井剛太編（2018）『障害児保育』中央法規出版。
木村草太ほか（2018）『子どもの人権をまもるために』晶文社。
厚生労働省（2016）「市町村児童家庭相談援助指針について」。
厚生労働省「児童虐待の定義と現状」(https://www.mhlw.go.jp/stf/seisakunitsuite/bunya/kodomo/kodomo_kosodate/dv/about.html 2019年1月15日閲覧)。
厚生労働省「社会的養育の推進に向けて」(https://www.mhlw.go.jp/content/000833294.pdf 2022年11月3日閲覧)。
立花直樹・波田埜英治編著（2017）『児童家庭福祉論（第2版）』ミネルヴァ書房。

立花直樹・安田誠人・波田埜英治編（2017）『保育実践を深める相談援助・相談支援』晃洋書房。

内閣府男女共同参画局「ドメスティックバイオレンス（DV）とは」（https://www.gender.go.jp/policy/no-violence/e_vaw/dv/indey.html　2022年9月8日閲覧）。

内閣府男女共同参画局（2018）「配偶者からの暴力に関するデータ」（https://www.gender.go.jp/policy/no_violence/e-vaw/data/pdf/dv_data.pdf　2022年9月8日閲覧）。

森田ゆり（2018）『虐待・親にもケアを――生きる力を取り戻す MY TREEプログラム』築地書館。

山下英三郎・石井小夜子編（2006）『子ども虐待――今，学校・地域社会は何ができるか』現代書館。

学習課題

① 子ども虐待防止オレンジリボン運動のウェブサイトを閲覧し，トップ > 全国ネットのお知らせ・活動 >「学生によるオレンジリボン運動」実施報告へと進み，全国の大学，専門学校等が取り組んでいる活動を調べてみよう。

② 近年注目されているペアレント・トレーニングについてインターネットで検索し，その種類や具体的な内容を調べてみよう。

キーワード一覧表

☐ **面前でのDV**　2004年10月の児童虐待防止法の改正により，配偶者間の暴力（面前 DV）が心理的虐待に含まれることが明確化された。　　　　　　249

☐ **マルトリートメント（不適切な養育）**　諸外国では，「マルトリートメント」という概念が一般化している。諸外国における「マルトリートメント」とは，身体的，性的，心理的虐待及びネグレクトであり，日本の児童虐待に相当する。　　　　　　250

☐ **児童虐待通告ダイヤル**　2015年7月1日から，子どもたちや保護者等の SOS の声をいちはやくキャッチするために覚えやすい3桁の189（いちはやく）になった。　　　　　　253

☐ **オレンジリボン運動**　児童虐待防止のシンボルマークとしてオレンジリボンを広めることで，子ども虐待をなくすことを呼びかける市民運動。認定特定非営利活動法人児童虐待防止全国ネットワークが窓口となり，全国的に活動を広げている。全国の大学等で学生によるオレンジリボン運動も行われている。　　　　　　253

☐ **児童虐待に至るおそれのある要因（リスク要因）**　これまで様々な実態調査や

事例検証を通して，虐待に至るおそれのある要因（リスク要因）が抽出されている。保育士などの支援者はそれらのリスク要因を知り，児童虐待の発生を未然に防ぐよう努めることが大切である。　　　　　　　　　　　　　255

□　**早期発見・早期対応**　児童虐待は，子どもたちの成長を妨げ，子どもの権利を侵害することとなる。児童虐待を発見した場合は，すべての人に通告する義務が定められており，保育士などの支援者は児童虐待を発見しやすい立場にあるため，早期発見に努める責任が課せられている。そして通告をためらわない早期対応が，子どもの心身の傷つきを最小限にとどめることにつながる。　　　　　　　　　　　　　　　　　　　　　　　　　255

□　**児童の最善の利益**　1989年に制定された児童の権利に関する条約第3条が規定する子どもの権利であり，子どもにとっての安全，安心，幸福を保障することである。　　　　　　　　　　　　　　　　　　　　　　　　　256

□　**虐待の世代間連鎖**　虐待する保護者には，多岐にわたる背景が見られるが，その一つとして，保護者自身が子どものころに児童虐待を受けた被害者であり，自らも加害側に陥るという世代間連鎖がみられる。　　　　　　258

コラム　児童虐待の発生を予防するために

　本文でも述べましたが，児童虐待に至るおそれのある要因（リスク要因）が厚生労働省『子ども虐待対応の手引き』の中で，3つ抽出されています。筆者は学生時代，その要因の一つに子ども側のリスク要因があることを知り，衝撃を受けました。児童虐待は，養育者側に何らかの課題があると考えていたからです。子ども側のリスク要因の中に，未熟児，障害児，何らかの育てにくさをもっている子どもが含まれています。

　わが子の障害を受容することは，決して容易なことではありません。母親は，お腹の中で大切に育んできた命を，苦痛や不安を乗り越え出産し，安堵と幸福感を抱き子どもと対面します。そのとき，わが子に障害があると伝えられたら，保護者はどのような気持ちになるでしょう。

　また，誕生と同時に発見される障害だけではなく，成長とともに発見されることもあります。それらは，健康診査や集団生活の場（保育施設や学校など）で発見されることがあります。障害のある子どもの保護者は，疑念・混乱，ショックなど様々な感情が入り交じり，自責や今後への不安，時には絶望を感じることもあります。専門職を目指す皆さんが，そのような場面に出会うことも多くあります。そこで，たとえば，同じように障害のある子どもの子育てをする保護者の当事者サークルを専門機関で醸成することや地域のどこでサークルが活動しているかを把握することも地域の子育て支援機能の一つです。保育所等や学校などでは，日々子どもと顔を合わせる中で，保護者と信頼関係を築き，寄り添うことで，保護者への精神的支援を実践することが可能です。また，保護者の心構えや早期の気づきにより，早期からの子どもへの支援につながります。障害のある子どもの保護者は，常に不安な状況にあると考えられます。障害を受け入れられない・受け入れたくないなどの感情が交錯していることもあります。保護者が変わるためには，時間をかけて，保護者の心を解きほぐし，保護者の気持ちを安心させる言葉をかけ，心の処方箋を出すことができる専門職が必要です。

　そうすることで，障害が理由で児童の権利を侵害されることがない社会へと進んでいくことを望みます。これまで難しいとされてきた保護者支援により，児童虐待で傷つく子どもがいなくなり，保護者も子どもも人間として尊重され，人権を保障され，明るい社会の実現に向けて一人ひとりが生きる力を磨いてほしいと願います。

参考文献：秋田喜代美・馬場耕一郎監修／松井剛太編（2018）『障害児保育』中央法規出版。

第19章

不登校の児童やいじめ被害者の
児童に対する理解と支援

　本章では，不登校の児童やいじめ被害者の児童に対する理解と支援について，主に発達障害の児童生徒に焦点を当てて考えていく。不登校やいじめの背景要因は様々であるが，発達障害が関連することがあり，改善には発達特性への理解と教育的な配慮，心理支援等の包括的な支援が必要である。障害特性と環境との不適応要因を検討し早期から環境調整を行うこと，日頃から福祉的な視点で集団づくりを行う予防的観点をもつこと，一人で抱え込まずにチーム援助ができる組織づくりを意識しておくことなどが対応のポイントとなる。不登校やいじめという保育教育現場の現状を理解し，具体的な支援を展開するイメージをもちながら学んでほしい。

1　障害と不登校の関係

（1）不登校の現状および障害との関係
　不登校は，病気や経済的理由によってではなく登校しない，したくてもできない状態で欠席が続く状態のことをいう。2021（令和3）年の調査結果によると，国公立私立小中学校における不登校生徒数は約24万4000人，うち小学生は8万1000人と5年間前より約2.3倍に増加，中学生も16万3000人で1.4倍に増加している（図19-1）。不登校児童生徒が増加している背景として，無理に登校せず休養してもいいという意識の浸透や，コロナ禍による生活変化の影響，学校生活の継続的な制限で登校意欲がわきにくい状況などが指摘されている。

　不登校になる背景の一つに，発達障害の特性がある。不登校をきっかけに医療機関を受診し発達障害の診断がつく児童生徒も多く，頭痛や腹痛，その他何らかの身体の不定愁訴を訴え学校に行けず受診した小中学生の約半数に発達障害を認めた報告もある。発達障害は集団という環境（学校）がストレスになり

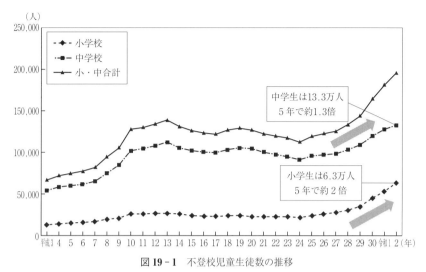

図 19 - 1　不登校児童生徒数の推移

出所：文部科学省（2021）「令和3年度児童生徒の問題行動・不登校等生徒指導上の諸問題に関する調査結果の概要」より筆者作成。

やすく，不適応状態に陥りやすい。そのため障害特性がどのような不適応を引き起こすのかを知っておくことは必要である。たとえば注意欠如／多動症（ADHD）の多動や衝動性は，学校での聞き落としや勘違いを起こし，失敗体験や叱責経験につながりやすい。こだわりやコミュニケーションの困難さを示す自閉スペクトラム症（ASD）は，ルールへの固執や空気の読めなさが友達からの孤立を招きやすい。また，感覚過敏による「教室のざわざわした音」等への苦痛は，個人の努力では対応が困難なことである。さらに過去の出来事が現在の意識に割り込んでしまうタイムスリップ現象が生じると，ストレスフルな体験が記憶に繰り返しよみがえるフラッシュバックのような再体験を引き起こしやすく，日常生活に制限をきたす。読み書きなど学習上の困難さをもつ限局性学習症（LD）は，学習以外の問題が見られないことから理解に乏しい保育者や教員から「好きなことにしか取り組まない子」と誤解されやすい。これら学習の挫折は登校を遠ざける要因になる。どの特性も環境との不和により生じ，子どもにとって苦痛な状況が一定期間続くと，不登校の引き金になると考えられる。

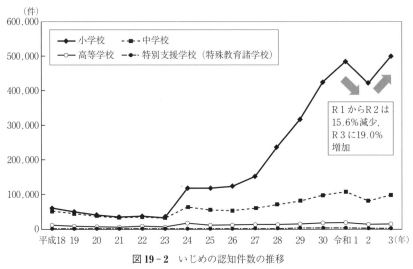

図19-2　いじめの認知件数の推移

出所：文部科学省（2021）「令和3年度児童生徒の問題行動・不登校等生徒指導上の諸問題に関する調査結果の概要」より筆者作成。

（2）いじめの現状および障害との関係

　2021（令和3）年の国公立私立小中学校および特別支援学校におけるいじめの認知件数は約61万5000件で，前年度調査の約51万7000件より19.0％増加している（図19-2）。前年度調査では15.6％の減少がみられたものの，再び増加傾向を示した。要因としては，コロナ禍における活動や学校行事の制限や再開による子ども同士の接触機会の増減が影響していると指摘されている[5]。

　いじめは小学校高学年から増加し，中学生でピークを迎え，高校生で減少傾向となる[6]。いわゆる思春期に多い理由は，医学的観点から説明できる。思春期は性ホルモンの増加に従い，身体的成長とともに攻撃性も高くなる時期である。しかし，衝動コントロールを行う大脳の前頭前野は未熟であるため言葉や態度による他者への攻撃性が抑制されにくく，いじめにつながりやすいと考えられる。一方で，この時期の発達課題である「**ギャング・グループ**（gang-group）」や「**チャム・グループ**（chum-group）」と呼ばれる「同じであること」に安心する仲間集団の形成もいじめと関係する。「自分と同じ」仲間を求める傾向が「自分とは違う」発達障害を排除することにつながるのである。森田は「いじめは関係性の病理」と説明しているが[7]，社会性・コミュニケーションなどに困

難さをもつ発達障害児が集団の空気感を読めずにいじめられるリスクは高い。たとえば ADHD は，ストレスがかかると突然暴力的になることで友達から避けられる確率が高くなる。高機能 ASD は，場面や状況を問わず一方的に話すことや独特のこだわりが周囲に理解されにくく，突然の予測できない行動に対して距離を置かれてしまう[8]。このように，障害特性からくる様々な行動が，同世代の「自分と同じ」を求める集団にとっては異質となり，からかいやいじめの対象になることが多く，そのことが不登校の引き金になる。

　一方で，発達障害はいじめ被害者としてだけではなく意図せず加害者になるリスクがある。男女とも ADHD 傾向の高さが衝動的な攻撃行動となり，他人を叩く，口で攻撃する等のいじめ加害者になる可能性が高いこと，そしてASD 傾向のある女子は，他者に厳しい言葉を投げかけてしまい，それがいじめと認識されやすいことが明らかにされている[9]。

2　障害と不登校・いじめに対する配慮と援助

（1）予防的教育

　不登校やいじめは，日頃の予防教育が重要である。人権教育（誰もが楽しく安全に学校生活を送ることができる権利を学ぶこと）により，被害者・加害者・**傍観者**を出さない集団づくりを行い，法教育（法やルールの背景にある価値観などを学ぶこと）による安心安全な集団づくりを目指す取り組みである。近年，いじめを見逃さない教室の空気を生むことの大切さが認識され，傍観者への介入が研究されている。たとえば海外ではノルウェーの「**オルヴェウスいじめ予防プログラム**」，フィンランドの「**キヴァ・プログラム**」などの予防教育プログラムが成果をあげている。また，教職員レベルへの教育も重要である。保育・教育現場で保育者・教育者に発達障害への理解があるか否かは，子どもたちの生活の質に直結する。低年齢であればあるほど「先生との関係性」が大切である。保育者・教育者が障害をもつ子どもにあたたかなまなざしを向け，特性に合った具体的な支援を行うことができるスキルを研鑽し続けることが必要である。

（2）事後的対応

　不登校は，早期発見と早期対応が基本である。発達障害の不登校では，定型発達の児童生徒が不安や神経症的な症状から不登校になった場合の「子どもを

信じ，見守る」という対応では改善につながらないことが多い。その子のもつ⁽¹⁰⁾
困難さを早期に発見し，学校場面におけるつまずきに対応することが優先される。特性に合った環境調整を優先し，無理に教室登校にこだわらず別室登校なども考える必要がある。これらの過程において保護者との連携も必須である。不登校の背景には複雑な家庭事情が隠されていることもあり，対象児童生徒のための情報共有にとどまらず，保護者が置かれている事情にも配慮し，時には**スクールカウンセラー**（SC：School Counselor）につなぐなどして，保護者を精神的に支えるシステムづくりが必要になる場合もある。

　いじめへの対応は，「いじめ防止対策推進法」（2013年）において指針が示されている（第23条）。いじめを認知した場合，まず学校に報告しなければならない。学校側は速やかに事実確認を行い，いじめが確認された場合は心理や福祉の専門家の協力を得ながら，いじめ被害者とその保護者に対して支援を行い，いじめ加害者への指導とその保護者への助言を行わなければならない。いじめ被害者を「守り通す」という姿勢をもち，対象児童と信頼関係を築きながら対応にあたることが大切である。加藤は，相談を受ける立場の心得として，「あ⁽¹¹⁾なたにも悪いところがあるのではないか」という投げかけは心を閉ざさせてしまう，「あなたが気にしなければいい」は絶望を感じさせる，「あなたがもっと強くなればいい」という無責任な励ましは自己肯定感を低め自暴自棄にさせる，とまとめている。さらに，障害に応じた対応も必要である。たとえば高機能ASD の児童生徒は，自分と他者の認識にずれが生じがちである。彼らが「いじめだ」と感じている事実と周囲の認識に差が生じた結果，いじめと認定できにくい場合もあろう。その場合も，彼らの訴えを「そのように認識しているのだ」と理解しながら，対人関係の未熟さや読み取り違いに対する修正的なアプローチを行うと同時に，周囲の児童生徒に対しても障害特性を説明するという介入が必要になる。スクールカウンセラーや**スクールソーシャルワーカー**（SSW：School Social Worker）と連携し，担任が一人で抱え込むのではなく学校全体がチームとなり全力で対応していこうとする組織づくりは日頃から必要である。

（3）保育・福祉・教育の各分野からの連携

　ここまで見てきたように，発達障害をもつ子どもが不登校やいじめの対象になるリスクは高い。一般的に小学校への進級は，日々の生活や遊びを通して成

長を促す保育園・幼稚園の環境から，勉強という教育面が強調される環境への大きな変化であり，発達障害児でなくても戸惑うことが多い。環境調整が必要な発達障害児には，より重点を置いた支援が必要であり，就学前から保護者や保育園・幼稚園・医療機関・福祉施設・行政といった関係機関が調整を行い，支援計画を共有する等の切れ目のない支援を行うためのネットワークを作っておくことが有効である。

3　児童期の社会資源

　本節では，児童期（乳幼児期，学童期，生徒期）の支援に活用できる社会資源（制度・施設・サービス）について解説する。

・**教育相談所・教育支援センター**…教育相談所は，幼児から高校生までの友人関係，いじめ，家族関係，学校生活，不登校の悩みや不安，発達障害，家庭内暴力など，幅広い相談を受け付けている公的機関である。必要に応じて継続的な面接やプレイセラピー，心理検査などを行っている。また，不登校の子どもたちを支援するための学校外施設である「教育支援センター（適応指導教室）」が設置されている。

・**フリースクール**…フリースクールは，学校外の居場所として機能している民間団体である。障害児童生徒に限定して受け入れているわけではないが，不登校対応には一定の成果をあげている団体もある。学校外での学びであるが，一定の要件を満たす場合，出席扱いと認める制度がある。

・**通信制高校**…学校教育法に定められた「高等学校」である。不登校やいじめにより通学が困難になった場合の選択肢である。毎日の登校を課されず，レポートやスクーリングによって単位を取得していく形式の学校であり，全日制高校や定時制高校とは異なり集団凝集性も低く，個人のライフスタイルにあわせて学習計画を立てることができるメリットがある。集団適応にストレスがかかる特性をもつ児童生徒にとっては活用できやすい社会資源の一つである。

・**サポート校**…通信制高校に通う生徒に対して，3年間で卒業できるように生徒の生活や単位取得のための勉強，精神面の支援を行う施設である。通信制高校に在籍していることが条件であり，予備校や学習塾・専門学校など教育関係の学校法人が運営主体であることが多い。自由度が高い通信制高校では単位取得のモチベーションを維持することが困難なため，サポート校を活用すること

で生活リズムを整え，自分に必要な支援を受けることで高卒資格の取得を目指すことができる。

• **不登校特別校**…教育課程の基準によらず，特別の教育課程を編成して（総授業時間数や授業内容を削減等），少人数指導性や習熟度別指導，個々の児童生徒の実態に応じた柔軟な支援を提供する学校である。他の生徒との交流を通した学習を行い，学習意欲や自己肯定感を高めることを目指している。夜間学級を併設する学校もあり，2022（令和4）年4月現在，全国で21か所開校されている。

4　問題解決と支援，関係機関・専門職との連携

　就学前の子育て全般，保育園における対応の相談は，各市町村の福祉課（子育て支援課）が担う。教育委員会は都道府県および市町村等に置かれており，知事や市町村長から独立した組織となっている。学校設置や教員人事，教員研修などの業務とともに相談窓口が設定され，教育に関わる相談ができる。いじめや体罰，不登校，転校など，児童生徒本人はもちろん保護者や教職員も相談可能である。いじめや虐待等については，従来から教員が教育委員会と連携して対応している。

　スクールカウンセラーは，「心の専門家」として児童生徒がかかえる問題への対応のため各学校に配置・派遣されている。スクールソーシャルワーカーは，「福祉の専門家」として，児童生徒の問題行動の背景にある複雑に絡み合った環境への働きかけを行う。スクールカウンセラーもスクールソーシャルワーカーも，学級担任等と定期的に児童生徒に関する情報共有を行い共に解決にあたる専門家である。スクールロイヤーは学校で起こるトラブルについて法的な立場から学校に助言する弁護士をいう。虐待やいじめ，学校への過剰な要求や学校事故などに対して，深刻化する手前でスクールロイヤーから法的な助言を受けることで適切な対応につながると考えられている。いずれも，文部科学省の提言する「チーム学校」の専門家メンバーに含まれている。

　発達障害，精神的な疾患などの理由による不登校が疑われる場合や，いじめ被害のための心のケアが必要な場合は，保護者に了承を得たうえで外部の医療機関（小児精神科や心療内科）や相談機関（カウンセリング）と連携して学校での対応を検討することが有効である。

　警察はいじめ案件については，学校や被害児童，保護者の要請を尊重した対

応をとる。各都道府県警察の少年相談活動で「いじめ110番」などの相談窓口を設置している。児童相談所では，いじめの問題の背景に児童の非行や家庭問題がある場合は，学校からの相談に適切に協力していく。いじめの事実関係の把握は学校が行い，その後の育成相談・非行相談を児童相談所が行うこととされている。法務局によるいじめ対応は，主に学校での人権教室の開催である。また，人権擁護委員や法務局職員が子どもや保護者からの相談に応じる人権相談等がある。

注
(1)　文部科学省（2021）「令和 3 年度児童生徒の問題行動・不登校等生徒指導上の諸課題に関する調査結果の概要」。
(2)　杉山登志郎（2005）「アスペルガー症候群の現在」『そだちの科学』5，9〜21頁。
(3)　金原洋治（2007）「不登校事例の背景にどのくらい発達障害が関与しているか——発達頻度と対応について」『日小医会報』33，115〜118頁。
(4)　杉山登志郎（1994）「自閉症児に見られる特異な記憶想起現象——自閉症の time slip 現象」『精神神経学雑誌』96，281〜297頁。
(5)　(1)と同じ。
(6)　文部科学省（2013）「いじめ防止対策推進法の公布について（通知）」（平成25年文科初第430号）。
(7)　森田洋司（2010）『いじめとは何か——教室の問題，社会の問題』中央公論新社。
(8)　石崎優子（2017）「子どもの心身症・不登校・集団不適応と背景にある発達障害特性」『心身医学』57，39〜43頁。
(9)　田中善大・伊藤大幸・村山恭朗・野田航・中嶋俊思・浜田恵・片桐正敏・高柳伸哉・辻井正次（2015）「保育所・小中学校における ASD 傾向及び ADHD 傾向といじめ被害及び加害との関連」『発達心理学研究』26(4)，332〜343頁。
(10)　(2)と同じ。
(11)　加藤晃子（2021）「いじめ被害者への支援——思春期の子どもたちへの相談活動を中心に」『保健の科学』63(9)，602〜606頁。

学習課題
①　発達障害の子どもが不登校・いじめの対象になる理由を考えてみよう。
②　発達障害の子どもの不登校・いじめを予防するための集団づくりをあなたならどのように実践するのか，具体的に考えてみよう。

キーワード一覧表

- [ ] **不登校**　心理的，情緒的，身体的あるいは社会的要因・背景により，登校しないあるいはしたくともできない状況にあるために年間30日以上欠席した者のうち，病気や経済的な理由による者を除いた者をいう。　262
- [ ] **いじめ**　心理的または物理的な影響を与える行為（インターネットも含む）であって，当該行為の対象となった児童生徒が心身の苦痛を感じているものを指す。　264
- [ ] **ギャング・グループ**　児童期後半（小学校中～高学年）に形成される，同性同年齢で構成される排他性・閉鎖性が高いグループのこと。　264
- [ ] **チャム・グループ**　前思春期（中学生頃）の同性同年齢で構成される排他性・閉鎖性が高いグループのこと。　264
- [ ] **傍観者**　いじめ集団は「被害者」「加害者」「観衆」「傍観者」の四層構造をもつ。防止には「傍観者」の中から勇気をもって告発する「仲裁者」や「相談者」が現れるか否かがポイントとなるとされている。　265
- [ ] **オルヴェウスいじめ予防プログラム**　大人がいじめを毅然として許さず，非身体的で敵意のない懲罰を一貫して与える基本理念のもと，学校・学級・個人・地域社会レベルのプログラムがある。　265
- [ ] **キヴァ・プログラム**　いじめ目撃者（傍観者）がとる対応を重視し，仲間集団内の人間関係の変化に着目している。授業形式とゲーム形式でプログラムが組み立てられている。　265
- [ ] **スクールカウンセラー**　学校に配属され，児童生徒や保護者，教員の相談にのる心理職のこと。教職員への研修，事件・事故等の緊急対応時の被害児童生徒の心のケアなども行う。　266
- [ ] **スクールソーシャルワーカー**　児童生徒が置かれた環境にはたらきかけ，関係機関等とのネットワークを構築し，コーディネートしていく役割を担う。　266

コラム　2 E （トゥーイー）の児童生徒と不登校問題

　従来から主に心の問題として捉えられてきた不登校であるが，様々な研究結果から発達障害特性が不登校の要因の一つとして認識されるようになってきた。さらに近年，発達障害特性と特異な才能を併せ持った児童生徒（2E：twice-exceptional）の存在と不登校との関連が知られるようになってきた。

　2E は，たとえば文字の読み書きが困難であったとしても語彙力や文章理解力があるため周囲から気づかれない，こだわりが強く些細な物事に対して癇癪を起こし対人関係のトラブルが絶えないが IQ が非常に高いなど，発達障害特性と何らかの高い才能を併せ持つ子どもたちのことを指す。彼らはその特性から社会性や認知，学習などの面で様々な困難を伴う結果，学校不適応を起こし不登校に陥ることが多い。また，現在の発達障害の療育は知的障害の延長として行われていることが多いために，知的に高い 2E の中には発達障害の診断を受けることにも抵抗を示す保護者も多く，早期の療育につながりにくい傾向にある。日本では 2E は，「ギフテッド（Gifted）」と呼ばれる先天的に特定分野に高い才能をもつ人々を指す用語とともに知られるようになった。ギフテッドは，知性・創造性・特定の学問・芸術性・運動能力・リーダーシップの 6 つの分野において特異な才能を示す子どもをいう。日本では，文部科学省が「特定分野に特異な才能のある児童生徒」とし，IQ（知能指数）の基準を設けず，英才教育とは別の位置づけをしている。

　宮尾は 2E の児童生徒が学童初期から中期に不登校になり，病院受診に至っていることを指摘し，彼らに高機能 ASD や高機能 ADHD など発達障害の診断をつけ知的な能力が高い子どもたちであるとして治療を行っている。基本的には医学治療の枠組みから二次障害であるトラウマ治療，薬物療法，ソーシャルスキルトレーニングなどを行いつつ，本人の突出した「できる部分」を認め自尊心を傷つけないアプローチにより彼らの回復を待ち社会復帰のチャンスを広げてきたという。不登校という二次障害を生じさせない予防策として，教育現場での特別な配慮が必要であり，日本では2023（令和 5 ）年度に効果的な指導法や支援策をまとめる方針が出ている。

　参考文献：文部科学省（2022）「特定分野に特異な才能のある児童生徒に対する学校における指導・支援の在り方等に関する有識者会議審議のまとめ～多様性を認め合う個別最適な学びと協働的な学びの一体的な充実の一環として～」（令和 4 年 9 月26日）。宮尾益知（2019）「発達障害と不登校──社会からの支援がない子どもたち　2Eの観点から」『リハビリテーション医学』56(6)，455～462頁。

第 20 章

非行児童に対する理解と支援

　本章では，非行児童と障害の関連について触れる。障害と非行は直接的に関係するものではなく，障害が原因となり非行を行うという考え方は正しいものではない。しかし，非行児童の中には，周囲が本人の障害に気づかなかったために適切な支援や指導を受けられず，疎外感や孤独を感じ，その結果として非行行為につながったということも見受けられる。ここでは，非行児童の実態，非行支援機関や支援体制などについて述べる。

1　非行児童の実態

（1）非行の定義

　「子ども」に関する用語の定義は法律によって様々である（表20‐1）。児童福祉領域に関する法律である児童福祉法においては，「児童」は「満18歳に満たない者」（第4条）と定義されている。一方，学校教育に関する法律である学校教育法では，「児童」というと初等教育を受けている者，つまり小学校課程（特別支援学校も含む）に在籍する者を指す。中学校や高等学校に在籍する者，中等教育を受けている者については「生徒」とされている。未成年の犯罪行為に関する法律として少年法がある。少年法では，人格形成の途中である未成年は成人とは異なり，適切な教育を受けることで更生する可能性が高いことから矯正教育を行うという考え方である。少年法では，これまで満20歳未満が「少年」とされていたが，民法の改正により成人年齢が18歳になったことをうけ，少年法も2021（令和3）年に改正された。その中では，これまで通り20歳未満のものを「少年」として扱うものの，特に18歳と19歳の少年は「特定少年」として位置づけ，17歳未満の少年とは区別して考えるものとなった。このように，法律によってその名称や対象年齢は微妙に異なっている。

表 20 - 1　法律ごとの「子ども」の定義について

児童福祉法	「児童」…満18歳に満たない者
学校教育法	「児童」…初等教育を受けている者 「生徒」…中学校や高等学校に在籍する者
少年法	「少年」…満20歳未満の者 ※2022年施行の改正少年法から18歳と19歳は「特定少年」とされる

出所：それぞれの法律をもとに筆者作成。

表 20 - 2　少年法における非行少年の 3 つの定義

犯罪少年	14歳以上で罪を犯した少年
触法少年	14歳未満で刑罰法令に触れる行為をした少年
ぐ犯少年	・性格や養育環境に照らして将来罪を犯したり，刑罰法令に触れる行為をするおそれがある少年 ※2022年施行の改正少年法より18歳と19歳の「特定少年」は「ぐ犯少年」の規定は適性されなくなった

出所：それぞれの法律をもとに筆者作成。

　少年法では，非行児童をその状況によって 3 つに区別し定義している（表20 - 2）。まず，14歳以上で罪を犯した少年については「犯罪少年」，14歳未満で刑罰法令に触れる行為をした少年は「触法少年」，性格や養育環境に照らして将来罪を犯したり，刑罰法令に触れたりする行為をするおそれがあると認められる少年については「ぐ犯少年」としている。2022（令和 4）年施行の改正少年法からは，18歳と19歳の「特定少年」には「ぐ犯少年」の規定は適用されなくなった。犯罪少年のうち，刑法犯で警察に検挙された14歳以上20歳未満の少年については刑法犯少年とされる。なお，14歳未満の少年については刑事責任を問わないことが定められている。ほかに非行児童には該当しないものの，飲酒，喫煙，深夜徘徊，そのほか自己または他人の徳性を害する行為をした少年については不良行為少年という。
　2018（平成30）年の警察庁統計[1]によると，検挙された者のうち刑法犯少年は 2 万3489名（2008年には 9 万966名，2013年には 5 万6469名で，その数は徐々に減少している），年齢別の内訳としては中学生が4635名，高校生が9166名，大学生が1362名，その他学生が755名，有職少年が4607名，無職少年が2964名と若年層の割合が多いことがうかがえる。触法少年の数は6969名である。2008（平成20）年には 1 万7568名，2013（平成25）年には 1 万2592名とその数は減少している。

年齢別にみると未就学児が11名，小学生が3578名，中学生が3380名となっている。ぐ犯少年は1150名であり，その数は2008（平成20）年以降微増減を繰り返している。このように，全体としては少年犯罪の数は減少しているものの，近年では振り込め詐欺による補導数や検挙数の増加，性犯罪の低年齢化などがみられる。[2]

（2）相談援助機関について

　ここからは，非行についての相談援助機関や処遇までの過程について述べる。

　非行は家庭，学校，地域のそれぞれが抱えている問題が複雑に絡み合い起こっていることから，それらが一体となった非行防止と立ち直り支援の推進が試みられている。内閣府の『子供・若者白書』[3]では以下のように示されている。

- 「サポートチーム」（内閣府，警察庁，法務省，文部科学省）…学校，警察，児童相談所，保護観察所といった関係機関がチームを構成し，適切な役割分担のもとに連携して対処するものである。関係機関は，日常的なネットワークの構築などを通じて，「サポートチーム」の編成やその活動において緊密な連携を図っている。警察庁と文部科学省は，サポートチームの効果的な運用を図るため，管区警察局との共催により問題行動に対する連携ブロック協議会を開催し，緊密な連携を図っている。

- 学校と警察の連携（警察庁，文部科学省）…子どもの非行や校内暴力を防止するためには，学校と警察が密接に連携する必要がある。このため，警察署の管轄区域，市町村の区域等を単位に，すべての都道府県で学校警察連絡協議会が設置されている。2017（平成29）年4月現在，全国の小中学校，高等学校の約98％の参加を得て，約2300組織の学校警察連絡協議会が設置されている。また，非行防止や健全育成を図るため，都道府県警察と都道府県教育委員会などとの間で締結した協定や申し合わせに基づき，非行少年，不良行為少年，その他の健全育成上問題を有する子どもに関する情報を警察・学校間で通知する「学校・警察連絡制度」が各地で構築されている。

- スクールサポーター（警察庁）…警察は，退職した警察官などをスクールサポーターとして警察署などに配置し，学校からの要請に応じて派遣するなどしている。スクールサポーターは「警察と学校の橋渡し役」として，学校における子どもの問題行動への対応や，巡回活動，相談活動，安全確保に関する助言を行っている。2017（平成29）年4月現在，44都道府県に約860人が配置されて

いる。

- **更生保護サポートセンター（法務省）** …処遇活動，犯罪予防活動をはじめとする更生保護の諸活動を一層促進するための拠点である「更生保護サポートセンター」が，2017（平成29）年度現在，全国に計501か所設置されている。保護司が駐在し，教育委員会や学校，児童相談所，福祉事務所，社会福祉協議会，警察，ハローワークといった様々な関係機関・団体と協力し，保護観察を受けている人の立ち直り支援や，非行防止セミナー，住民からの非行相談等を行っている。
- **法務少年支援センター（法務省）** …少年鑑別所は，「法務少年支援センター」として，非行・犯罪に関する問題や，思春期の少年たちの行動理解等に関する知識・ノウハウを活用して，少年や保護者などの個人からの相談に応じて情報の提供・助言等を行っているほか，地域における非行・犯罪の防止に関する活動や，健全育成に関する活動の支援を行っている。

（3）処遇までの過程について

　少年事件の発生後，警察官や検察官などから裁判所に事件の内容が送られる。その後，調査や審判を経て，家庭裁判所は非行を犯した少年を改善・更生させることを目的として処分を行う。その具体的なものとしては，保護処分決定，検察官送致，不処分などが挙げられる。保護処分決定には，保護観察官や保護司などの指導・監督を受け，家庭などで生活しながら更生できると判断された場合は「保護観察」，家庭等での生活では更生が難しく再び非行を犯すおそれが強いと判断された場合には「少年院送致」，開放的な施設での生活指導が適切と認められた場合には「児童自立支援施設送致」となる。児童自立支援施設は，児童福祉施設の一つであり18歳未満の児童が対象となるため，比較的低年齢の少年が対象となることが多い。家庭裁判所の教育的な措置によって，少年の更生が見込めると思われる場合には，不処分となる場合もある。少年院は，少年の健全な育成を図ることを目的とした矯正教育や社会復帰支援等を行う法務省所管の施設である。

　法務省ウェブサイトによると，少年院ではおおむね12〜20歳までの少年を収容している。在院者の処遇の段階は，3級，2級，1級の3つに区分されており，それぞれの段階に応じた教育目標や教育内容が設定されている。少年院における矯正教育の内容は，生活指導，職業指導，教科指導，体育指導および特

表 20-3　少年院における矯正教育の内容

生活指導：善良な社会人として自立した生活を営むための知識・生活態度の習得
職業指導：勤労意欲の喚起，職業上有用な知識・技能の習得
教科指導：基礎学力の向上，義務教育，高校卒業程度認定試験受験指導
体育指導：基礎体力の向上
特別活動指導：社会貢献活動，野外活動，音楽の実施

出所：法務省「少年院」(https://www.moj.go.jp/kyousei1/kyousei_kyouse04.html　2018年1月10日閲覧)。

別活動指導からなり（表20-3），必要性や施設の立地条件等に応じた特色のある様々な教育活動が行われている。また在院中だけでなく，その後の円滑な社会復帰を図ることを目指し，様々な関係機関と連携を図りながら，在院者の帰住先や就労先を確保するなど社会復帰支援にも力を入れている。

　少年刑務所は，少年とつく名称であるものの26歳未満の受刑者を収容する刑務所であり，全国で7か所ある。前出の少年院は，保護処分の一つである少年院送致によって少年に対して教育を行う施設で，刑を執行する刑務所とは性質が異なっている。受刑者の中には，義務教育を修了していない者や，たとえ修了していても学力が不十分な者が少なくない。そのような受刑者には小中学校の教科の内容に準ずる指導を行っている。学力向上を図ることが円滑な社会復帰に役立つと認められる場合には，高等学校または大学に応じた指導を行うこともある。

　少年鑑別所は，2015（平成27）年施行の少年鑑別所法に基づき業務を行う施設で，各都道府県庁所在地など全国で52か所に設置されている。少年院とは異なり少年を教育する施設ではなく，生活態度などについて助言や指導を行う場所である。法務省ウェブサイトによると，少年鑑別所は，①家庭裁判所等の求めに応じ鑑別を行うこと，②観護の措置の決定が執られて収容している者等に対して観護処遇を行うこと，③地域社会における非行および犯罪の防止に関する援助を行うことを目的とする法務省所管の施設である。在所者は，落ち着いた気持ちで審判を受けることができるよう，規則正しい生活を送り，少年鑑別所は健全な社会生活を営むために必要な基本的な生活習慣等に関する助言・指導を行っている。また，健全な社会生活を営むための知識および能力を向上させることができるような学習支援や読書や講話の時間，季節の行事等の機会を設定している。

2　障害と非行の関係

（1）発達障害と非行

　何らかの非行行為をなし少年院や児童自立支援施設に入所している子どもの中には，発達障害のある子どもが含まれることが指摘されている。[4][5]この点を論ずる前に，必ず理解しておかねばならないことは，非行・犯罪と障害には直接的な関係は認められないという点である。たとえ障害があっても，非行や犯罪とは無縁の人生を歩むものの方が一般的である。非行や犯罪につながる場合，それは障害から起こるものではなく，障害に対する周囲の理解や適切な支援が得られないことなどから生起する場合があるというものである。障害のある子どもの中には，障害特性から起こる社会の中での生きづらさがあったり，幼少期からの育てにくさから保護者より不適切な養育を受けたりすることがあり，そのことが反社会的な行動につながっていく可能性が潜んでいることに配慮しなければならない。

　内藤・高橋による全国の少年院の職員に対する調査結果では，[6]「認知・理解力の困難」を挙げたものが20.2％，「不注意・注意転導」が9.6％，「不器用さ・身体の動きにくさ」が8.6％であったことを報告している。「認知・理解力の困難」の項目においては，「言葉で説明をすることが苦手である」「言語理解が低い，語彙力が乏しい，指導や指示を理解できない」といった内容が挙げられた。「不注意・注意転導」の項目では，「落ち着きがない」「集中力が続かない」などが挙げられた。また「不器用さ・身体の動きにくさ」の項目では，対人関係面では問題がなく，一見「発達障害等の調査該当者ではない」と捉えられがちな少年の中に，身体の不器用さをかかえている少年が少なからずいることが明らかにされた。具体的には「手と足をうまく動かせない，音楽やリズムに合わせて行進等ができない」などである。また「力加減ができない」ことから起こるトラブル（他者を叩いてしまうなど），「洋服がうまく着替えられない」など身辺自立の困難さをかかえている者がいることが報告されている。

　児童自立支援施設における発達障害の疑いのある児童の割合について，龍田らは39.4％であったことを報告している。[7]厚生労働省によると児童自立支援施設に在籍するもののうち47％には，[8]発達障害・行動障害等があるとし，特別なケアを必要とするケースが増加していることを報告している。田中は，[9]児童自

立支援施設や児童養護施設を何度も訪れ，子どもたちや職員と話をする中で，そこで過ごす子どもたちの生きにくさへの気づきがあったことに触れ，その子どもらが，①家庭での不適切な養育を受けてきた子ども，②発達障害の存在が疑われる子ども，③それらの結果，非行・反社会的行動を行う子どもの３つに集約されると述べている。

橋本は，発達障害児は周囲や環境とのバランスがとれず，その結果として法規範などの枠を逸脱してしまう場合があることを指摘している。特に自我が成長する児童期から青年期にかけてその傾向が高まり，警察沙汰になるような非行問題にまで発展してしまうことがあるという。そして，生活そのもののうまくいかなさが逸脱行為と結びつきやすいとしている。具体的には，イライラして他者に対して暴力的になってしまう背景に，実は最近ゲームに夢中になり深夜まで起きていることが増え，そのため睡眠不足になっていたことがあったという。このように彼らの暴力行為などの行動だけを取り出して検討するのではなく，生活上のつまずきがないかという視点から生活全般にアプローチしていくことの重要性を指摘している。

（2）知的障害と非行

厚生労働省は，2013（平成25）年に社会的養護施設に対して調査を行い，児童自立支援施設に在籍する知的障害のある児童が225名（総数に占める割合は13.5％）であったことを明らかにしている。宍倉は，児童自立支援施設を退所後，児童が特別支援学校に進学することがあるが，中には保護者や本人が障害を認識できておらず，そのようなケースでは学校や児童相談所はそれを保護者や本人に伝えられていないことがあり，特別支援教育への移行が困難になっている事例があることを指摘している。

知的障害があるにもかかわらず，そのことが理解されておらず適切な支援が受けられていない場合，児童は学校での授業内容が十分理解できないことがある。学習内容だけでなく，友達との関係がうまく構築できず，仲間はずれにされたり，本人が周囲から馬鹿にされていると思ったり，疎外感を感じてしまうこともある。家庭においても，本人の知的障害が保護者に十分に認識されていない場合，成績不良の原因が怠惰として認識されることがあり，保護者から常に厳しく叱責されたり，心理的・身体的虐待など不適切な養育を受け続けたりすることになる。そのようなケースでは子どもの自己肯定感が低くなったり，

学校にも家庭にも自らの居場所がないと感じたりしてしまうこともある。

　上述の宍倉は中学生以降にコミュニケーションの困難な状況が広がっていく中で，特に通常学級に在籍する「知的な遅れのない発達障害」や「知的障害の境界圏」にある児童生徒に触れ，この時期に障害が発見されたとしても，すでに逸脱行動がかなり進んでいることがあり，学校だけでの対応が困難になるケースが多くみられることを指摘している。

3　学童期・生徒期における支援

（1）児童福祉領域における支援

　児童福祉領域における非行児童への支援としては，1つ目に最も大きな役割を担っているといえる児童自立支援施設が挙げられる。児童福祉法第44条で規定されているように「児童自立支援施設は，不良行為をなし，又はなすおそれのある児童及び家庭環境その他の環境上の理由により生活指導等を要する児童を入所させ，又は保護者の下から通わせて，個々の児童の状況に応じて必要な指導を行い，その自立を支援し，あわせて退所した者について相談その他の援助を行うことを目的とする施設」である。これまでその施設の特性から，寮長とその妻が一つの建物の中で少人数の子どもとともに生活するという夫婦小舎制がとられることが多かった。近年では職員の勤務体制や労務管理などの面から異なる体制がとられるようになっている施設もある。これまでの生育歴から生活上のルールやマナーが身についていなかったり，大人との信頼関係の構築が困難であったりするケースが多い入所児童に対して，温かい家庭的な雰囲気のもと，自立を目指した関わりが行われている。また入所している児童生徒は学齢期にある。そのため児童自立支援施設の長は，施設に入所中の児童を就学させなければならないことになっており（児童福祉法第48条），入所児童は昼間，地域の小中学校への通学や施設内における分校・分教室などにおいて学習を行うものとなっている。

　2つ目としては，児童養護施設が挙げられる。児童自立支援施設を退所後，家庭復帰が困難な児童が，児童養護施設へと入所するケースがある。また，児童養護施設で生活する児童の中にも，非行行為を行うものがいる。職員たちは，根気強く丁寧に，自立に向けた関わりや支援を長期的・継続的に行っている。

　3つ目として児童相談所が挙げられる。犯罪行為を行った児童については家

庭裁判所が処分を決定するが，児童を児童福祉機関の指導に委ねることが適当と認められる場合，都道府県知事または児童相談所長に事件が送致される。

（2）教育領域における支援

　教育領域においても様々な取り組みが行われている。

　警察庁や文部科学省は，警察が職員を学校に派遣したり，非行防止教室を開催したりするなどしている。具体的な非行事例などを題材として子どもに語りかけ，子ども自身の規範意識の向上を図ろうとしている。

　法務省では，保護司が直接小中学校を訪れ，非行や薬物問題をテーマにした非行防止教室を開催している。また，子どもへの指導方法などについて教師との協議を通して，児童生徒の非行や犯罪の未然防止と健全育成を図っている。

　近年，学校内において様々な暴力行為，SNS を利用したいじめによる自殺など児童生徒による重大な事件が発生している。そのため学校においても安心して学習できる環境づくりをはじめ，命を大切にする授業や情報社会の中でのモラルやマナーについての指導が行われている。

注

(1)　警察庁（2019）「平成30年における少年非行，児童虐待及び子供の性被害の状況（改定版）」（https://www.npa.go.jp/safetylife/syonen/hikou_gyakutai_sakusyu/H29-revise.pdf　2018年12月13日閲覧）。

(2)　警察庁（2018）「平成29年中における少年の補導及び保護の概況」（https://www.npa.go.jp/safetylife/syonen/hodouhogo_gaikyou/H29.pdf　2018年12月13日閲覧）。

(3)　内閣府（2018）「非行・犯罪に陥った子供・若者の支援等」『平成30年版子供・若者白書』。

(4)　玉城晃・神園幸郎（2013）「児童自立支援施設における発達障害のある児童生徒への指導・支援に関する研究——施設併設の分校・分教室における教育的支援について」『Asian Journal of Human Services』5，64〜77頁。

(5)　内藤千尋・高橋智（2015）「少年院における発達障害等の特別な配慮を要する少年の実態と支援に関する調査研究——全国少年院職員調査を通して」『東京学芸大学紀要　総合教育科学系』66(2)，107〜150頁。

(6)　(5)と同じ。

(7)　龍田希・北洋輔・知名青子・笹原未来・福田愛・斉藤未紀子（2008）「発達障害

児の社会自立に向けたカリキュラム作成に関する研究（Ⅰ）　児童福祉施設における実態調査」平成20年度大学院生中心プロジェクト型共同研究（東北大学大学院教育学研究科）。

(8)　厚生労働省（2017）「児童養護施設等について」（新たな社会的養護の在り方に関する検討会・参考資料）。

(9)　田中康雄編（2012）『児童生活臨床と社会的養護――児童自立支援施設で生活するということ』金剛出版，7頁。

(10)　橋本和明（2012）「生活臨床の実践」田中康雄編『児童生活臨床と社会的養護――児童自立支援施設で生活するということ』金剛出版，50～52頁。

(11)　厚生労働省調査（2013）「児童養護施設入所児童等調査結果」。

(12)　宍倉悠太（2016）「発達障害を有する非行少年，不良行為少年の再犯防止に関する考察――実態調査結果をもとに」『国士舘法学』49，425～463頁。

(13)　(12)と同じ。

学習課題

①　障害のある子の非行について書籍やインターネットで調べてみよう。

②　児童自立支援施設などで非行少年に対して，どのようなケアが必要かについて，あなたの考えを書いてみよう。

キーワード一覧表

☐　**少年法**　20歳未満の少年が犯罪行為をした場合の処遇などを定めた法律。少年の「更生」を目的としている。2022（令和4）年4月，改正少年法が施行された。　　　　　　　272

☐　**特定少年**　改正少年法において新しく設けられた区分。18歳と19歳の少年を「特定少年」として位置づけ，17歳未満の少年とは区別して考えるものとする。　　　　　　　272

☐　**児童自立支援施設**　不良行為をなし，またはなすおそれのある児童および家庭環境その他の環境上の理由により生活指導等を要する児童を対象として，必要な指導を行い自立を支援する児童福祉施設。　　　　　　　277

コラム デンマークにおける非行少年への支援

　日本では非行少年に関わる施設として，児童自立支援施設，少年院，更生保護施設などがあり，子どもが社会の中で生きていく力を身につけられるような支援が行われています。一方，子どもたちの社会復帰の難しさの一つに，就労の問題があります。本人に就労の意思がある場合でも，保護者が十分な養育能力を持ち合わせていないために，子どもを精神的，物理的，経済的に支えてくれる環境が整わないことがあります。また，雇用側にも子どもの非行といったこれまでの経歴への偏見があり，就労先がなかなかみつからないというケースもあります。

　デンマークでは，非行少年や若年で罪を犯した者への社会復帰支援として，国家レベルで就労支援を行う「ハイ・ファイブ」という機構が設けられています。2006年に創設され，前科のある者，犯罪から抜け出そうとする若者を支援する団体です。その主な活動は，①仕事・教育をみつけること，②仕事先・学校と若者をつなぐことです。運営に関する予算は労働省から資金の提供があり，2013年からは 2 億6000万円（円換算）となっています。

　その支援の対象者は「前科があり矯正施設に入っている・出てきた者」のうち，「自力での就労が可能で支援不要の者」「精神的・身体的に職場や学校への復帰が困難なために支援不能の者」を除いた 6 割に対して支援を行っています。

　具体的には，支援を受けることを希望する若者に対して，「ハイ・ファイブ」が面談を行い将来の就職や就学についての希望を聞き取り，就労への準備ができていると判断された場合は企業に紹介します。企業は通常と同様の手続きで採否を決めることができます。成果については，この取り組みを受けた若者の81％が再犯を犯すことがなかったと報告されています。

参考文献：松澤伸（2015）「デンマークにおける非行少年・若年成人犯罪者の社会復帰支援の一断面——就労支援機構『ハイ・ファイブ』の活動を一例として」『早稲田大学社会安全政策研究所紀要』8，3～16頁。

第 21 章

外国籍の児童や生きづらさをかかえる
児童に対する理解と支援

　日本では，特別支援教育というと障害のある子どもの支援と結びつけることが多い。しかし，1994年開催の「特別なニーズ教育に関する世界会議」で採択された「サラマンカ声明」では，障害のある子どもだけではなく，社会的・情緒的・言語的・民族的等々の条件で就学を阻害されている子どもたちへの教育機会不均等の克服への広い射程と強い意志が書き込まれている[1]。

　本章では，日本の社会でマイノリティと判断される外国籍の子どもや，日本籍であっても日本語の支援が必要な子ども，性別違和等により生きづらさをかかえる子どもの現状と具体的な支援の方法を述べる。

1　外国籍の児童や日本語指導の必要な児童の実態

（1）外国籍の児童生徒の増加と多様化の現状

　1990（平成2）年および2019（平成31）年の「出入国管理及び難民認定法」の改正により，在留外国人数は増加し，2022（令和4）年6月末には，296万1969人となった[2]。その国籍は，多い順に中国（74万4551人），ベトナム（47万6346人），韓国（41万2340人），フィリピン（29万1066人），ブラジル（20万7081人）となっており，多様化している[3]。それに伴い，日本の学校で学ぶ外国籍の児童も急増している。国は，多文化共生社会の実現に向けて様々な政策を進めており，外国籍の保護者が子どもを公立義務教育諸学校へ就学させることを希望する場合，国際人権規約等を踏まえて無償で受け入れ，日本人児童と同一の教育を受ける機会を保障している。しかし，外国籍の児童は公教育の就学義務の対象となっていないなど，十分に整備されているとはいえず，2021（令和3）年に文部科学省が行った「外国人の子供の就学状況等の調査」によると，外国人の子どもの1万人以上が不就学または就学しているかが不明との結果となった[4]。

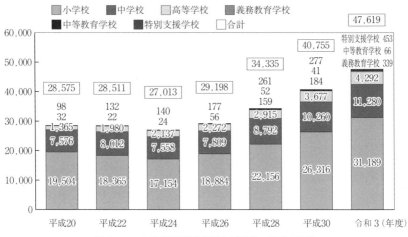

図 **21 - 1**　日本語指導が必要な外国籍の児童生徒数

出所：文部科学省（2022）「日本語指導が必要な児童生徒の受入状況等に関する調査結果について」
（https://www.mext.go.jp/content/20221017-mxt_kyokoku-000025305_02.pdf　2022年10月30日閲覧）
9頁。

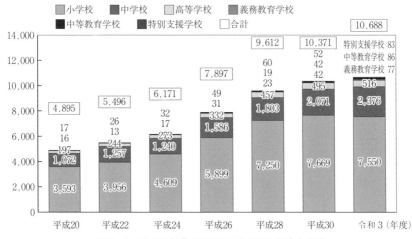

図 **21 - 2**　日本語指導が必要な日本国籍の児童生徒数

出所：図21-1と同じ。

（2）外国籍や外国につながりのある児童の現状

　日本語指導が必要な児童は外国籍の児童だけではない。国籍は日本だが，母

表 21-1　国の支援制度の変遷

施行年月	制度・方針等
2014年4月	日本語指導が必要な児童生徒に対する「特別の教育課程」の制度化
2017年4月	義務標準法に基づく日本語指導に必要な教員の基礎定数化（児童生徒18人に1人）
2019年6月	日本語教育の推進に関する法律
2020年6月	「日本語教育の推進に関する施策を総合的かつ効果的に推進するための基本的な方針」
2020年7月	「外国人の子供の就学促進及び就学状況の把握等に関する指針」
2021年1月	「『令和の日本型学校教育』の構築を目指して──全ての子供たちの可能性を引き出す，個別最適な学びと，協働的な学びの実現（答申）」

出所：文部科学省総合教育政策局国際教育課（2022）「外国人児童生徒等の教育の現状と課題」（https://www.mext.go.jp/content/20210526-mxt_kyokoku000015284_03.pdf　2022年10月30日閲覧）13〜34頁。

親が外国籍であったり，幼少期において外国での生活が長かったりするなど，外国につながりのある児童が，日本語の指導を必要とすることは多い。2021（令和3）年度の調査では，日本語指導が必要な児童生徒（日本国籍含む）は5万8307人となっている。(5)しかし，こうしたすべての児童生徒に日本語指導等の特別な指導が十分に行われているわけではない。そのため，学力の低下がみられたり，集団行動が難しかったりする子どももおり，外国籍の児童が特別支援学校や特別支援学級に在籍しているケースも増えている。

　日本語ができるようになることで学力が伸びるケースもある。児童一人ひとりの実態を把握し，特別な支援をどのような形で行うのかを判断する必要がある。

（3）国の支援制度の状況

　外国籍等の児童生徒の増加の対策として，表21-1にまとめているように，国は様々な方策を講じているが，外国籍等の児童生徒の在籍する学校は地域によっても差があり，学校や教師の支援に対する意識の差は大きい。

　日本語指導が必要な児童生徒の都道府県別在籍数は愛知県が1万2738人と圧倒的に多く，次いで神奈川県7298人，東京都4646人，静岡県4258人，大阪府4094人と続いており，(6)工業地帯のある地域に集中しているのがわかる。

　しかし，今後さらに増加するとみられる外国籍等の児童生徒への支援の方法について，どの地域の学校でも受け入れることができるように，すべての学校

の教職員が準備する必要がある。

2　外国籍の児童や日本語指導の必要な児童の支援

（1）外国籍の児童への支援

　外国籍の子どもといってもその国は様々であり，言語や文化も異なる。また，日本語の理解もその児童の置かれている環境によって違いがある。

　母語が日本語でない児童やその保護者への支援としてまず考えられるのが，言葉の壁をなくすことである。

　2021（令和3）年度の調査において，日本語指導が必要な児童生徒数は5万8307人であったが，その母語の内訳として，一番多い言語がポルトガル語（1万2464人），次いで中国語（1万1813人），フィリピノ語（9755人），スペイン語（4093人），ベトナム語（2886人）と続いている。さらに多様化してくる母語に対して同じように支援するのは難しく，母語支援員の確保が課題となっている。

（2）支援の第一歩はあいさつから

　外国籍の子どもを受け入れることになったとき，学校の中で支援体制を組むことが大切であるが，担任としてできる支援として，まずは児童の母語でのあいさつを覚えることを提案する。日本に来て不安に感じている子どもや保護者との関係を築くためには，まずは安心感をもってもらうことが大切である。日本の文化を押しつけるのではなく，まずは相手の文化を尊重することが大切であり，そのきっかけの一つがあいさつである。

　表21-2は，先ほど述べた日本語指導が必要な外国籍の児童に多かった母語のベスト5の「おはようございます」と「ありがとう」のあいさつである。

　国際理解教育の一環として，クラスの子どもたちと一緒に行うことにより，子ども同士のコミュニケーションのきっかけになり，啓発活動の一つにもなる。受け入れる子どもの母語でコミュニケーションを行うことが，関係づくりの一歩となる。

（3）コミュニケーションの工夫

　外国籍の児童や保護者と話をするとき，いつも通訳の人がいるとは限らない。日本語の理解は個人差があるが，相手に伝わるような工夫が大切となる。社会

表21 - 2　母語であいさつ

言　語	おはようございます	ありがとう
ポルトガル語	Bom　dia（ボンジーア）	Obrigado 男性（オブリガード） Obrigada 女性（オブリガーダ）
中国語	早上好（ザオシャンハオ）	谢谢（シェイシェイ）
フィリピノ語	Magandang　umaga po （マガンダン　ウマガ　ポ）	Salamat　po（サラマット　ポ）
スペイン語	Buenos dias（ブエノスディアス）	Gracias（グラシアス）
ベトナム語	Xin　chào（シンチャオ）	Cảm ơn（カムオン）

出所：咲間まり子監修（2020）『保育者のための外国人保護者支援の本』かもがわ出版，88～91頁を参考
　　に筆者作成。

福祉法人大阪ボランティア協会が発行する『多文化子育て支援ガイドブック
日本語で伝えるコツ――外国人保護者と子育て支援に関わる人とのより良いコ
ミュニケーションのために』では，35のルールが紹介されている。その中から
情報を伝えるときのルールを3つ紹介する。①ズバリ本題にはいる。通知文に
あるような日本特有の形式的な前置きは省き，すぐに本題にはいるようにする。
②情報を取捨選択する。必要最小限度の情報に絞る。③伝える順番を考える。
何についての話なのか，キーワードを先に伝える。時間の流れがある場合は時
系列にする。行動する順番に述べるとわかりやすい。

　その他，文化面の配慮や，話すとき，書くとき，相手の話を聞くときに気を
つけることなど，保育士や，ボランティア，各国のお母さん等のエピソードを
まじえながらわかりやすく述べている。

　保育所や幼稚園，小学校での支援は子どもの支援とともに，保護者への支援
がそれ以上に必要となる。外国籍の保護者にとって，連絡帳やお知らせのプリ
ントなど，紙による連絡や提出物が非常に多く困っているとの話を聞く。翻
訳・通訳アプリ等を活用するときも，「やさしい日本語」を使うことにより，
相手に伝わりやすくなり保護者の負担も減るなど利点が多い。

（4）外国籍等の児童や保護者支援のための社会資源と連携体制

　外国籍等の児童を受け入れるためには学校の管理職を中心に，学級担任，日
本語指導担当教員，**日本語指導支援員**，**母語支援員**，関係教職員等が連携し，
学校全体で体制をつくる必要がある。また，児童や保護者が生活している地域

の教育委員会，国際交流関係部署，ボランティア団体，NPO団体，日本語教室との連携も不可欠である。

　また，義務教育学校で配布されているタブレットや翻訳機，オンラインなどICT の活用も効果的である。就学前の子どもや保護者向けに文部科学省が作成しているビデオ教材などもうまく利用し，児童や保護者の不安を減らし，学校生活がスムーズにいくように，関わる支援者が様々な情報や関係機関とつながることが大切である。

3　性に関係する生きづらさを感じる児童の実態

（1）性の多様性を表現する言葉

　性の多様化に対する認識が広がり，今まで当たり前のように使用していた男女の2項目の性別に対して，LGBT や SOGI など性の多様性をあらわす言葉が使われるようになってきた。

　LGBT とは，**性的指向**に関わる言葉である Lesbian（レズビアン：同性が好きな女性），Gay（ゲイ：同性が好きな男性），Bisexual（バイセクシュアル：男性も女性も好きになる人）と，**性自認**に関わる言葉である Transgender（トランスジェンダー：生まれたときに割り当てられた性別と性自認が異なっている人）の頭文字をとったものである。LGBT は現在，Questioning（クエスチョニング：自分の性のあり方について「わからない」「迷っている」「決めたくない」等と思っている人）を含んだ「LGBTQ」，Intersex（インターセックス：生まれつき男女両方の身体的特徴をもつ人）や Asexual（アセクシュアル：誰に対しても恋愛感情や性的欲求を抱かない人）などを含んだ「LGBTQIA」，LGBTQIA では括れないセクシュアリティも包括する「LGBTQIA+」など，＋の意味は時代にあわせ性の多様化に対応した言葉が付け加えられている。

　そのような，LGBT 等の分類とは別の表現として使用されるようになってきているのが，SOGI である。SOGI とは，Sexual Orientation and Gender Identity の頭文字をとった言葉で，性的指向（好きになる性）／性自認（自分の心の性）のことをいう。

　SOGI はよく LGBT と混同され，性的マイノリティの人を指すものと思われがちだが，SOGI は「どんな性別を好きになるのか」「自分自身をどういう性だと認識しているのか」という言葉なので，体と心の性が一致しており異性

表 21 - 3　DSM-5 の子どもの性別違和（Gender Dysphoria）の診断基準

A．その人が体験し，または表出するジェンダーと，指定されたジェンダーとの間の著しい不一致が，少なくとも 6 カ月，以下のうちの 6 つ以上によって示される（その中の 1 つは基準 A1 でなければならない）。

(1)　反対のジェンダーになりたいという強い欲求，または自分は違うジェンダー（または指定されたジェンダーとは異なる別のジェンダー）であるという主張。

(2)　（指定されたジェンダーが）男の子の場合，女の子の服を身につけること，または女装をまねることを強く好む。また，（指定されたジェンダーが）女の子の場合，定型的な男性の衣服のみを身につけることを強く好み，定型的な女の子の衣服を着ることへの強い抵抗を示す。

(3)　ごっこ遊びや空想遊びにおいては，反対のジェンダーの役割を強く好む。

(4)　反対のジェンダーに定型的に使用されたりまたは行われたりする玩具やゲームまたは活動を強く好む。

(5)　反対のジェンダーの遊び友達を強く好む。

(6)　（指定されたジェンダーが）男の子の場合，男の子に定型的な玩具やゲーム，活動を強く拒み，乱暴で荒々しい遊びを強く避ける。また，（指定されたジェンダーが）女の子の場合，女の子に定型的な玩具やゲーム，活動を強く拒む。

(7)　自分の性器の構造を強く嫌悪する。

(8)　自分の体験するジェンダーに合う第一次および/または第二次性徴を強く望む。

B．その状態は，臨床的に意味のある苦痛，または社会，学校，または他の重要な領域における機能の障害と関連している。

▶該当すれば特定せよ

性分化疾患を伴う（例：255.2［E25.0］先天性副腎過形成，または259.50［E34.50］男性ホルモン不応症候群などの先天性副腎性器症候群）

コードするときの注：性別違和とともにその性分化疾患をコードせよ。

出所：American Psychiatric Association／髙橋三郎・大野裕監訳（2014）『DSM-5　精神疾患の診断・統計マニュアル』医学書院，443〜446頁。

が好き，という人も含めてすべての人に当てはまる表現である。

（2）子どもの性別違和

　2013年にアメリカの精神医学会によって刊行された DSM-5 において，社会的偏見の要因になっていると思われる性同一性障害という言葉が性別違和に診断名を変更した。学校現場では，精神医学用語である「性同一性障害」を使用して支援の方法を提示していたが，2021年に WHO が「性同一性障害」を「性別違和」の表現に変更し，精神障害の枠組みから外したこともあり，日本でも「性別違和」との表現にかわりつつある。表 21 - 3 はその DSM-5 の子どもの性別違和の診断基準である。

表21-4　文部科学省の取組の経緯

発行年月	法律・事務連絡等
2003年7月	「性同一性障害者の性別の取扱いの特例に関する法律」成立 ※学校における性同一性障害に係る児童生徒への対応についても必要性が認識されるようになる
2010年4月	事務連絡「児童生徒が抱える問題に対しての教育相談の徹底について」 ※性同一性障害に係る児童生徒に対して心情等に十分配慮した対応を要請
2014年6月	「学校における性同一性障害に係る対応に関する状況調査」の実施
2015年4月	「性同一性障害に係る児童生徒に対するきめ細かな対応の実施等について」
2016年4月	「性同一性障害や性的指向・性自認に係る，児童生徒に対するきめ細かな対応等の実施について（教職員向け）」

出所：文部科学省（2016）「性同一性障害や性的指向・性自認に係る，児童生徒に対するきめ細かな対応等の実施について（教職員向け）」（https://www.mext.go.jp/b_menu/houdou/28/04/__icsFiles/afieldfile/2016/04/01/1369211_01.pdf　2022年9月6日閲覧）1頁。

（3）学校での性の多様性の現状と支援

　性の多様性への問題について，学校現場でも生まれたときの性に違和感を覚え，生きづらさを感じる児童のへの支援が求められている。

　2014（平成26）年に文部科学省が行った「学校における性同一性障害に係る対応に関する状況調査」では，性同一性障害に関する相談について606件あったとの結果が出ており，小学校で93件（15.4%），中学校で110件（18.2%），高等学校で403件（66.5%）となっている。

　また，その調査において，性同一性障害との診断が有と回答した件数は全体で165件，小学校の段階では20件，中学校25件，高等学校120件となっており，小学校の段階からの支援体制が求められている。

　この調査の後，国は教職員向けに具体的な支援方法を例示している。[9]

（4）性別違和により生きづらさを抱える児童への対応への課題

　2022（令和4）年に閣議決定された「自殺総合対策大綱」において，「自殺念慮の割合等が高いことが指摘されている性的マイノリティについて，無理解や偏見等がその背景にある社会的要因の一つであると捉えて，教職員の理解を促進する」[10]と指摘されているように，性別違和を感じる児童生徒については，教師の理解，そしてクラスの児童生徒の理解が大変重要となる。

　児童生徒が自分の思いを伝えたい，伝えて良かったと感じる存在となるため，

表21-5　性同一性障害に係る児童生徒に対する学校における支援の事例

項　目	学校における支援の事例
服装	・自認する性別の制服・衣服や，体操着の着用を認める。
髪型	・標準より長い髪型を一定の範囲で認める（戸籍上男性）。
更衣室	・保健室・多目的トイレ等の利用を認める。
トイレ	・職員トイレ・多目的トイレの利用を認める。
呼称の工夫	・校内文書（通知表を含む。）を児童生徒が希望する呼称で記す。 ・自認する性別として名簿上扱う。
授業	・体育又は保健体育において別メニューを設定する。
水泳	・上半身が隠れる水着の着用を認める（戸籍上男性）。 ・補習として別日に実施，又はレポート提出で代替する。
運動部の活動	・自認する性別に係る活動への参加を認める。
修学旅行等	・1人部屋の使用を認める。入浴時間をずらす。

出所：文部科学省（2015）「性同一性障害に係る児童生徒にするきめ細かな対応の実施等について」（文部科学省初等中等教育局児童生徒課長通知）(https://www.mext.go.jp/b_menu/houdou/27/04/1357468.htm　2022年9月6日閲覧)。

支援者自身が自分の中に，先入観や偏見はないか，自己点検をするとともに，児童生徒の悩みや不安をとにかく聴く姿勢を示すことが大切である。

　また，支援者自身が一人で抱え込まないように，学校内のサポートチーム（管理職，学級・ホームルーム担任，養護教諭，学校医，スクールカウンセラー，スクールソーシャルワーカー）や学校外のサポートチーム（教育委員会，医療機関の担当者，進学先の教職員等）での対応が求められる。

注
(1)　サラマンカ声明の Introduction 3 には身体的・知的・社会的・情緒的・言語的等々の条件で就学を阻害されている子どもたちの実例が列記され，教育機会不均等の克服への広い射程と強い意志が書き込まれている。(This should include disabled and gifted children, street and working children, children from remote or nomadic populations, children from linguistic, ethnic or cultural minorities and children from other disadvantaged or marginalized areas or groups.)
(2)　出入国在留管理庁（2022）「令和4年6月末現在における在留外国人数について」(https://www.moj.go.jp/isa/publications/press/13_00028.html　2022年10月30日閲覧)。

⑶　⑵と同じ。

⑷　文部科学省（2022）「外国人の子供の就学状況等調査等調査結果について」（https://www.mext.go.jp/content/20220324-mxt_kyokoku-000021407_02.pdf　2022年9月6日閲覧）12頁。

⑸　文部科学省（2022）「日本語指導が必要な児童生徒の受入状況等に関する調査結果について」（https://www.mext.go.jp/content/20221017-mxt_kyokoku-000025305_02.pdf　2022年10月30日閲覧）9頁。

⑹　⑸と同じ，11〜16頁。

⑺　⑸と同じ，18〜26頁。

⑻　大阪ボランティア協会『多文化子育て支援ガイドブック　日本語でつたえるコツ――外国人保護者と子育て支援に関わる人とのより良いコミュニケーションのために』（https://osakavol.org/data/media/osaka_volunteer/page/research/index/pdf/nihongo.pdf　2022年9月6日閲覧）33頁。

⑼　文部科学省（2015）「性同一性障害に係る児童生徒にするきめ細かな対応の実施等について」（文部科学省初等中等教育局児童生徒課長通知）（https://www.mext.go.jp/b_menu/houdou/27/04/1357468.htm　2022年9月6日閲覧）。

⑽　厚生労働省（2022）「自殺総合対策大綱――誰も自殺に追い込まれることのない社会の実現を目指して」（https://www.mhlw.go.jp/content/0010000844.pdf　2023年1月20日閲覧）41頁。

参考文献

荒井重人ほか編（2022）『外国人の子ども白書――権利・貧困・教育・文化・国籍と共生の視点から（第2版）』明石書店。

康純編著（2017）『性別に違和感がある子どもたち――トランスジェンダー・SOGI・性の多様性』合同出版。

法務省出入国在留管理庁（2022）「令和3年末現在における在留外国人数について」（https://www.moj.go.jp/isa/publications/press/13_00001.html　2022年9月6日閲覧）。

森山至高（2017）『LGBT を読みとく――クィア・スタディーズ入門』筑摩書房。

文部科学省（2016）「性同一性障害や性的指向・性自認に係る，児童生徒に対するきめ細かな対応等の実施について（教職員向け）」（https://www.mext.go.jp/b_menu/houdou/28/04/__icsFiles/afieldfile/2016/04/01/1369211_01.pdf　2022年9月6日閲覧）。

文部科学省（2022）「日本語指導が必要な児童生徒の受入状況等に関する調査結果について」（https://www.mext.go.jp/content/20221017-mxt_kyokoku-000025305_02.pdf　2022年10月30日閲覧）。

文部科学省(2022)「外国人の子供の就学状況等調査結果について」(https://www.mext.go.jp/content/20220324-mxt_kyokoku-000021407_02.pdf　2022年9月6日閲覧)。

LGBT法連合会編（2019）『日本と世界のLGBTの現状と課題——SOGIと人権を考える』かもがわ出版。

学習課題

①　あなたの住んでいる都道府県の外国籍の子どもの現状（人数，国籍等）を調べてみよう。

②　あなたのクラスに外国籍の子どもや性的マイノリティの子どもが在籍することになりました。その子どもや保護者の支援のために連携できる具体的な社会資源（公的機関・NPO法人（団体）・ボランティア団体等）を調べてみよう。

キーワード一覧表

コラム　性の多様性について絵本で考えよう！

　マイノリティの子どもたちについての理解を深める方法として，学校現場では絵本を使用することがよくあります。人の生き方に関わる問題については，教師が「教える」のではなく，「一緒に考える」姿勢が大切です。絵本は，授業だけでなく，教職員の研修会や保護者の参観日などでも活用することができます。絵本をきっかけに一緒に考え，理解を深めることができるのです。

　ここでは，ジェンダーについて考えるきっかけとなる絵本を紹介します。まずは，1冊手に取って，あなた自身の思い込みや偏見について見つめ直してみましょう。

キース・ネグレー作／石井睦美訳（2020）『せかいでさいしょに　ズボンをはいた　女の子』光村教育図書。

　スカートをはくのが当たり前だった時代にズボンをはいた女の子メアリー。信じられませんが1830年から40年代ごろは女の人がズボンをはいているだけで逮捕されたといいます。この絵本のモデルになったメアリー・エドワーズ・ウォーカーは逮捕されるたび「私は男性の服をきているのではありません。私は私の服をきているのです」と言ったそうです。今でこそ，女性の制服がスカートから，ズボンでも選択できるように改善されつつありますが，ジェンダー等の問題は，おかしいと思った人が行動を起こすことからはじまるのかもしれません。

ロブ パールマン文／イダ カバン絵／ロバート キャンベル訳（2021）『ピンクはおとこのこのいろ』KADOKAWA。

　「おとこのこがピンクをすきだとへん？　いいえ，おとこのこもおんなのこもどんないろだって……」。

　色をテーマにジェンダーについて考えることができる絵本です。

エピローグ

共生社会の実現に向けた教育・保育・福祉の実践

　ここではまず本書の総括に先立ち，今後の特別な支援や配慮を要する児童に[1]
関しての重要な理念であるノーマライゼーションとインクルージョンとの関係
について国際的な背景と課題を説明する。そして本書の特徴とそこからみえる
日本の課題について触れる。むすびには尊厳を尊重した支援の実践を行うため
に大切な視点を述べている。今後，共生社会の実現に向け，誰もが排除されな
い保育・教育と柔軟で多様な環境への対応のために，私たちがすべきことを今
一度本書を通して振り返り，一緒に考えてもらいたい。

　なお，巻末の資料「子どもの教育・保育・福祉等に関するあゆみ」は本書で
取り上げている事柄を抽出し補足して，①日本と世界の社会情勢，②日本の配
慮を要する子どもについての施策等，③日本の保育・福祉・教育等の法律の変
遷，④国際機関等の子どもの権利に関する歴史を一覧にした年表である。その
ためにすべての法律，各法改正などは網羅してはいない。そのことを理解した
うえで参照してほしい。

1　ノーマライゼーションとインクルージョンの国際的背景

（1）ノーマライゼーション理念と特別支援教育などの国際的な背景時代

　ノーマライゼーションとインクルージョンとの関係について国際的な背景と
日本の課題を説明する。はじめにノーマライゼーションの理念であるが，1950
年代にデンマークのバンク＝ミケルセン（N. E. Bank-Mikkelsen）が知的障害者
の親とともに政府に提出した要望書（「ノーマライゼーション」）から始まり，
1960年代にはスウェーデンのニィリエ（B. Nirje）がノーマライゼーションを理
論化し8つの原則からノーマルな（ふつうの）生活を提示した。[2]1960年後半に
は，ヴォルフェンスベルガー（W. Wolfensbergr）によって北アメリカでノーマ

ライゼーションが紹介された。当時，アメリカでは障害は克服すべきものと捉えられ，健常者に近づけるために医学的リハビリテーションを行うことが主流であった。この考えに対して，障害者は自分らしく生きる権利を訴え，障害当事者による自立生活運動が発展していく。この運動は日常生活動作（ADL）による身辺的自立だけではなく，生活の質（QOL）を高めることも重要であるとし，新しい価値観を周知することとなった。その後，アメリカの障害児保育・教育では，「インテグレーション（統合）教育」を補うために「メインストリーミング」の考え(3)が発展していく。さらにこれを進展させたのが「インクルージョン」の運動であり，"障害別や能力にとらわれず，児童の生活年齢に相応するふつうの教育の環境を保障する"という活動につながっていく。この考えは日本でもインクルージョンの理念として障害児保育・教育にも影響を与えた。

　1981年にヴォルフェンスベルガーはノーマライゼーションを「可能なかぎり文化的に通常である身体的な行動や特徴を維持したり，確立するために，可能なかぎり文化的に通常となっている手段を利用する」と定義し，体系化した。(4)この定義はアメリカ，イギリスなどの社会サービスに大きな影響を与えていく。日本では1970年代から障害者福祉分野でノーマライゼーション理念は用いられ，教育とともに生活の場である施設処遇の改善，脱施設化などを実現し，現在でも保育，教育，福祉分野の重要な理念とされている。

　北欧のノーマライゼーション理念は障害のある人もない人も皆違って当たり前，できるだけノーマルな環境で障害者が生活するという社会的包括（包摂）を意味したが，アメリカでは障害のある人はない人と同じ権利を有すると障害者の権利を主張していく。両者の共通点は，障害者の人権，価値，尊厳性は他の人と同じであり，障害の有無にかかわらず，平等に生活できる社会こそふつうの社会であるという考えである。障害に対する捉え方については過去から学び，最新の状況を理解し，未来を見据えながら保育・福祉・教育を実践していくことが重要である。

　次にインクルージョンについて述べる。アメリカではインクルージョンは保育・教育分野を中心に発展していったが，1970年代フランスでは共生社会の政策として用いられた。インクルーシブ教育は元はソーシャル・インクルージョンからきており，北欧の障害者差別を中心にしたノーマライゼーションの考えが発展したといわれている。ソーシャル・インクルージョンは社会的に排除さ

れる人とその可能性のある人を，社会的なつながりの中に内包し，社会の構成員として互いに支え合うことを意味している。

　社会的排除とは，"ある人が属する社会の主要な社会活動や社会関係の参加を拒まれている状態"をいう。多様な要因が複雑に絡み合い連鎖した結果，社会から排除されることになる。重要なことは，社会的排除は個人の不利益だけにとどまらず，国の連帯や多様性における統合機能が損なわれて，国際社会全体の大きな課題に発展することである。社会的排除を生み出さないためにも，学習への参加・促進は最も重要な課題である。

　そこで，インクルージョンを教育政策に位置づけたのが，1994年のサラマンカ宣言である。その後，2015年のユネスコの「国際的な教育行動計画（agenda）（仁川宣言）」の総括原則では，"万人に対して誰も排除しない，公平で，質の高い教育を保障し，さらに生涯学習を推進する"と掲げ，教育効果を重点課題として示し，「持続可能な開発目標4（SDG4）」として具現化している「2030教育アジェンダ」ともリンクしている。翻訳監修した嶺井は日本ではインクルーシブ教育が多様な意味合いで用いられているため，もともとの言葉の意味としてある「誰も排除しない」という言葉を用いたと述べている。

（2）子どもの権利条約と障害者の権利条約

　国際社会が児童の人権を取り上げたのは，1924年の児童の権利に関する宣言（ジュネーブ宣言）である。その後，多くの児童が戦争や暴力等の犠牲になったことの反省から，児童に関する宣言や憲章を採択してきた。しかし児童が犠牲になる事柄は後を絶たず，1989年には児童の権利に関する条約（子どもの権利条約）が採択された。同条約は今までの宣言や憲章とは異なり，国連が締約国に対して立法措置や行政措置等を講ずることができる法的拘束力をもつ。これには国外から児童の権利を守るために国内法に影響を与えられるという大きな意味がある。巻末の資料から，国際社会では戦争の猛省から人権保障の考えや体制を整備し，世界全体で平和への取り組みや安全保障に尽くしてきたことが見て取れる。しかし現在においても，病気や飢餓，戦争により児童が犠牲になる事柄は後を絶たず権利は侵されている。

　本書において，第Ⅱ部で述べられている特別な支援や配慮を要する児童を含むすべての児童の権利は，子どもの権利条約において守られる。また，障害児は"児童"であるということから子どもの権利条約と，"障害"や病気のある

児童ということから障害者の権利に関する条約という2つの条約によって権利が守られることになる。

（3）インクルージョンは多様性への学びの実践

　日本では1990年後半に共生社会の実現に向けて検討を始め[^7]，そこでインクルージョンの言葉を用いた。現在文部科学省では，共生社会の形成に向けて"障害のある児童とない児童が共に学び共に育つ教育"の必要性と特別支援教育の重要性を明記している。しかし，これまでの国際的背景から，インクルーシブ教育で重要なことは，障害の有無でなく，人には個別性があることを認め，誰もが排除されることなく学習等へ参加できることと，その多様性への対応である。加えて，年齢や障害の有無という狭い範囲のものではなく，生涯教育をも含めており幅広い対象となる。

　児童の権利として保育・教育を捉えると，児童が自己や他者を理解し，互いに認め合い多様な人が助け合って，一緒に生活することがふつうの社会であるということを，遊びや学習を通し学び，そして行動する精神的な成熟を保障することである。そのためには保育・教育などの役割や使命は大変重いものがある。また，インクルージョンや合理的配慮を行うことは多様性への学びの実践である。それを保育や教育を豊かにする機会として実践現場が捉えられるかどうかは，保育・教育職の専門家としての力の見せどころとなろう。

2　教育・保育・福祉を学ぶうえで重要な視点

　本書の特徴は大きく4つにまとめられる。①従来のテキストと異なり就学前の保育，就学後の教育という制度の分断をなくし，児童のライフコースの初期の段階である保育と教育を連動させて構成している。②遊びや学習などへの参加から排除されやすい障害児を中心に配慮を要する児童にも焦点を当てて，その基本的知識と支援について整理して述べている。③日本が実践してきた児童の生きる力の育みを整理し，ノーマライゼーション理念をもとに日本での多様性とインクルーシブ教育を取り上げている。④保育・福祉・教育・医療などの領域間の切れ目や隙間のない支援と配慮を実現することの重要さを読者に伝えるために，保育・幼児教育学，教育学，社会福祉学，心理学，医学・看護学などの各専門職が分担して執筆している。

　本書の第Ⅰ部の第1～5章までは，児童の権利と尊厳を守るために重要な理念と権利，歴史的変遷，法律や制度などについて述べられている。第6～11章では，障害児支援の意義と役割，それに関連する制度と体系について基礎的な事柄が述べられている。

　第Ⅱ部は各論となり，現在の日本社会で排除されやすい障害児や特別な支援・配慮を要する児童への理解と具体的な支援方法として，第12～17章では病気や障害別に児童の理解と支援について，第18～21章では社会的な要因から特別な支援や配慮を要する児童についての理解と支援を述べている。

　今回，本書では取り上げきれなかった病気や障害児のきょうだいへの支援，また若年妊娠・出産，性的搾取，薬物乱用，信仰の強制，無戸籍・無国籍，難民などに関わる児童たちへの理解と支援などについても重要な課題である。

　本書が児童のニーズや課題に対してどのように支援計画を立案し，具体的に支援していくかを考える思考のプロセスの一端となり，児童が安心して SOS を発する環境を整え，それに応えるために保育者・教員，福祉職が専門性の高い実践を行うことを願っている。

　最後に，人が生きていくためになくてはならない人間関係の形成のプロセスとして尊厳を支える支援について取り上げる。尊厳という言葉は誰もが知っているが，その内容は説明しにくく，捉えにくい。ここではむすびに代えて1冊の本を紹介しながら尊厳について考える。

3　尊厳を尊重した教育・保育・福祉の支援のあり方

（1）人間の最後の砦は尊厳

　『輝——いのちの言葉』には，重度の障害があり16歳で生涯を終えた臼田輝さんの詩と周りの人たちとの関わりが記録されている。彼は1歳のときの転落事故により，日常生活のすべてに介助を必要とし，しかも14歳まで外界との交信手段をまったくもっていなかった。その後，重度心身障害者用の文字入力ソフトと出合い，自分の意思を表現することができるようになった。彼は次のような詩（抜粋）を書き残している[8]。

> きのうのくるしみは　きのうというじかんのなかに　おいてきて
> みらいというじかんのなかにあるのは　しんらいという

いちばんじぶんをささえてくれるあいです
　（中略）
しんらいこそがひとをいかしてくれるものです
きぼうというひかりをしっかりいだきながら
きぼう　そらにおもいえがきながら　このきれいなとびらをあけて
いいみらいにむかって　うえをみつめながら
くるしみは　きのうのものとして　あかるいゆめをみながら
あるいていこう　きぼうのみらいを　ひかりとしながら

　この詩から，不自由な状況にもかかわらず輝さんその人の内なる世界は豊か
なものであり，希望は未来への生きる力に転化することが表現されている。輝
さんは自分の思いを社会に伝えたいので文章を出版社に送付してほしいと母親
に伝えた。その後，輝さんが通っていた特別支援学校の教員たちが企画編集し
て出版し，その概略が新聞に掲載された。そのことによって，同じような重度
の障害者とその家族が勇気づけられ，そして多くの人がかけがえのない命の尊
さについて考えることとなった。

（2）尊厳を尊重した支援を行うための大切な視点

　尊厳を尊重した支援についての大切な3つの視点として，①個別性を認め，
その人の能力に着目する大切さ，②みて（観察），きいて（傾聴），一緒に感じ
（共感），つながる（共有）大切さ，③様々な思いを意識し互いが影響を受け合
う対等な関係の大切さから考える。

　①　個別性を認め，その人の能力に着目する大切さ

　特別な支援や配慮を要する児童が抱えている課題や困難さには個別性があり，
同じ病気や障害，生活上の困難であってもその意味は一人ひとり異なっている。
ICF（国際生活機能分類）の視点から考えると理解しやすい。一人ひとりの環境
因子，個人因子，健康状態，心身機能・身体構造などには個別性があり，そ
のため活動や参加のあり方も異なる。すなわち，人は皆「個別性」と「多様
性」を有していることを理解することが重要である。そもそも人の生活には固
有性があり，その人の特性や困難さを理解するとともに，集団や個別の配慮や
支援，環境調整を行うことが「尊厳」につながっていく。

　また，家族や保育・教員が輝くんの微かな表現を読み取り，そこに輝くんの
内なる世界を確信したことはとても重要なことであった。輝くんの状態を確認

し文字入力装置を使えるようにしたことで，それを活用し，言葉で心を表出する能力を最大限に活かせた。このことは彼の生きる意欲を高めることにつながった。すなわち，障害だけに目を向けるのではなく，障害を理解しながら，その人の潜在能力に目を向けて可能性を信じ行動し，そのことによって児童自身が生きる力や意欲を発揮する。このことは保育・教育の真髄である。

②　みて（観察），きいて（傾聴），一緒に感じ（共感），つながる（共有）大切さ

　ここでいう"みる"とは，病気や障害の特性などの基本的知識とともに，その児童の日常の健康状態などの把握をもとに観察し，ありのままをみることである。ありのままをみるとは簡単なことのようであるが，知識の裏づけがあってこそできるものである。"きく"も同じで，その人に関心を寄せてメッセージを受け取る傾聴のことをいう。児童のそばでしっかりみてきき，その世界について考えると，私たちと共通する行動や感情が必ず発見できる。児童の行動や言葉に共感を感じるときに，初めて児童との世界を共有することができる。その情報を家族や多職種間で共有し協働することによって，尊厳を尊重した支援となる。加えて児童同士のつながりはとても大切であり，「ただ単にその場に一緒にいる」のではなく，「集団としての相互作用の中で一緒にいる」ことが重要である。そのためには，保育・教育者たちが保育・教育上の意図や目的を設定し共有し，実践する。その中で必要なことは児童の個別性への配慮と集団力量への配慮，そして互いに交わることができるような環境への配慮を考えることである。そのことが児童の同士の思いがつながる（共有）前提となろう。

③　様々な思いを意識し，互いが影響を受け合う対等な関係の大切さ

　障害の程度によっては，感情の受け止めや表出が不十分なために，"あまり感じていない"とか"何もわからない"と認識されてしまうこともあるかもしれない。しかし何も感じていないわけではない。私たちと同様に快不快，喜怒哀楽，不安，痛み等を感じている。障害があるからこそ，より敏感に感じることもある。当たり前のことであるが，どのような状況や状態にある人でも，様々な思いをかかえ生きていることを意識することが必要である。

　次に，特別な支援や配慮を要する児童がどのような世界で生きているのか，私たちはイメージしているつもりでも実はわかっていないことが多い。だから児童から学ぶという基本姿勢を常に意識することが大切である。保育や教育などの場面では，人間として対等関係を意識しているつもりでも，「教える者」「教えられる者」という思い込みが生じることがある。保育や教育は一方向の

行為ではなく，相互の関係性の行為として捉えることが重要である。対等な関係性を築いていくことは容易ではないが，児童への個別的で継続的な関わりが，やがて双方向の交わりのある関係になり，それが信頼関係へと発展していく。相互に認め合う人間関係の過程にこそ，教育・保育・福祉における尊厳の意味がある。

4　共生社会の実現に向けての展望

　尊厳とは，その人の権利を守ったうえで，人間の相互の関係の中，実際のやりとりの中で築き上げるものである。特に特別な支援や配慮を要する児童にとって，質の高い保育・教育は，人間の尊厳を保ち，その人らしい生活や人生を支え，その人なりの生を全うすることを支えるものとなる。そのため，保育士・教員が行う保育・教育上の判断や行動には高い倫理性が求められる。

　2017（平成29）年3月に公布された各指針や要領は，それぞれの独自性を残しながらも整合性を図り改定（訂）された。これらが連動することにより，全国どこの地域でも一定の水準で，保育から小中学校教育，特別支援教育まで円滑な接続が図られ，施策により児童のよりよい育ちを保障することとなったが，実践はこれからの段階である。現在，特別な支援や配慮を要する児童の保育・教育の場は，特別支援学校だけではなく，地域における小学校等も含まれている。このことから，児童と家族に関わる職種は特別な支援や配慮を要する児童が個々の状況に応じた柔軟で多様な保育・教育を享受できるように環境を整える必要がある。共生社会の形成に向け，誰もが排除されることのない（インクルージョン）教育と，柔軟で多様な保育・教育環境の構築のために，私たち保育・福祉・教育に関わる者がしっかりと学び，行動を起こし，実践することが重要となる。

注
(1)　社会的に排除されやすい特別な支援や配慮を要する児童とは，現状の社会生活や学校教育などにおいて学習などへの参加や教育活動から排除されるおそれのある児童をいう。すべて障害に起因するのではなく，環境（家庭環境，教育環境，親や教員などの周りの大人など）による多様な要因を含んでいる（第11～21章参照）。

⑵　ニィリエ，B.／河東田博・橋本由紀子・杉田穏子訳編（1998）『ノーマライゼーションの原理――普遍化と社会改革を求めて』現代書館。

⑶　障害児が障害のない同世代と可能な限り一緒に学び成長していくことが，双方の人格形成にとって大切であるという障害のある子どもとない子どもの相互作用を示した。日比野清・大熊信成・建部久美子編（2019）『障害者に対する支援と障害者自立支援制度（第6版）』弘文堂，254頁。

⑷　ヴォルフェンスベルガー，W.／中園康夫・清水貞夫訳（1982）『ノーマリゼーション――社会福祉サービスの本質』学苑社，48頁。

⑸　岩田正美（2008）「社会的排除――参加の欠如・不確かな帰属」『社会的包摂と司法支援　総合法律支援論叢』1，1～12頁。

⑹　ユネスコ国際教育局／嶺井正也監訳（2017）「カリキュラム発展のための道具箱――すべての学習者にゆきとどくために　排除しない教育を支えるためのリソースパック」。

⑺　1998～2004年「共生社会に関する調査会」。

⑻　臼田輝（2012）『輝――いのちの言葉』愛育学園愛育養護学校（特別支援学校）企画・編集，19～20頁。

⑼　『朝日新聞』2012年10月30日付。

⑽　中村明美（2014）「介護の理念――尊厳を支える介護」川井太加子・野中ますみ編『介護の基本／介護過程』法律文化社，29～46頁。

⑾　2017（平成29）年3月に公布（2018年4月1日施行）された「幼稚園教育要領」「保育所保育指針」「幼保連携型認定こども園教育・保育要領」。小中学校の「学習指導要領」（小学校は2020年，中学校は2021年施行），「特別支援学校幼稚部教育要領」「特別支援学校小学部・中学部学習指導要領」「特別支援学校高等部学習指導要領」の検討を進め2017（平成29）年に改訂（定）を行い，整合化を図った。

参考文献

落合俊郎・島田保彦（2016）「共生社会を巡る特別支援教育ならびにインクルーシブ教育の在り方に関する一考察」『特別支援教育実践センター研究紀要』14，27～41頁。

テッセブロー，J.ほか編／二文字理明監訳（1999）『北欧の知的障害者――思想・政策と日常生活』青木書店。

資　　料

日本と世界の社会情勢	日本の配慮を要する子どもの施策等
	1878年　京都盲唖院開設 1880年　長野県松本尋常小学校の知的特殊学級開設 1887年　岡山孤児院設立 1891年　滝乃川学園設立
1894～1895年　日清戦争 1896年　明治三陸地震津波 1904～1905年　日露戦争 1914～1918年　第一次世界大戦 1919年　パリ講和条約，ヴェルサイユ条約調印 1922年　ソビエト連邦成立 1923年　関東大震災	1900年　二葉幼稚園設立 1909年　白川学園設立 1916年　桃花塾設立 　　　　京都市立盲唖院の聾唖部に幼稚科開設 1919年　藤倉学園設立 1923年　筑波学園設立
1929年　世界恐慌 1931年　満州事変 1939年　ノモンハン事件 1939～1945年　第二次世界大戦 1941年　ハワイ真珠湾攻撃 1945年　広島，長崎に原爆投下 　　　　ポツダム宣言受諾，終戦	1927年　東京盲学校に幼稚園開設 1938年　恩賜財団愛育会が愛育研究所設立 1945年　白川学園に託児所開設
	1946年　近江学園設立 1946～1952年　アジア救護公認団体（LARA）によるララ救援物資 1948年　国立光明寮設置

福祉等に関するあゆみ

日本の保育・福祉・教育等の法律の変遷	国際機関等の子どもの権利に関する歴史
1872年　学制布告書公布 1874年　恤救規則	
1886年　就学義務の猶予（第一次小学校令）	
1890年　就学義務の猶予（第二次小学校令）	
1900年　就学義務の猶予（第三次小学校令）	
1923年　盲学校及び聾唖学校令	
1924年　児童の権利に関する宣言（ジュネーブ宣言）採択	
1933年　国際連盟脱退	
1941年　国民学校令公布	
1946年　日本国憲法公布	1946年　国連児童基金（UNICEF）設立
1947年　教育基本法・学校教育法・児童福祉法公布	
1948年　世界人権宣言	
1948年　中学校の就学義務並びに盲学校及び聾学校の就学義務及び設置義務に関する政令公布 　　　　児童福祉法施行	1948年　世界保健機関（WHO）憲章効力発生 　　　　世界精神衛生連盟（WFMH）結成

日本と世界の社会情勢	日本の配慮を要する子どもの施策等
	1949年　国立身体障害者更生指導所設置
1950年　朝鮮戦争	
	1951年　国際肢体不自由福祉協会（現国際障害者リハビリテーション協会）高木憲次が理事就任
1952年　第1回国際ストーク・マンデビル競技大会開催 欧州石炭鉄鋼共同体（ECSC）設立 サンフランシスコ平和条約 日米安全保障条約発効	
1953年　奄美大島の日本復帰	1953年　「教育上特別な取扱を要する児童・生徒の判別募集について」
1955年　ヒ素入り粉ミルク事件	1955年　愛育養護学校が学校教育法の養護学校として認可
1956年　日ソ共同宣言 朝日訴訟	1956年　京都市協力の特別保育級「ひなどり」開所
1959年　伊勢湾台風	
1960年　日米安保条約改定	
	1961年　島田療育園設立
1962年　キューバ危機 サリドマイド薬禍報告により販売中止・回収	1962年　「学校教育法および同法施行令の一部改正に伴う教育上特別な取り扱いを要する児童・生徒の教育的措置について」
1963年　狭山事件	1963年　びわこ学園設立
1964年　アジア初のパラリンピック東京大会開催 公民権法制定（アメリカ）	
1964〜1975年　ベトナム戦争	
1965年　日韓基本条約調印	1965年　国立小児病院開設 太陽の家設立
1969年　第1回プライド・パレード（アメリカ）	

日本の保育・福祉・教育等の法律の変遷	国際機関等の子どもの権利に関する歴史
1949年　身体障害者福祉法公布 1950年　精神保健及び精神障害者福祉に関する法律公布 　　　　WHO 加盟 1951年　ユネスコ加盟 　　　　社会福祉事業法制定 　　　　児童憲章制定 　　　　児童福祉法改正 　　　　ILO 再加盟	1951年　難民の地位に関する条約（難民条約）
1954年　児童福祉法改正	
1956年　公立養護学校整備特別措置法公布 　　　　国際連合加盟 1957年　児童福祉法改正 1958年　学校保健安全法公布	1959年　「児童の権利に関する宣言」採択
1960年　障害者雇用促進法施行 　　　　精神薄弱者福祉法公布（その後知的障害者福祉法に改称） 1961年　児童福祉法・学校教育法改正	
1963年　義務教育諸学校の教科書用図書の無償措置に関する法律公布 1964年　OECD 加盟	1964年　ユネスコ「障害者の教育に関する決議」採択
1966年　母子保健法施行 　　　　特別児童扶養手当法公布 1967年　児童福祉法・身体障害者福祉法・精神薄弱者福祉法改正	1966年　国際人権規約採択

日本と世界の社会情勢	日本の配慮を要する子どもの施策等
	1971年　国立特殊教育総合研究所設置
1972年　沖縄返還 　　　　日中国交正常化	
1973年　第4次中東戦争 　　　　第1次オイルショック	1973年　心身障害児の養護教育を1979年から義務 　　　　教育化することを閣議決定 　　　　中央児童審議会「統合保育」を提言
	1974年　障害児保育事業実施要綱 　　　　小児慢性特定疾患治療研究事業を実施
1978年　日中平和友好条約調印	1978年　保育所における障害児の受け入れについ 　　　　て通知
1979年　第2次オイルショック	
1980〜1988年　イラン・イラク戦争	
1986年　チェルノブイリ原子力発電所事故（ソビ 　　　　エト連邦） 1989年　天安門事件（中国） 　　　　ベルリンの壁崩壊（ドイツ） 　　　　マルタ会談・冷戦終結	
1990〜1991年　湾岸戦争 1991年　ソ連解体・ラトビア・エストニア・リト 　　　　アニアのバルト三国独立 　　　　アパルトヘイト政策撤廃（南アフリカ）	
	1993年　軽度の障害がある児童生徒に対する通級 　　　　による指導を制度化

日本の保育・福祉・教育等の法律の変遷	国際機関等の子どもの権利に関する歴史
1970年　心身障害者対策基本法制定（その後障害者基本法に改称）	1971年　知的障害者の権利宣言採択
	1975年　障害者の権利に関する宣言採択 1978年　ユネスコ「特殊教育分野におけるユネスコ活動の拡大に関する報告」採択 「ウォーノック報告書」イギリス議会に提出
1979年　国際児童年	
1979年　養護学校教育の義務制の政令の公布 国際人権規約批准	1979年　ユネスコ「特殊教育分野におけるユネスコ専門家会議の結果」報告
1980年　ICIDH（国際障害分類）を WHO が発表	
	1980年　ユネスコ「1980年委員会児童の障害——その予防とリハビリテーション」採択
1981年　国際障害者年——ノーマライゼーションの実現　完全参加と平等 障害者に関する世界行動計画	
1981年　障害者に関する用語の整理のための医師法等の一部を改正する法律公布	
1983～1992年　国連・障害者の10年	
	1989年　児童の権利に関する条約採択 【日本は1994年に158番目に批准】
1993～2002年　アジア太平洋障害者の10年	
1993年　学校教育法施行規則の一部を改正する法律 障害者基本法施行 1994年　児童の権利に関する条約批准 高齢者，身体障害者等が円滑に利用できる特定建築物の建築の促進に関する法律（ハートビル法）制定公布	1994年　ユネスコ「特別なニーズ教育に関する世界会議」 サラマンカ宣言

日本と世界の社会情勢	日本の配慮を要する子どもの施策等
1995年　阪神・淡路大震災	
	1996年　盲学校，聾学校及び養護学校施設整備指針策定
1997年　香港を中国に返還（イギリス）	
	1998年　障害児保育事業
	1999年　学習障害に関する調査研究協会会議報告
2001年　同時多発テロ発生（アメリカ）	2001年　文部科学省（文部省と科学技術庁統合）「21世紀の特殊教育の在り方について」最終報告
2003年　イラク戦争	2003年　「今後の特別支援教育の在り方について（最終報告）」
	2004年　学校施設バリアフリー化推進指針策定「小・中学校における LD, ADHD, 高機能自閉症の児童生徒への教育支援体制の整備のためのガイドライン（試案）」策定
	2005年　「特別支援教育を推進するための制度の在り方について（答申）」
	2007年　文部科学省初等中等教育局長による「特別支援教育の推進について」通知
2008年　リーマン・ブラザーズ破綻（アメリカ）	2008年　発達障害教育情報センター開設
2010年　「アラブの春」勃発	2010年　中央教育審議会初等中等教育分科会に「特別支援教育の在り方に関する特別委員会」設置

日本の保育・福祉・教育等の法律の変遷	国際機関等の子どもの権利に関する歴史
1997年　児童福祉法改正	
1999年　精神薄弱の用語の整理のための関係法律 　　　　の一部を改正する法律施行 2000年　介護保険法施行 　　　　児童虐待防止法施行 　　　　高齢者，身体障害者等の公共交通機関を 　　　　利用した移動の円滑化の促進に関する法 　　　　律（交通バリアフリー法）施行	
2001年　ICF（国際機能分類）を WHO が採択 2001〜2010年　世界の子どもたちのための平和と非暴力のための国際の10年	
2001年　学校教育法改正 　　　　DV 防止法施行	
2002年　身体障害者補助犬法施行 　　　　学校教育法施行令改正	
2004年　児童虐待防止法改正	
2005年　発達障害者支援法施行	
2006年　教育基本法，学校教育法，学校教育法施 　　　　行規則改正 　　　　障害者基本法改正 　　　　高齢者，障害者等の移動等の円滑化の促 　　　　進に関する法律（バリアフリー新法）施 　　　　行（旧ハートビル法，交通バリアフリー 　　　　法が一体化） 2006〜2013年　障害者自立支援法施行 2007年　学校教育法等の一部を改正する法律施行	2006年　障害者の権利に関する条約採択 　　　　【日本は2014年に141番目に批准】
2010年　障害のある児童及び生徒のための教科用 　　　　特定図書等の普及の促進等に関する法律 　　　　施行	

日本と世界の社会情勢	日本の配慮を要する子どもの施策等
2011年　東日本大震災 2011年〜　シリア内戦（シリア・アラブ共和国）	2011年　保育所におけるアレルギー対応ガイドライン策定 　　　　中央教育審議会初等中等教育分科会特別支援教育の在り方に関する特別委員会に「合理的配慮等環境整備検討ワーキンググループ」設置 2012年　中央教育審議会初等中等教育分科会「共生社会の形成に向けたインクルーシブ教育システム構築のための特別支援教育の推進（報告)」
2014年　過激派組織 IS が国家樹立を宣言	
2015年　国連，持続可能な開発目標（SDGs）を設定 　　　　パリ同時多発テロ発生（フランス） 2016年　熊本地震	2015年　「性同一性障害に係る児童生徒に対するきめ細かな対応の実施等について」通知 2016年　教育・保育施設等における事故防止及び事故発生の対応のためのガイドライン策定
	2017年　保育所保育指針，幼稚園教育要領，幼保連携型認定こども園教育・保育要領，中学校学習指導要領，特別支援学校幼稚部教育要領，特別支援学校小学部・中学部学習指導要領全面改定（訂）告示 　　　　文部科学省と厚生労働省協働「トライアングル」プロジェクト

日本の保育・福祉・教育等の法律の変遷	国際機関等の子どもの権利に関する歴史
2011年　障害者基本法一部改正 　　　　社会福祉士及び介護福祉士法改正 　　　　障害者虐待の防止，障害者の養護者に対 　　　　する支援等に関する法律成立 　　　　障害者基本法改正 2012年　児童福祉法改正 　　　　子ども・子育て支援法，認定こども園法 　　　　の一部改正法，子ども・子育て支援法及 　　　　び認定こども園法の一部改正法の施行に 　　　　伴う関係法律の整備等に関する法律（子 　　　　ども・子育て関連三法）施行 2013年　障害者の日常生活及び社会生活を総合的 　　　　に支援するための法律（障害者総合支援 　　　　法）施行（旧障害者自立支援法の改正） 　　　　学校教育法施行令改正 　　　　障害者雇用促進法改正 　　　　障害を理由とする差別の解消の推進に関 　　　　する法律制定 2014年　障害者の権利に関する条約批准 　　　　子どもの貧困対策の推進に関する法律施 　　　　行 　　　　難病の患者に対する医療等に関する法律 　　　　施行 2015年　児童福祉法改正 2016年　児童福祉法改正 　　　　障害を理由とする差別の解消の推進に関 　　　　する法律施行 　　　　障害者の日常生活及び社会生活を総合的 　　　　に支援するための法律及び児童福祉法の 　　　　一部を改正する法律公布 　　　　改正がん対策基本法第21条（がん患者に 　　　　おける学習と治療との両立） 2017年　児童福祉法等の一部を改正する法律施行 　　　　学校教育法施行規則一部改正	

日本と世界の社会情勢	日本の配慮を要する子どもの施策等
2018年　南太平洋・フィジー諸島地震	2018年　医療的ケア児保育支援モデル事業の開始
2019年　同時爆破テロ事件発生（スリランカ） 　　　　南米・ペルー北部地震	2021年　医療的ケア児及びその家族に対する支援 　　　　に関する法律の成立
2022年　「気候変動──人類の福祉と地球の健康 　　　　に対する脅威」 　　　　国連事務総長による新型コロナウイルス 　　　　感染症（COVID-19）パンデミック宣言 　　　　ロシアのウクライナ侵攻	
2023年　トルコ・シリア大地震	

注：この表はすべての制度政策などを網羅して作成していない。本書で説明している事柄を抽出し，さらに
出所：内閣府・法務省・文部科学省・厚生労働省等のホームページ，『国民衛生の動向 2022/2023』，『国民の
　　　アース教育新社をもとに作成。

日本の保育・福祉・教育等の法律の変遷	国際機関等の子どもの権利に関する歴史
2018年　学校教育法施行規則一部改正「高等学校における通級による指導の制度導入」 アレルギー疾患対策基本法公布 障害者総合支援法改正	
2019年　国際疾病分類（ICD-11）WHO 世界保健総会（WHA）にて採択	
2019年　日本語教育の推進に関する法律施行 バリアフリー新法改正	
2022年　改正少年法施行 性同一性障害者の性別の取扱いの特例に関する法律改正 「こども政策の新たな推進体制に関する基本方針」に基づくこども家庭庁設置法・こども家庭庁設置法の施行に伴う関係法律の整備に関する法律成立，こども基本法成立	

重要な事柄を挙げているために，資格制度や精神障害者などに関する法律や，各改正法などは割愛している。
福祉と介護の動向 2022/2023』，国立特別支援教育総合研究所（2020）『特別支援教育の基礎・基本2020』ジ

（表作成者　井上南・矢田部愛・中村明美）

あとがき

　2019（令和2）年9月に「新・はじめて学ぶ社会福祉」第6巻『障害児の保育・福祉と特別支援教育』を刊行し，多くの方々に活用いただいた。本書はその後継シリーズである「最新・はじめて学ぶ社会福祉」の第23巻『特別支援教育と障害児の保育・福祉』として，内容をリニューアルし刊行するものである。

　障害者支援の根幹である障害者基本法では，障害のある人々（乳幼児・学童・生徒・成人）の支援は，福祉や保育の分野のみにとどまらず，教育や就労・まちづくり等，社会生活に関わるあらゆる分野において実践され，共生社会（障害者も含めてすべての国民が，あたりまえに助け合い協力し合って，ふつうに生活できる社会）を実現していく重要性が示された。これまで同法を基盤として，「発達障害者支援法」「バリアフリー法」「障害者差別解消法」「医療的ケア児支援法」等が新たに誕生し，「学校教育法」「教育基本法」「障害者総合支援法」「障害者雇用促進法」等が改正されてきた。

　障害のある人々の支援は，福祉や保育の分野のみにとどまらず，教育や就労・まちづくり等，社会生活に関わるあらゆる分野の専門職が関わり，「障害のある状態」を受け入れて生きていくことを見据える必要がある。さらには，障害の軽重や有無にかかわらず，乳幼児や児童生徒が支援や配慮の必要な状態にあれば，セクショナリズムを超えた専門職間の連携による「隙間のない支援」を実現するとともに，ライフステージを見通す中で「教育や保育課程の接続」「支援内容の移行」を意識した「切れ目のない支援」を実現していかなければならないといえる。このような時代の要請に応えるために，本書は幼稚園教諭や保育士，学校教諭，社会福祉士等を目指す学生にとって，わかりやすく役に立つ内容を目指した。

　発刊にあたっては，杉本敏夫先生（関西福祉科学大学名誉教授）に監修していただいた。さらには，教育や保育，保健・医療・福祉等の分野で活躍されている先生方に執筆していただいた。新制度の動向等を見ながら構成していったこともあり，執筆者の先生方にも無理なお願いをすることもあったが，快く応えていただき感謝している。

2023年3月

編者一同

さくいん
(＊は人名)

監修者紹介

杉本　敏夫（すぎもと・としお）

　現　在　関西福祉科学大学名誉教授
　主　著　『新社会福祉方法原論』（共著）ミネルヴァ書房，1996年
　　　　　『高齢者福祉とソーシャルワーク』（監訳）晃洋書房，2012年
　　　　　『社会福祉概論（第3版）』（共編著）勁草書房，2014年

執筆者紹介 （執筆順，＊印は編者）

＊**立花　直樹**（プロローグ）
　編著者紹介参照

＊**松井　剛太**（第1章）
　編著者紹介参照

＊**河﨑　美香**（第2章）
　編著者紹介参照

西川　友理（第3章）
　大和大学白鳳短期大学部講師

末次　有加（第4章）
　大阪総合保育大学児童保育学部准教授

金戸　憲子（第5章）
　中九州短期大学講師

日光　恵利（第6章）
　富山短期大学講師

砂山　真喜子（第6章）
　金沢学院短期大学准教授

＊**井上　和久**（第7章）
　編著者紹介参照

松田　文春（第8章）
　今治明徳短期大学講師

安田　誠人（第9章）
　大谷大学教育学部教授

小林　徹（第10章）
　郡山女子大学家政学部教授

大久保　圭子（第11章）
　大和大学教育学部教授

真鍋　健（第12章）
　千葉大学教育学部准教授

高井　小織（第13章）
　京都光華女子大学健康科学部准教授

和田　幸子（第14章）
　京都光華女子大学こども教育学部教授

山田　裕一（第15章）
　立命館大学生存学研究所客員研究員

高井　弘弥（第16章）
　武庫川女子大学教育学部教授

中島　暢美（第17章）
　大分県立芸術文化短期大学教授

明柴　聰史（第18章）
　富山短期大学准教授

浅野　浩子（第19章）
　大和大学白鳳短期大学部准教授

佐藤　智恵（第20章）
　神戸親和大学教育学部教授

遠藤　文子（第21章）
　聖カタリナ大学短期大学部准教授

＊**中村　明美**（エピローグ，資料）
　編著者紹介参照

編著者紹介

立花　直樹 （たちばな・なおき）

　現　在　関西学院聖和短期大学准教授，社会福祉法人ポポロの会評議員，社会福祉法人慶
　　　　　生会理事，社会福祉法人大阪重症心身障害児者を支える会評議員，社会福祉法人
　　　　　亀望会監事

　主　著　『児童・家庭福祉──子どもと家庭の最善の利益』（共編著）ミネルヴァ書房，
　　　　　2022年
　　　　　『ソーシャルワークの基盤と専門職Ⅰ（基礎）』（共編著）ミネルヴァ書房，2022年

中村　明美 （なかむら・あけみ）

　現　在　武庫川女子大学教育学部准教授

　主　著　『コミュニケーション技術／生活支援技術Ⅰ・Ⅱ』（共編著）法律文化社，2014年
　　　　　『単身高齢者の見守りと医療をつなぐ地域包括ケア』（共著）中央法規出版，2020
　　　　　年

松井　剛太 （まつい・ごうた）

　現　在　香川大学教育学部准教授

　主　著　『子どもの育ちを保護者とともに喜び合う』（共著）ひとなる書房，2018年
　　　　　『特別な配慮を必要とする子どもが輝くクラス運営』（単著）中央法規出版，2018
　　　　　年

井上　和久 （いのうえ・かずひさ）

　現　在　大谷大学文学部教授

　主　著　『障害児の保育・福祉と特別支援教育』（共編著）ミネルヴァ書房，2019年
　　　　　『小・中学校の教師のための特別支援教育入門』（共著）ミネルヴァ書房，2020年

河﨑　美香 （かわさき・みか）

　現　在　富山国際大学子ども育成学部准教授

　主　著　『子どもと保護者に寄り添う「子育て支援」』（共著）晃洋書房，2022年
　　　　　『子ども理解・幼児理解』（共著）大学図書出版，2022年

最新・はじめて学ぶ社会福祉㉓

特別支援教育と障害児の保育・福祉
——切れ目や隙間のない支援と配慮——

| 2023 年 5 月 1 日　初版第 1 刷発行 | 〈検印省略〉 |
| 2023 年 12 月 29 日　初版第 2 刷発行 | |

定価はカバーに
表示しています

監 修 者	杉 本 敏 夫
編 著 者	立 花 直 樹
	中 村 明 美
	松 井 剛 太
	井 上 和 久
	河 﨑 美 香
発 行 者	杉 田 啓 三
印 刷 者	坂 本 喜 杏

発行所　株式会社　ミネルヴァ書房
607-8494　京都市山科区日ノ岡堤谷町 1
電話代表　(075)581-5191
振替口座　01020-0-8076

ISBN 978-4-623-09570-4

Printed in Japan

杉本敏夫　監修

──────── 最新・はじめて学ぶ社会福祉 ────────

全23巻予定／Ａ５判　並製

順次刊行，●数字は既刊

──────── ミネルヴァ書房 ────────

https://www.minervashobo.co.jp/